Romance
Serie Actitudes de Amor

LIRIOS DE ESPERANZA

Wanderley Soares de Oliveira

Por el Espíritu

Ermance Dufaux

Traducción al Español:
J.Thomas Saldias, MSc.
Trujillo, Perú, Enero, 2024

Título Original en Portugués:

"Lírios de Esperança"

© Wanderley Soares de Oliveira, 2005

Sociedade Espírita Ermance Dufaux

Traducido al Español de la versión Portuguesa de Octubre del 2005

World Spiritist Institute

Houston, Texas, USA

E–mail: contact@worldspiritistinstitute.org

Del Traductor

Jesus Thomas Saldias, MSc., nació en Trujillo, Perú.

Desde los años 80's conoció la doctrina espírita gracias a su estadía en Brasil donde tuvo oportunidad de interactuar a través de médiums con el Dr. Napoleón Rodriguez Laureano, quien se convirtió en su mentor y guía espiritual.

Posteriormente se mudó al Estado de Texas, en los Estados Unidos y se graduó en la carrera de Zootecnia en la Universidad de Texas A&M. Obtuvo también su Maestría en Ciencias de Fauna Silvestre siguiendo sus estudios de Doctorado en la misma universidad.

Terminada su carrera académica, estableció la empresa *Global Specialized Consultants LLC* a través de la cual promovió el Uso Sostenible de Recursos Naturales a través de Latino América y luego fue partícipe de la formación del **World Spiritist Institute**, registrado en el Estado de Texas como una ONG sin fines de lucro con la finalidad de promover la divulgación de la doctrina espírita.

Actualmente se encuentra trabajando desde Perú en la traducción de libros de varios médiums y espíritus del portugués al español, habiendo traducido más de 290 títulos, así como conduciendo el programa "La Hora de los Espíritus."

Índice

LIRIOS DE ESPERANZA 8
PREFACIO 9
   En tiempos de transición 9
INTRODUCCIÓN 15
   ¿A quién seguiremos? 15
1 22
   Mira los lirios 22
2 27
   Invocaciones de Eurípides 27
3 39
   Medidas impostergables 39
4 53
   Nuevos colaboradores 53
5 63
   Primeras entrevistas 63
6 69
   Encuentro con Inácio Ferreira 69
7 74
   Cirugía delicada 74
8 79
   Nuevas motivaciones 79
9 84
   Encontrarte a ti mismo 84
10 96
   Los ovoides 96
11 105

Vista ampliada	105
12	117
Nuestros trabajos	117
13	128
Técnica anímica	128
14	133
Funciones y responsabilidades	133
15	141
Proyecto esencial	141
16	151
El siervo de todos	151
17	166
Horizontes mentales	166
18	173
Trabajo de amor	173
19	186
Ala restringida	186
20	208
Segundo piso	208
21	219
Lección de oro	219
22	235
Sótano 02	235
23	244
Tribuna de la Humildad	244
24	265
Generación solidaria	265

25...280
    Planes para el futuro..280
ANEXO I...296
    La propuesta de las Actitudes de Amor de Bezerra de Menezes....296

"La ciudad de Corinto comenzó entonces a producir los más ricos frutos de espiritualidad. La ciudad era famosa por su libertinaje, pero el Apóstol solía decir que en los pantanos crecían a menudo los lirios más hermosos; y cómo donde hay mucho pecado hay con muchos remordimientos y sufrimientos, en idénticas circunstancias, la comunidad fue creciendo, día a día, reuniendo a los más diversos creyentes, que llegaban deseosos de abandonar aquella Babilonia incendiada por los vicios."

Emanuel. Las Epístolas. Paulo y Esteban.

"Todo el tesoro de la literatura mediúmnica producida hasta la fecha, a pesar de su excelencia y valor, no es más que un mísero grano de arena en la playa universal de la inmortalidad."

Dufaux, Ermance. Lirios de esperanza.

"La cuestión más angustiosa para el espíritu en el Más Allá es la conciencia del tiempo perdido..."

Baccelli, Carlos. *El Evangelio de Chico Xavier*. Ítem 11.

LIRIOS DE ESPERANZA

Las notas de esta obra están inspiradas en hechos reales y reflejan el trabajo en equipo. Nuestra tarea era organizarlos y enviarlos a la Tierra bajo el sello de Eurípides Barsanulfo.

Seguimos la trama solo hasta el punto de hacer comprensible la historia, ya que nuestro objetivo es resaltar las preciosas lecciones morales contenidas en las experiencias de varios corazones. Para conseguirlo utilizamos el método didáctico de los diálogos interactivos, renunciando a la trama romantizada que podría desviar nuestra atención hacia el exterior, en detrimento de las experiencias interiores.

Nos esforzamos tanto como las condiciones nos permitieron retratar las peculiaridades de cada personaje, con el objetivo de reconstruir los hechos con realismo.

En nombre de nuestra amistad, que se consagra cada día, y manteniéndome esperanzado en días mejores para nuestra humanidad, reciba la bendición fraterna en nombre de Nuestro Señor Jesucristo, dirigida a sus lectores y amigos.

Ermance Dufaux

1 de mayo de 2005.

PREFACIO

En tiempos de transición

"En verdad os digo que no quedará piedra sobre piedra que no sea derribada.

Jesús, Mateo, 24:2

Detrás de escena de los dramas sociales visibles a los ojos humanos, se desarrolla una batalla decisiva entre el bien y el mal. La tiranía y la indiferencia adquieren connotaciones incomparables, estableciendo una catástrofe moral sin precedentes. En medio de esta desafortunada tarea, los verdaderos discípulos de Jesús están llamados a formar trincheras de resistencia, de amor incondicional, a favor de la paz y del bien.

No tendremos regeneración sin retaguardia y defensa. Si hay misioneros del progreso cuya función es crear el bien para todos, es necesario comprender que incluso ellos solo tendrán éxito bajo un régimen de apoyo y motivación. Un enorme contingente de criaturas con tareas definidas para el avance social, en todos los campos de la actividad humana, caen en trampas de perdición cuando son atacados por malvados verdugos que buscan, por todos los medios, retener el crecimiento del planeta.

Es muy ingenuo creer que los inolvidables baluartes de la ciencia y la cultura, de la política y la religión, actuaron a merced de un especial cuidado espiritual en sus misiones. ¡Cuánto orden y disciplina llenan los caminos de las almas que se esfuerzan con una mente en sintonía con el progreso colectivo! ¡Cuánta atención e interés fraterno suscitan quienes abren su corazón al amor sin fronteras! ¡¿Cómo podemos imaginar que Albert Schweitzer y Gandhi celebraran la cosecha de bendiciones sin enormes medidas de seguridad del Altísimo?! Einstein y Freud fueron asesorados ininterrumpidamente. Kardec recibió de Jesús autorización para medidas de protección nunca utilizadas con ningún misionero sobre la faz de la Tierra. El bien, para difundirse, no requiere líneas de defensa eficientes. Vivimos y respiramos bajo los auspicios de una *red de reflexiones*.

Cualquier trastorno, al igual que la oración, es capaz de alterar nuestra psiquismo. Las luces que se encienden fortalecen toda la red.

Cualquier atisbo de paz atrae a una multitud hambrienta de almas atormentadas, bajo el yugo de tiranos dotados de una larga historia de inteligencia y perspicacia. Estas almas esclavizadas por el mal buscan actuar como astutos justicieros para arruinar todas las fuentes de luz de la Tierra. Ésta es la razón de los sucesivos golpes a las "actividades amorosas" del Espiritismo cristiano.

A pesar de la luz del conocimiento espírita, el tesoro espiritual de la información no ha sido suficiente para despertar en muchos seguidores un nuevo orden de actitudes e ideas frente a los desafíos del tiempo actual...

El intercambio interdimensional en este contexto, que podría servir de fortaleza para los más auspiciosos proyectos de libertad y ascensión, en innumerables casos, no es más que una azada afilada en medio de la siembra, esperando al agricultor que desee manejarla satisfactoriamente.

La historia es la madre de la cultura, y la cultura es el conjunto de nociones que los hombres aceptan como referencia para comportarse en sus grupos. La cultura espírita, en torno a cuestiones mediúmnicas, responde a una mentalidad que inspira prácticas y posturas que no siempre se ajustan a las exigencias del tiempo espiritual de transición. La transición es el momento mental de renovación, el momento de un nuevo comienzo y de reevaluación. En este escenario, los aprendices de mediumnidad serán evaluados rigurosamente. Se necesitará mucho coraje y sacrificio por parte de quienes realmente deseen servir bajo regímenes nuevos y más apropiados, en esta época de cambios continuos. Es esencial romper conceptos, superar barreras intelectuales y tener la audacia de forjar nuevos modelos de relaciones intermundos, alejando a la mediumnidad del dogmatismo que aprisiona el razonamiento humano y de la tristeza que desgarra el corazón como si los médiums estuvieran al servicio de una severa sanción.

Sin exagerar, vivimos en una época en la que las compuertas mediúmnicas, a pesar de estar en pleno movimiento, no permiten que por sus rendijas gotee la linfa cristalina de la inmortalidad con la abundancia necesaria, para regar al hombre aprisionado en el desierto de las pasiones materiales...

¡Vivimos en una nueva prohibición mosaica como la del Antiguo Testamento![1] Esta prohibición es más dañina que la de los antiguos textos hebreos, porque no se hace mediante decretos formales, susceptibles de ser revocados, sino bajo la coerción despiadada de prejuicios sutiles, de convenciones estériles y sofismas aprisionadores, hábitos que son difíciles de erradicar de la mente humana.

Es imprescindible que haya un "Nuevo Tabor" en el que Jesús, junto a Moisés y Elías, revoque la prohibición de la comunicabilidad de los espíritus con los hombres.[2]

---

[1] Kardec, Allan. La prohibición de evocar a los muertos. *El cielo y el infierno*. Capítulo XI

[2] Kardec, Allan. La prohibición de evocar a los muertos. *El cielo y el infierno*. Capítulo XI

El espíritu Charles Rosma y las hermanas Fox protagonizaron "Tabor de la Era del Espíritu. El drama de Rosma, asesinada hace décadas en la residencia Fox[3], es el de miles de millones de almas en la humanidad esperando a alguien que pueda estudiar su dolor y sostener sus caminos, atrapadas en los grilletes del mal y la desgracia, o en sótanos fétidos de amargura y dolor. Solo habrá renovación social cuando haya limpieza psicoesférica.

Es hora de apertura, de desarrollo de parámetros experimentales sin perder el carácter moral y educativo al que están destinadas las actuales prácticas de intercambio. El autor espiritual Ermance Dufaux persigue este objetivo en la continuación de la serie *Actitudes de amor*[4], bajo los auspicios del venerable baluarte del amor fraterno, Adolfo Bezerra de Menezes.

Un grito de servicio desinteresado y consciente en la regeneración de la humanidad en ambas esferas de la vida, formación de frentes valientes de amor, mayores tareas de liberación y limpieza psíquica de la Tierra. Estos son los desafíos que Cristo delega a todos los que lo aman. Retos que, en muchas ocasiones, son sustituidos por la irreflexiva actitud de acomodación...

Mientras innumerables aprendices de mediumnidad optan por la fascinación de la mayordomía para servir, prefiriendo el ejercicio mediúmnico lejos del sacrificio y en los brazos del convencionalismo, Jesús cuenta con personas valientes y dispuestas a hacer un esfuerzo adicional por acciones que vayan más allá de la complacencia inspirada por la rigidez de la pureza filosófica.

La actitud de amor sin límites de Eurípides Barsanulfo debe ser un ejemplo inspirador para nuestras acciones en el bien legítimo.

---

[3] Doyle, Arthur Conan. *El episodio de Hydesville. Una Historia del Espiritismo.* Cap. IV

[4] El primer libro de la serie *Actitud de Amor* es *Unidos por el Amor*. Editorial Dufaux.

Solo en este clima de testimonio sacrificial encontraremos las condiciones para plantar las semillas del nuevo mundo que soñamos para el futuro de la humanidad.

Al centrarse en la historia de los líderes cristianos caídos en el remordimiento bajo el flagelo de la negligencia con la que se comportaron durante su vida física, Ermance Dufaux abandona la visión derrotista de la quiebra y de la caída irremediable, para advertir al hombre terrenal de cuánto tiene que hacer, realizar en un clima de sacrificio y renuncia a favor de sí mismo, cuando esté apoyado en los beneficios de la Doctrina Espírita. Su enfoque es compasivo y lleno de esperanza, ya que destaca el grado de tolerancia activa de las almas superiores hacia nuestras necesidades de mejora. Al mismo tiempo, el autor nos llama a los imperativos más arduos propios de la época de transición. También es destacable su sacrificio por mantener la fidelidad a los pensamientos y características de sus personajes. Esta tarea se completó satisfactoriamente según la evaluación de nuestro equipo espiritual.

El sentimiento de inmortalidad necesita construirse en la intimidad del hombre reencarnado. Es instrucción al servicio de la espiritualización. Esta instrucción; sin embargo, carece de una aplicación práctica que retrate la realidad inmortal tanto como sea posible. De ahí el imperativo de experiencias mediúmnicas inusuales, más allá de los rígidos estándares de seguridad y utilidad consagrados por la comunidad doctrinaria.

Un desafío de investigación y de fe espera a los servidores de la mediumnidad en tiempos de transición. En estos textos encontraremos una preciosa reflexión sobre esta tarea. Indagación dentro y fuera de ti mismo.

Conscientes que la evolución es un proceso íntimo y gradual, no nos cabe duda que ciertas enseñanzas no siempre siguen el tiempo psicológico y espiritual de algunos aprendices.

Estoy convencido; sin embargo, que, en estas líneas sin pretensiones, sobran razones para suscribirlas como una invitación urgente a la mayoría de edad de las ideas espíritas, independientemente de su aceptación y beneficio por parte de quienes se consideran intelectuales del Espiritismo.

Ante la iniciativa de los discípulos sinceros de mostrarle a Jesús la estructura del templo, Él declaró: *"En verdad os digo que no quedará aquí piedra sobre piedra que no sea derribada."* [5] El templo material simbolizó la concepción empapada de materialismo de quienes anhelaban seguir a Cristo.

¡No rechaces esta afirmación! Los conceptos y las prácticas se renuevan rápidamente. Un nuevo y hermoso horizonte, educativo y liberador se abre ante los ojos de quienes tienen ojos para ver y oídos para oír...

Del amante del bien y siervo de Cristo,

María Modesto Cravo

1 de enero de 2005.

---

[5] Mateo, 24:2

INTRODUCCIÓN

¿A quién seguiremos?

"Y Pedro lo siguió de lejos hasta el patio del sumo sacerdote, y entró y se sentó entre los sirvientes para ver el fin."

Mateo, 26:58

En todos los tiempos de la humanidad, los cooperadores del bien y los misioneros de vanguardia siempre han contado con un apoyo espiritual seguro para las tareas que desempeñaban, aunque muchas veces desconocían el apoyo que recibían. Cada luz que se enciende requiere un cuidado especial para asegurar su continua expansión.

Una escuela y un hospital, así como cualquier institución social de progreso, nunca estarán libres de las crueles ráfagas de maldad y oscuridad que intentan borrar el brillo de la bondad y el amor. Es la Ley: quienes avanzan atraen hacia sí a quienes intentan obstaculizar la ascensión. El objetivo es la multiplicación del bien a través de la cooperación sacrificial en la renovación de las almas.

Un educador alineado o un estudiante prometedor pueden traer, en su seno, el peso cruel del "lodo psíquico" en el que se encontraban antes de renacer, conectándose con los exponentes del desequilibrio. Por lo tanto, la escuela educativa comienza a funcionar como un puesto de guía para las almas en crecimiento, atrayendo a sus puertas al séquito indisciplinado de personas desencarnadas.

Un médico atento o un paciente convaleciente puede llevar en su mente a los "monstruos de la necedad y de la locura" en sintonía con los esbirros de la impiedad y del odio. De esta manera, el bendito lugar de recuperación se convierte también en refugio para corazones desorientados, abriendo el campo a la acción de los opositores a la verdad que pululan por sus pasillos y dependencias. En cada rincón de la Tierra, en los días de transición, hay sed y hambre, tormenta y dolor, pidiendo manos e instrumentos amigos.

Construcción correcta a favor de la liberación. Una persona encarnada representa las enfermedades o necesidades de una multitud.

Detrás de las escenas inmortales de las tragedias y dramas de la sociedad carnal, encontramos factores causales o influyentes en la acción organizada del mal. Las raíces del mal se extienden de lo visible a lo invisible y viceversa.

Los avances tecnológicos, la explosión de la cultura y la búsqueda de Dios en el siglo XX provocaron malestar en los abismos en forma de conmociones abiertas. Como si de un volcán se tratara, la presión ejercida en las sombras expulsó a la superficie del orbe las larvas de la desesperación y la angustia, la maldad y la desobediencia. El orden divino es limpieza, regeneración, libertad y paz.

Hoy, más que nunca, el bien requiere cimientos seguros y trincheras eficaces. Ésta es la razón de la oposición sistemática a los esfuerzos espíritas. Cualquier proyecto de elevación y consuelo es blanco de intensa atención por parte de los oponentes de la luz. Es en este contexto que podemos comprender el valor inestimable de las trincheras del amor, construidas sobre el desinterés y la forja del coraje. Entre hombres, equipos que se aman y se respetan. Y, además de la materia, rescatar grupos que operen como centros productivos de verdadero servicio cristiano a favor de la liberación de las conciencias.

Numerosas actividades y objetivos espiritualistas han sido boicoteados o retrasados debido a la falta de estos círculos vibrantes de protección. Sin apoyo espiritual, incluso para mantener el estudio del Evangelio en el hogar, la familia se verá obligada a movilizar innumerables fuerzas...

Los grupos mediúmnicos funcionan, en este grave momento de limpieza de la psicósfera, como ungüentos curativos saludables o medidas preventivas en favor de la evolución y el orden.

La superación de parámetros en la adquisición de nuevos conocimientos se puede lograr mediante el establecimiento de iniciativas experimentales. Las aportaciones morales de la compasión, el deseo de ayudar y de aprender son las únicas líneas morales que deben preservarse en este tipo de aprendizaje. Por lo demás, el sentido común, la audacia, la ruptura de patrones y mucho diálogo serán los hilos conductores de nuevos modelos de colaboración entre el mundo físico y el espiritual.

Los grupos conscientes del momento que atravesamos no deben guiarse por convenciones aceptables en el colectivo doctrinario, que, casi siempre, no está dispuesto a ir más allá...[6] Tomando nuevas experiencias... ¡Los prejuicios y la incredulidad de los demás tienden a arruinar muchos buenos planes!

Jesús estableció: *"No he venido a abrogar la Ley, sino a cumplirla."* [7] La mayoría de las prácticas de intercambio están guiadas por textos, pocos se atreven a la investigación, a la observación, a la experimentación fraterna. El apego a la letra es un riguroso proceso de rigidez respecto de cuestiones esencialmente subjetivas, por tanto sin criterios de seguridad definitivos. El

---

[6] Mateo, 5:41
[7] Mateo, 5:17

estudio y la disciplina, aunque imprescindibles, no deben convertirse en candados para la espontaneidad...

Sin producir nuevos conocimientos sobre la inmortalidad, las prácticas mediúmnicas se atascan en un lamentable proceso de estancamiento; es decir, en una rutina de acción que estanca la cualidad más preciada de los médiums y de los grupos: la creatividad, única capacidad capaz de ampliar los horizontes de análisis sobre el terreno profundo de las cuestiones invisibles que rodean la materia palpable. Este nuevo conocimiento; sin embargo, depende de la adquisición de nuevas experiencias, sin las limitaciones del convencionalismo.

Una cuestión que exige una cuidadosa reflexión por parte de nuestros compañeros dirigentes en la vida física: ¿qué razones impiden la formación de valientes trincheras en los servicios de cambio más allá de los estándares? Aunque se trata de un tema valioso para debatir, en persona, dejaremos nuestra colaboración incondicionalmente abierta a la crítica, aunque nutrida de claridad.

Además de la dogmatización, este orden de los hechos en el campo conduce a la formación moral del propio grupo. Será necesaria una convivencia muy clara y rica en confianza, para que en este tiempo de transición se puedan erigir polos de servicio con Cristo valientes e intrépidos.

A su vez, el paciente trabajo de tejer estas relaciones duraderas y auténticas en la convivencia requerirá algunas condiciones, que normalmente no se tienen en cuenta por diversas razones. ¿Qué conjunto doctrinario creará un clima familiar de confianza y honestidad sin enfrentar desafíos comunes, además de la propia tarea mediúmnica? ¿Qué comunidad podrá superar los desafíos de la vida afectiva sin aprender a hablar en grupo de sus sentimientos, sin ser sensibles? ¿Qué grupos podrán diluir sus roles en el equipo para actuar como compañeros de camino, sin dejar de lado sus expresiones de personalismo en el día a día de la casa espírita? ¿Cuántos compañeros tendrán la dignidad suficiente para expresar sus dudas o desconfianzas íntimas en relación con los demás, sin recurrir a terceros, completamente fuera del entorno experimental que se ensaya en su grupo? ¿Cuántas iniciativas se formularán en un clima de pureza de corazón en el que los médiums o directivos, por mucha experiencia que tengan, estén dispuestos a "destrozar" sus hojas de servicio y recrear siempre lo aprendido?

Es esencial superar conceptos y barreras culturales erigidas en el valioso laboratorio del intercambio intermundial. Todo el conocimiento acumulado debe dar lugar a nuevas encuestas con fines educativos. Así como Allan Kardec se lanzó a la investigación honesta de los fenómenos, contradiciendo todas las opiniones sobre su actitud, hoy los aprendices de mediumnidad que aspiran a servir a la causa de Cristo están llamados a discusiones esenciales.

¿Hasta qué punto la "cultura de las convenciones" que abrumaba la psiquis de innumerables cooperadores en el campo también ha penetrado en este campo sagrado de las relaciones inter dimensionales? ¿No constituyen, en realidad, fuertes limitaciones al progreso de las prácticas de intercambio los parámetros establecidos como guiones de seguridad mediúmnicos? ¿Qué caminos debemos tomar para situar la tarea mediúmnica como un laboratorio educativo de las almas, alejado del dogmatismo? ¿Cómo construir grupos de servidores que se adapten mejor a los imperativos del momento de transición? ¿Cómo rescatar y utilizar la espontaneidad? ¿Qué nociones cristianas debemos dar sobre la educación mediúmnica? ¿Cuáles serían los criterios para seleccionar los componentes de un frente de servicios mediúmnicos en tiempos de transición?

Sin las trincheras espirituales del amor, el mundo sufrirá aun más el dolor de la transición. El Hospital Esperanza, esta obra de amor construida por el Apóstol de la Benevolencia, Eurípedes Barsanulfo, constituye uno de los más avanzados centros de defensa, orientación y refugio de la comunidad espírita mundial. El Espíritu de la Verdad, prudente en su tarea de amor, diseñó medidas preventivas para los desafíos del transporte del árbol del Evangelio a Brasil. La *"Obra de Eurípides"* es un ejemplo vivo de bondad celestial en sus expresiones de compasión sin límites, una "trinchera" de amor a favor de la paz mundial. Es importante que nos preguntemos: "¿a quién seguiremos?" ¿A Cristo y su propuesta o al estrecho patio de las formalidades que tanto atraen a las almas tibias y perezosas, egoístas y vanidosas?

Pedro, en el momento crucial de su decisión, prefirió camuflarse entre los sirvientes, sufriendo una culpa terrible por el resto de su vida. Seguir a Jesús desde lejos significa disfrutar del ambiente de tranquilidad, sumisos a la aprobación de la comunidad. Es disfrutar de las concesiones otorgadas por el Señor, recibiendo un talento sin la aplicación deseable.

Un "nuevo Tabor" se presenta a quienes se ocupan de la mediumnidad. En él, además de los infinitos baluartes del mundo, se transfiguran genios perversos. No eran conscientes de la erraticidad mientras estaban en el cuerpo y ahora anhelan ayudar a extinguir el estrecho límite entre las esferas de la vida, cooperando con los planes del Maestro para el futuro de la humanidad.

Artistas y exponentes culturales, políticos y educadores, musulmanes y evangélicos, indios y ecologistas, astrónomos y científicos, poetas y escritores, economistas y pacificadores, todos ellos han llevado a cabo tareas inter dimensionales sin ser escuchados. Todos trabajan por la paz. Para Cristo. Abrir mentes y conceptos es fundamental. El cielo está más cerca de la Tierra de lo que imaginas.

Paulo Freire y Tarsila do Amaral, Jacques Cousteau y Charles Darwin, Albert Schweitzer y Osho, Tancredo Neves y Joaquim Nabuco, Carlos Prestes y Rousseau, Sri Aurobindo y

Elisabet D'Esperance, Einstein y Sigmund Freud, Jung y Pierre Janet. Estos son algunos de los infinitos nombres de quienes están recurriendo a los polos protectores de las reuniones mediúmnicas de vanguardia, para buscar recursos y apoyo a las obras que construyeron o a las que se convirtieron en tutores. Todos viven en este ecosistema intercontinental como artesanos activos de tiempos de regeneración, bajo la tutela de almas nobles y superiores, guiándolos en la nueva dimensión.

Además del Tabor, este símbolo de apertura de los intercambios psíquicos, nos esperan los campeones del mal, pero, igualmente, los más gloriosos exponentes del bien, con tesoros de alivio y aliento para el gran viaje de los hombres.

Trabajemos sin cesar para formar estas avanzadas de conexión con la vida extra física, y un magnífico horizonte se abrirá ante nuestros ojos. Solo así percibiremos más claramente la exuberancia de la mediumnidad e interpretarla como un canal por el cual fluye la excelencia de la misericordia a favor de la obra de la creación para el bien de todos.

Cícero dos Santos Pereira[8]

1 de enero de 2005.

---

[8] Cícero dos Santos Pereira – Nació el 14 de noviembre de 1881, en el pueblo de Gorutuba, cerca de Diamantina, Minas Gerais. Además de docente, fue contable, taquígrafo y licenciado en Derecho. Fue presidente de la Unión Espírita Mineira (1937 a 1940) y fundador de varios centros espíritas en Belo Horizonte y Montes Claros. Fue uno de los fundadores de "Abrigo Jesús", una institución espiritista que apoya a niños necesitados, en la capital de Minas Gerais. Fue colaborador de la prensa espírita, especialmente de *"O Espírita Mineiro."* Desencarnó el 4 de noviembre de 1948, en la ciudad de Belo Horizonte.

1
Mira los lirios

"La piedad es la virtud que te acerca a los ángeles; ¡ella es la hermana de la caridad, que os conduce a Dios! Deja que tu corazón se sienta conmovido por el espectáculo de la miseria y el sufrimiento de tus semejantes."

El Evangelio según el Espiritismo, capítulo XIII, ítem 17.

Las primeras horas de la mañana impusieron el silencio. Debajo de la sábana negra estaba el fiel sirviente. Su tez, desfigurada por el dolor físico, alteró sus rasgos faciales. Los ojos entreabiertos lucharon contra la despiadada fiebre gripal.

Era el primer día de noviembre, el buen año de 1918. El día anterior, a pesar de su letargo, ya había predicho su desenlace. Una ráfaga de fuerza sublime se apoderó de su cabeza, deteniendo la progresión acelerada de la enfermedad. El paciente abre repentinamente los ojos, se recuesta en la cama y observa una luz radiante que proviene de lo Alto. A pesar que fue derrotado por la batalla física, se conmovió hasta las lágrimas. Una suave canción de su favorita apareció en su mente. Las inolvidables imágenes del coro cantando melodías... Le recordaron la inauguración del Colegio Allan Kardec. Se sintió transportado al día victorioso en el que abrió un nuevo significado al acto de educar los caminos humanos.

Su mundo mental estaba ahora confundido entre la realidad de las estrechas percepciones físicas y los sentidos del alma. La visión se amplió. Una figura femenina emerge en medio del resplandor de energías renovadoras. Vestida con ropas típicas de la era paleocristiana, una mujer judía de ojos brillantes se presenta con ternura y serenidad:

– Eurípides, siervo de Cristo, ¿sabes quién soy?

Sorprendentemente renovado, responde:

– ¡¿Eres tú, Santa Madre?! ¡¿Tan joven y hermosa?!

– Vengo en el nombre de mi amado Hijo.

– María... María... – balbuceó el fiel discípulo el nombre en medio de emociones desenfrenadas que ahogaron sus palabras.

– Eurípides, maestro del sacramento y servidor del amor, Jesús te llama a nuevos caminos. Una clase de aprendices endurecidos ruega por educación y luz. Un inframundo de atrocidades y locura espera un servicio inmediato. Ha llegado el momento de desterrar la oscuridad de la Tierra, de separar el trigo de la paja. Un clarín de paz desciende desde las esferas mayores hacia los pantanos del mal. Para esta tarea el Pastor llama a tu corazón generoso.

– Sierva del amor, guíame, si puedo ayudar al bien mayor.

– Este siglo será el tiempo de la manumisión de la humanidad terrenal. Es urgente; sin embargo, salvar a los esclavos de la ignorancia y convertir a los amos de la perversidad. En aquel momento, una ira enfermiza se apoderó del Consolador. La sociedad observa, angustiada y consternada, los efectos de la cruel guerra que victimizó al mundo en la epidemia de miedo e inseguridad del primer cuarto del siglo XX. Un imperio de tinieblas espera la luz de la bondad... El Señor prepara los caminos para un futuro de glorias a Su Mensaje Revivificador.

– ¿Qué hacer, Madre Santísima?

– Los pantanos del mal están llenos de almas tibias. Son azucenas empapadas en el fango pútrido de las imperfecciones, pero no han perdido su frescura, su exuberancia. No dejaron de ser lirios. Allí yacen, sumidos en los atolladeros de la locura, muchos vínculos de nuestra trayectoria hacia la cristianización en este mundo. ¡Ven, servidor del amor! ¡Te espera un trabajo que ya has comenzado en la erraticidad! Te espera un almacén de esperanza y promesas. El Señor Compasivo; sin embargo, te permite continuar con el templo corpóreo. ¿Quieres sanación o aceptas el camino de la esperanza?

– Madre amabilísima – dijo Eurípides entre lágrimas – ¡que se haga en mí la voluntad del Padre!

– Así que, Hijo amado, recibe la unción prometida por Tu Señor. El Espíritu de la Verdad te llama a la obra de implementar Su Surco Bendito. En esta Tierra bendita, el mensaje del Consolador será la luz del mundo durante el siglo. Ayuda, hijo mío, en la tarea redentora de transportar el árbol del Evangelio. Un grito de terror y remordimiento estalla en las cuevas de la sordidez, que chicos atormentados, imploran ayuda y alivio ante la bravuconería de la sangre y el dolor.

– Bendita Mensajera, ¿quiénes son los enfermos a los que te refieres?

– En los abismos están los Lirios de Dios, los que aman el mensaje de Cristo, pero no supieron honrarlo. Infinidad de almas rebeldes que aman a Cristo. Una nación de exiliados que el tiempo no ha convertido. Son lirios de esperanza en medio de un pantano de egoísmo. Mira a través de los lirios, hijo mío. Jesús te llama a construirles un refugio acogedor y ofrecerles descanso y elevación. ¿Por quién lloró el Señor en aquella noche de bendito encuentro contigo? ¿Te acuerdas?[9]

– ¡Sí, Digna Sierva! Jesús lloró por aquellos que conocen sus enseñanzas y no las viven en su actitud.

– Estos serán tus nuevos hijos. A partir de ahora serás el Apóstol de la Esperanza. Darás consuelo educativo a los cristianos de todos los tiempos, afectados por el encanto de la negligencia y la tiranía de la illisión[10]. Las Ovejas Perdidas de Israel serán tus nuevos alumnos. Enséñales la pedagogía del amor. Restáurales la herencia divina de los hijos de Dios. Asegúrales suficiente misericordia para ser testigos del guion de Mi Amado Hijo: "Mis discípulos serán conocidos por amarse unos a otros." Todos ellos seguirán floreciendo, serán lirios en los campos de la victoria. Embellecerán los destinos de la humanidad.

El Apóstol Sacramentado volvió a ser sorprendido por nuevas visitas. María, la Madre de los dolores del mundo, se alejó de su clarividencia, y en los ojos de su espíritu apareció el Doctor Bezerra de Menezes. Sin contener más sus emociones, lloró como un niño, sin decir una palabra. El viejo paladín de Cristo le tendió los brazos. Un abrazo amoroso y, con incomparable ligereza y naturalidad, Barsanulfo se desprendió del cuerpo como si dejara tras de sí una prenda de tela. Su frente empapada de sudor lívido lo declaró en bancarrota instantánea. Eran las seis de la mañana del

---

[9] Silva, Hilário (Espíritu). La visión de Eurípides; psicografiado por Francisco Cândido Xavier y Valdo Vieira. *La vida escribe*.

[10] Nota del digitalizador: Illision, como en el original.

primer día de noviembre. Treinta y ocho años en la edificación de un monumento eterno...[11]

Barsanulfo partió para continuar. Se fue para servir más libremente. El trabajo realizado en la vida física tuvo seguidores honorables. Su mayor desafío le esperaba en las esferas cercanas al orbe. Un enjambre de pacientes de distinta índole tocaría a sus puertas. Una nueva dimensión de dolor se presentaría ante su bondadoso corazón. Un nuevo orden de luchas y armas a entablar armar. Otra procesión de los afligidos para consolar. Una clase de pacientes endurecidos le suplicaron una palabra salvadora, en los guiones para la educación de sus almas, clamando piedad y compasión.

Han pasado ochenta y dos años desde aquel momento glorioso en la vida del Apóstol de la Esperanza.

---

[11] Eurípedes Barsanulfo (1880–1918).

2
Invocaciones de Eurípides

"Este es el camino que hemos intentado, con esfuerzo, hacer que tome el Espiritismo. La bandera que enarbolamos en alto es la del Espiritismo cristiano y humanitario, (...) "

El Libro de los Médiums, Capítulo XXI.X, ítem 350.

Estamos en los primeros días del año 2000. Las actividades del Hospital Esperanza se intensificaron después de importantes órdenes, emitidas por Bezerra de Menezes a nombre de Espíritu de la Verdad. Su magistral conferencia "Actitudes de amor", pronunciada en octubre de 1999 [12], inauguró un tiempo de renovación y de medidas prometedoras para la causa del amor.

El movimiento en torno a las ideas espíritas, en el plano físico y en la vida de los espíritus, ya no fue el mismo después de la predicación del paladín del bien. Urgía un nuevo orden de medidas para el sacrificio incondicional de quienes tienen el deseo de servir a la obra regenerativa de la era del espíritu en la Tierra. El inicio del nuevo milenio constituyó un clamor rotundo al engrandecimiento moral de la Tierra, dada la uniformidad de las leyes que rigen el ecosistema en el cosmos universal.

Eurípides, a su vez, recibió una directiva urgente de la de la verdadera falange y nos convocó sin demora. Nuestro director ya

---

[12] La conferencia antes mencionada está contenida en la obra *Cosecha Bendita*

había preparado con antelación una reunión en la que los trabajadores y cooperativistas activos del Nosocomio Esperanza se reunirían en el salón principal ara escuchar sus nuevas recomendaciones.

Por la noche, precisamente entre las diez y las ocho, entró Eurípedes, como de costumbre, acompañado de doña María Modesto Cravo[13], conocida como doña Modesta.

Nos sentamos en las últimas filas, junto al profesor Cícero[14], apodo conservado en la vida espiritual, y a Inácio Ferreira[15].

Doña Modesta, después de una oración de corazón, notificó a todos, a través de su mediumnidad, que el equipo de la verdad estaba velando por nuestra reunión. Sin formalismo alguno, el director se situó detrás de un sencillo púlpito y comenzó su discurso:

– "Amigos en Cristo, esperanza en vuestros corazones.

En las relaciones se viene produciendo un fenómeno social irreversible: la superación de modelos verticales de convivencia.

Frente a las viejas referencias de autoridad para dictar qué hacer y cómo hacerlo, la familia y la escuela, la religión y la cultura, así como todas las organizaciones humanas están llamadas a repensar las formas carcomidas de relaciones. Nadie establece las normas, nadie tiene certezas ni verdades definitivas. Todos buscan un posicionamiento en función de sus necesidades más profundas. El camino actual apunta a la creación de relaciones horizontales, la dilución de roles y la formación de grupos cooperativos. Los gritos del alma resuenan en el corazón humano en busca de paz, equilibrio, salud y tranquilidad interior. Un extenso laberinto se

---

[13] María Modesto Cravo – fundadora del sanatorio espírita de Uberaba.

[14] Cícero dos Santos Pereira – espírita activo en el estado de Minas Gerais.

[15] Inácio Ferreira – director del sanatorio espírita de Uberaba.

sienta, cuyo recorrido es individual, singular. Es la saga del alma en crecimiento, el eterno perseguidor de la felicidad y las respuestas para ser realizado. Manuales y normas, estatutos y reglas sufren golpes despiadados. El nuevo orden social conduce a un vuelco decisivo en la supremacía de significados viejos y corroídos.

Dar nuevo sentido... Dar nuevo sentido hacia un futuro de esperanza y plenitud interior.

Nos encontramos en medio de esta turbulenta gestación de ideas, valores y referentes. La humanidad se prepara para adoptar el concepto sistémico y solidario. Mientras tanto, todos los paradigmas colapsan en una verdadera hecatombe de convenciones hegemónicas. Los viejos parámetros no satisfacen las necesidades de ahora. Desde otro ángulo, aun no se han creado nuevos modelos de inspiración para que los hombres se guíen en sus experiencias y metas. El bien y el mal han variado completamente sus significados y aun no ha habido tiempo suficiente para estipular otros conceptos.

Por lo tanto, estar muy seguro de algo, cultivar la rigidez de la comprensión, es una postura extremadamente arriesgada en esta fase de mutación. No menos arriesgado es asumir la desafiante actitud de "inventor" de nuevas formas de caminar. Este fenómeno social que nace en lo más profundo del alma requiere sabiduría moral, responsabilidad individual, valentía. Es algo bastante diferente. Antes, tenías a alguien que dictaba tu camino, algún modelo, una experiencia en quien confiar. Se volvió cómodo culpar a otros o a alguna orientación institucional para evadir o evitar los efectos nocivos de nuestras acciones.

Se esperan cambios a mejor en la humanidad, sin embargo pocas personas se han dado cuenta de una realidad incuestionable: la Tierra ha cambiado rápidamente. Sus habitantes aun no han podido valorar la profundidad de todo lo ocurrido en las últimas tres décadas. En treinta años se produjeron siglos de cambios. Aturdida y angustiada, sin dirección y sin rumbo, la humanidad lucha en busca de brújulas que le devuelvan la sensación de seguridad.

En este escenario global, en el inicio del siglo XXI, se repite la misma experiencia del Espiritismo práctico en los albores del siglo XX. En aquella época las brújulas no existían, fueron creadas. Ahora, estamos llamados a recrearlas. La mediumnidad y su ejercicio obedecen a este ciclo ineludible y dinámico. Los trabajadores del intercambio, en cualquier nivel de logro, están llamados a construir nuevos significados en el uso de fuerzas psíquicas y mentales, que involucran la relación inter dimensional entre las esferas de la vida.

La diversidad, aunque inicialmente provoca inseguridad, favorece la expresión de la creatividad. Creatividad que debe regirse siempre por los valores morales de la sabiduría, la responsabilidad y el amor.

Allan Kardec, emisario de la Era del Espíritu, se refiere al fermento de incredulidad que aun se apoderaría de la humanidad durante dos o tres generaciones. [16] Incredulidad en relación a la inmortalidad y comunicabilidad del ser espiritual. Entramos exactamente en esta tercera generación, dividida en tres períodos de setenta años, desde la llegada del Espiritismo.

Es el período de la sensibilidad, de la fe que supera el miedo humano a existir y progresar en el bien.

La fe es la adhesión espontánea del alma en la búsqueda de la verdad. La mediumnidad es el útero sagrado del fervor. A través de él se produce la gestación sublime de la herencia de creencia lúcida y liberadora.

---

[16] Allan Kardec – comentario sobre la pregunta 798 *El Libro de los Espíritus*.

El razonamiento es el dinamo de la lógica y el sentido común. Cuando es atacado por la rigidez emocional, se convierte en prejuicio y estancamiento.

Numerosos grupos doctrinarios han transformado el criterio del razonamiento en una medida práctica de defensa, para no dejarse engañar por mistificaciones bien concebidas. Con esta postura, si no se dejan engañar en sus producciones mediúmnicas, se engañan en cuanto al significado integral de las relaciones de amor entre almas, circunscribiendo la práctica del intercambio a expresiones superficiales de conversión de los desencarnados, con espacio limitado para las manifestaciones de benefactores y aprendices de la erraticidad. La vigilancia excesiva es un candado a las puertas de la sensibilidad, aprisionando los sentimientos en regímenes severos de incredulidad y rigidez mental. La excesiva precaución con la fantasía y el engaño frenó a innumerables sirvientes.

Y el resultado más lamentable de tanta censura es el repugnante desánimo con las prácticas sagradas de intercambio entre los mundos. El efecto más grave de la inmovilización cultural de las ideas espíritas es la parálisis de la noción de inmortalidad. Un plano espiritual estático y desconectado de la vida en la Tierra.

Jesús, paradigma del Amor Universal, al establecer a través de Su actitud la era de la ética aplicada y sentida, aseguró en sus palabras: *"No he venido a abrogar, sino a cumplir."* [17] ¿Qué definición más precisa podemos tener de una transición? Cuando hablamos de nuevos significados, en verdad nos referimos al inmenso desafío de vivir el mensaje olvidado del amor. La transición, por tanto, mucho antes de una etapa que desencadene lo nuevo, significa la decisión sublime de sintonizarnos con el ballet cósmico del amor, el ritmo palpitante de Dios desde el origen de los tiempos infinitos.

---

[17] Mateo, 5:17

En el siglo XX, los espíritus buscaban a los hombres. Ahora bien, los hombres deben ser compañeros de los espíritus. Búscalos para vivir una relación más consciente y educativa. El "teléfono" suena de aquí para allá; sin embargo, ha llegado el momento que nosotros también recibamos "llamadas" del hombre, cuyo interés radica en la transformación de sí mismo.

La bondad celestial me dio nuevos desafíos en esta casa de amor. Es imperativo que reflexionemos sobre el destino de la mediumnidad antes del clímax de la transición espiritual del planeta. Nuestra misión es evaluar medidas prometedoras a nuestro alcance, que faciliten la consolidación de los planos del Espíritu de la Verdad para la cosecha espírita del mundo físico en el siglo XXI. Los primeros cien años del tercer milenio serán los cimientos de la Era del Espíritu.

Como educadores del alma, es importante que reconozcamos el valor exacto de las instituciones humanas, sin adoptarlas nunca como expresiones absolutas de la verdad. Las tradiciones y los valores se encuentran en un acelerado proceso de metamorfosis. Estamos atravesando una crisis de referencia sin precedentes en el campo. El movimiento espírita está siendo sacudido por un terremoto de diversidad. Sin embargo, seamos realistas, es en este escenario donde surgirá el camino hacia la regeneración.

El Espiritismo no crea renovación social. Las necesidades del hombre elegirán sus principios como camino indispensable. No se debe deducir; sin embargo, que su perfil social servirá de modelo, porque la diversidad en este campo será abrumadora hasta el punto de diluir, apropiar y mejorar las características de sus prácticas y conceptos. Frente a estas necesarias mutaciones, los discípulos apegados a modelos serán invitados a pasar una dolorosa prueba de desapego.

La ciencia y la religión, el arte y la filosofía serán caminos que impulsen la fuerza del pensamiento espírita, superando el materialismo rampante. Ninguno de ellos; sin embargo, servirá como vía preferente. Por ello, urge desarrollar un nuevo significado para la comunidad que se adhiere a la verdad consoladora frente al carácter religiosista predominante. Religión con religiosidad. Religión con educación. Si la religión no educa, quedará estancada en el dogmatismo. Si la ciencia no educa, será tacaña. Si la filosofía no educa, se convertirá en una cátedra de vanidad. Si el arte no educa, constituirá un escenario para el exhibicionismo. El momento converge todas las realizaciones humanas hacia la espiritualización de la criatura y el desarrollo de sus nobles y divinos valores.

Amigos y trabajadores, en este momento decisivo, los médiums maduros son de singular importancia. El primer siglo de mediumnidad guiada por las luces de la doctrina, a partir de reuniones celebradas en grupos familiares, dio lugar a un nivel de intercambio inter mundial nunca visto en ningún momento de la historia de la Tierra. A pesar de esto, solo cuando nos liberamos del cuerpo descubrimos claramente cuán rudos son todavía nuestros contactos con el mundo físico. Por esta razón natural, no será exagerado decir que el siglo XX, en lo que respecta a la mediumnidad, fue un período de pruebas prometedoras, en vista del futuro glorioso que espera al hombre psíquico del siglo XXI. Los médiums más renombrados en nuestro campo se convirtieron en canales benditos para que la linfa de la Divina Providencia fluyera por el mundo. Ellos mismos; sin embargo, saben que sin duda estamos en la infancia de los contactos entre las esferas física y espiritual.

El siglo XX fue una siembra abundante. Los granos dieron una treintena, otros... Otros fueron asfixiados, pisoteados... Que el optimismo y la bondad no ensombrezcan nuestra visión sobre los infortunios del mal... En medio de la abundante siembra de bendiciones nacidas del intercambio mediúmnico, una semilla lamentable de la cizaña floreció... Lo que era solo una amenaza al intercambio mediúmnico responsable, regido por la espontaneidad, hoy se materializa como una auténtica restricción creada por normas rígidas e institucionales en los campos de servicio. Estas normas, inicialmente erigidas como "apuestas de seguridad", se transformaron en "cartillas" por sugerencias de corazones bien intencionados, pero que desconocían el significado de la singularidad en materia metafísica. Además, la existencia de "mentores culturales" de la sofistería, en ambos niveles, multiplicó las nociones inconsistentes absorbidas por la comunidad en sus prácticas y contenidos. El resultado inevitable es una restricción aun mayor de las manifestaciones del cielo a la vida terrenal.

¡Ha llegado el momento de una nueva vocación!

La hora que estamos atravesando es similar a la parábola de las Bodas, narrada en Mateo, capítulo veintidós. Los invitados del Rey no acudieron al acto. La invitación estaba destinada a ellos, la oportunidad les pertenecía; sin embargo, por motivos personales no asistieron. El Rey, ante el incidente, envía a sus servidores a los pueblos y campos para llamar a cualquiera que se presente a la tarea.

El tiempo y la adquisición de conocimientos han provocado una inquietante sensación de grandeza en muchos aprendices en los frentes laborales mediúmnicos. De esta manera, se alejan de sí mismas las ininterrumpidas invitaciones a nuevos misterios que se dirigen en cada momento a la vida física, destinadas a promover el progreso y la maduración de nuestras relaciones inter dimensionales.

No se trata de crear cosas nuevas en los laboriosos frentes del intercambio, sino de rescatar la linfa cristalina de la producción mediúmnica, liberándola de los escombros y de las impurezas provenientes de la "basura cultural" que le infligen. En verdad, proponemos un retorno al ejercicio mediúmnico de acuerdo con las propuestas del Cristo de Dios.

Solo con el poder de las trincheras productivas, implementadas en suelo brasileño a principios del siglo XX, fue posible ampliar el radio de acción social del pensamiento espírita. Los valles de sombra y muerte hicieron todo con propósitos hostiles a este proyecto. Las tareas de rescate constituyeron "válvulas de alivio" a las ininterrumpidas e incansables presiones. Pasaron cien años en este campo de luchas encarnizadas.

Al entrar en este tercer período de más de setenta años de búsqueda de la mayoría de las ideas espíritas[18], se necesitan urgentemente algunas medidas de salvación. La vitalidad del movimiento en torno a los postulados espíritas dependerá de un nuevo orden cultural en todos sus sectores de acción, especialmente en la siembra de la mediumnidad.

La solidez de la investigación fraterna requiere que los equipos cristianos tengan gusto por la crítica, apoyo sincero al crecimiento de todos, honestidad emocional unos con otros y tratamiento responsable de todas las dudas. Solo en este clima de relaciones sinceras y leales, sostenidas por el deseo de aprender y servir, brillará la luz de la misericordia celestial, transformando la fragilidad humana en un depósito abundante de fortunas eternas.

Hay servidores serios y vigilantes en el campo, que sufren el flagelo de la calumnia por parte de trabajadores incautos y orgullosos. El tiempo indica a estos servidores del amor discreción para no dejar que sus ideales sean aplastados por el peso de las extravagancias ajenas. Boberías no merecen una respuesta. A nosotros nos corresponde darles, intrépidos servidores, una advertencia para que, en este momento, no dejen pasar la oportunidad de colocar la luz donde sea vista por todos, sobre el candelabro. Son las brújulas que indican los caminos de Cristo ante los nuevos tiempos.

---

[18] Referencia contenida en la conferencia "Actitud de Amor", *Cosecha Bendita*.

El siglo XXI será el tiempo del sentimiento, y hasta las esferas abisales del planeta están viviendo estos momentos. Antes dominaban por las ideas, ahora, con el avance de la ética y la ciudadanía, son incapaces de usurpar, con la misma facilidad, la inteligencia humana, por más que atacan al hombre a través del corazón. ¡La inteligencia ha avanzado, pero la emoción humana, salvo raras y honrosas excepciones, permanece en el instinto! Así trabajan los hábiles manipuladores de sentimientos perturbadores de indignidad e inferioridad. Olvidan logros para exacerbar la indignidad. Un análisis antropológico, una lógica cuidadosa nos señalaría la intensidad con la que las estructuras religiosas y políticas de todos los tiempos han explotado la "cultura de la indignidad" como instrumento de dominación. Los líderes de las regiones abisales utilizaron recursos similares en la creación de este estado deplorable de las asociaciones doctrinarias del Espiritismo en lo que respecta a las relaciones extra físicas.

Que este enfoque no entorpezca nuestra razón, ya que es una realidad predecible, considerando el lento, pero progresivo progreso de la humanidad.

¡Fomentemos nuevos caminos para nuestros socios en el mundo físico! Los médiums que mejor transmitirán los mensajes celestiales son aquellos que educan tus sentimientos.

Se encontrarán brújulas. Es la ley. El largo camino de descubrimiento y creatividad requiere la aplicación de actitudes de amor acordes con los nuevos tiempos. Destaquemos algunos de ellos para estudiar y debatir los caminos de la mediumnidad en tiempos de transición:

– valiosa noción y aplicación del "espíritu" de equipo;

– desapego de las concepciones;

– coraje para experimentar;

– participación afectiva y espontánea en nuevas experiencias;

– investigación de los logros de la ciencia;

– una actitud intensificada de sencillez ante las victorias con nuevas prácticas;

– apertura mental incansable para escuchar, cambiar, evaluar y discutir en un ambiente de aprendizaje y fraternidad;

– superar los límites filosóficos doctrinales en busca de conceptos universales aplicables a la mediumnidad.

En este punto de la conferencia, Eurípides cambió notablemente su tono de voz. Una luz intensamente brillante envolvió todo su cuerpo. El apóstol dejó de hablar y cerró los ojos. En medio de la claridad, ya casi no se podía percibir. Eurípides se transfiguró y apareció una figura de mujer. Una mujer judía con vestimenta similar al raso, con detalles en azul claro. Cara sincera y ojos verdes. Cabello hasta los hombros. Una paz indefinible nos tomó a todos. Miré a la maestra que estaba a mi lado y noté que las lágrimas corrían por mi rostro. El doctor Inácio, en un acto reflejo, se llevó las manos a la boca, recordando a un niño sorprendido. Una voz tierna, como penetrando toda nuestra alma, dijo:

– *¡Hijos del amor! ¡Perseveren en los caminos que mi amado Hijo os llamó! ¡Regocíjense de ser los benditos servidores del último momento, llamados a la gloriosa misión! Recordad su llamado cuando Moisés y Elías estaban a su lado: "Levántate y no temas."*[19] *Sed solidarios con la excelsa obra de la regeneración humana. ¡Di a los hombres que Jesús está en la*

---

[19] Mateo, 17:7

Tierra y llama a sus servidores al ministerio del amor incondicional, interconectando dimensiones, alabando la vida!

Doña Modesta, manteniendo el equilibrio y la sensibilidad, describió, a través de la clarividencia que percibió, un enorme panel encima del Hospital Esperanza. Se trataba de un retrato traído por almas angelicales que reproducía la escena del lavatorio de los pies[20].

El encuentro concluyó en un ambiente de extrema sensibilidad y sentimientos elevados.

En apenas unos minutos, nuestro director resumió una predicción sobre cómo será el siglo XXI en términos de dirección de la espiritualización, y María abrió las puertas de nuestros corazones para prepararnos para los deseos de la nueva hora...

La ocasión fue un grito del Altísimo a favor del Espiritismo cristiano y humanitario.

---

[20] Juan, 13:1–20

3
Medidas impostergables

"Ahora bien, así como en una ciudad no toda la población está en hospitales o cárceles, tampoco lo está toda la Humanidad en la Tierra"

El Evangelio según el Espiritismo, capítulo III, ítem 7.

La sabia palabra de nuestro director tuvo un carácter de emergencia. Los colaboradores del Hospital Esperanza lo recibimos como un llamado a medidas urgentes.

La actualidad requiere una mayor cantidad de información sobre la naturaleza de las pruebas después de la muerte. Varios equipos se movilizaron ante los llamados de Eurípides para elaborar planes.

Terminada la inspirada explicación, doña Modesta invitó al profesor Cícero y al doctor Inácio a su consultorio particular, para organizarse.

– Inácio, ¡creo que acabamos de recibir apoyo para viejas aspiraciones! – Doña Modesta abrió el diálogo.

– Modesta, ya sabes, ¿cuánto tiempo he estado esperando para llevar al plano físico un informe franco y valiente sobre la situación de los espíritas en esta casa? Me encantaría asustar a un montón de gente...

– ¡Basta de sustos, Inácio! El momento nos pide claridad, pero con objetivos puramente educativos. De nada sirve sorprender y no educar.

– Nunca debemos olvidar este enfoque – dijo el profesor –. Nuestros hermanos en la Tierra, especialmente los mediumnistas, carecen de notas sobre mediumnidad y transición. Las declaraciones de Eurípides fueron decisivas. Es imperativo ofrecerles una comprensión más amplia del momento que atravesamos. De hecho, los "introductores" y los "mentores culturales del sofisma" solo dejarán de existir cuando fomentemos la lucidez a través del sentido común.

– Sigo intrigado por cómo escalar esta montaña de condicionamiento sin "dinamitar."

– Sí Inácio, tu afirmación no es infundada – aclaró doña Modesta –, siempre y cuando apliquemos una dosis generosa de lógica e instrucción moral, junto con novedades contundentes que detonen paradigmas.

Entre una taza de té y otra, los tres recolectores continuaron su conversación. El profesor, siempre muy pensativo, intentó ofrecer una guía para las medidas de la hora:

– La evolución es una Ley Natural guiada por ciclos. Los hombres y las instituciones, las ideas y los fenómenos de la naturaleza obedecen al principio sublime de la "emancipación ordenada. Nacer y renacer, niñez y madurez, sembrar y cosechar."

El Espiritismo *alcanza su mayoría de edad*. Esta es la etapa en la que se realiza la recolección. Instante divino de definiciones, con miras al futuro de expansión y gloria al que todo y todos están destinados en la vida. Este ciclo de cosecha está guiado por la separación del "trigo y la paja." Después de crecer juntos, es necesario discernir para qué se utilizará el fruto de la plantación.

Después de más de un siglo de práctica del Espiritismo en tierras brasileñas, amanece el momento de la evaluación de los nuevos horizontes que se abren para nuestra bendita colmena doctrinaria. Es hora de sopesar los logros y construir parámetros adecuados a las necesidades del momento presente. El Espiritismo es dinamismo y acción. Todos estamos llamados a dar nuevos significados, repensar, evaluar y construir.

Desde la aparición de la Guía para Médiums y Experimentadores – *El Libro de los Médiums* – publicada en enero de 1861, el mundo ha obtenido la guía más lúcida para conducir las fuerzas psíquicas. Inspirados por sus enfoques profundos y seguros, médiums y eruditos emprendieron el ejercicio. Los logros fueron ilimitados. Más de un siglo de experiencias con el mundo espiritual, a través de famosos encuentros mediúmnicos, fue suficiente para consolidar una noción clara y consciente de la inmortalidad entre los encarnados. Aunque tímidos para un orbe que pasó milenios en deliberada ignorancia sobre las realidades extra físicas, estos fueron pasos muy significativos.

La hora de la edad adulta es; sin embargo, un llamado a una investigación más amplia sobre los ámbitos de la vida futura.

Es esencial superar conceptos y barreras culturales erigidas en el valioso laboratorio del intercambio inter mundial. Todo el conocimiento acumulado debe dar lugar a nuevas encuestas con fines educativos. Así como Allan Kardec se lanzó a la investigación honesta de los fenómenos, contradiciendo todas las opiniones sobre su actitud, hoy los aprendices de mediumnidad que aspiran a servir a la causa de Cristo están llamados a discusiones esenciales.

¿Hasta qué punto la "cultura de las convenciones" que abrumaba la psiquis de innumerables cooperadores en el campo también ha penetrado en este campo sagrado de las relaciones inter dimensionales? ¿No constituyen, en realidad, fuertes limitaciones al progreso de las prácticas de intercambio los parámetros establecidos como directrices de seguridad mediúmnica? ¿Qué caminos debemos tomar para situar la tarea mediúmnica como un laboratorio educativo de las almas, alejado del dogmatismo? ¿Cómo construir grupos de servidores que se adapten mejor a los imperativos del momento de transición? ¿Cómo rescatar y utilizar la espontaneidad? ¿Qué nociones cristianas debemos dar sobre la educación mediúmnica? ¿Cuáles serían los criterios para seleccionar los componentes de un frente de servicios mediúmnicos en tiempos de transición?

– ¡Excelente reflexión, profesor! – dijo doña Modesta.

– ¡Sin duda estas preguntas son pertinentes al contexto de muchas historias que conocemos en este Hospital! – Exclamó el médico de Uberaba –. Entonces, ¿por qué no ofrecer a nuestros compañeros de carne y hueso una nueva serie de obras que retratan los éxitos y fracasos de los espíritas?

– No solo de los espíritas, sino de los amantes del mensaje cristiano.

– Como sea, Modesta. Lo que importa es la casuística. Para mí los escritores espirituales fueron muy generosos, ahorrando noticias en este sentido – dijo el doctor Inácio, con su típica sinceridad.

– ¡No es generoso, Ignacio! Fueron compasivos – respondió la maestra.

–¡Puede ser! Aun así, el momento exige un "susto" – insistió el médico.

– Estoy segura, Inácio, que tu conexión con el medio uberabense será el camino correcto para mensajes más "directos." Este será un aspecto a seguir. Según otro análisis, Eurípides ha demostrado un enorme esfuerzo en formar trincheras de amor cristiano y humanitario. Cuéntenos un poco más sobre su experiencia en el tema, profesor – solicitó doña Modesta.

– En todo momento, inventores y descubridores, científicos y exponentes de la cultura, educadores y religiosos han contado con la protección de frentes serviciales y benévolos, para llevar a cabo sus misiones y compromisos. Siempre se han organizado trincheras de amor en torno a aquellos que apreciaban y vivían por sueños de progreso y amor. Si este es el dinamismo del Altísimo a favor de quienes cuidan el avance lineal del planeta, ¿qué se dirá de quienes tienen como tarea abrir los ojos de los hombres, verticalizando la mentalidad y la acción hacia destinos más allá de la materia? Las vanguardias de la espiritualización son siempre objetivos de la Misericordia Celestial en el cumplimiento de sus tareas.

Por eso, nuestro discurso converge en un clamoroso y urgente llamado a formar trincheras de amor por el planeta. Tales medidas se han vuelto indispensables y, a veces, insustituibles para proyectos de caridad y rescate en tiempos de transición planetaria.

Los servicios defensivos para siempre, en esta etapa de mutaciones, son esenciales. Es urgente crear centros de retaguardia y renovación espiritual. Cada pequeña luz que brilla en el bien es tremendamente buscada por el movimiento de la densa oscuridad. Es difícil avanzar hacia la luz sin inspiración y equilibrio. Y sin inmunidad no podemos garantizar aspiraciones nobles por mucho tiempo.

Los ataques y la creatividad de los genios de la perversidad nunca han sido tan poderosos. Esa es la ley. El infierno debe buscar el cielo para exterminarlo y acabar concluyendo sobre la conveniencia de aceptarlo.

Una densa nube se espesa en la psicósfera terrenal, proclamando el momento decisivo para la adaptación. Las gruesas costras del mal son escupidas desde los abismos y suben a la superficie en un régimen de limpieza psíquica del planeta. Una marcha, nunca vista en todo momento, mueve las regiones abisales de la errática. ¡Tiempo de transición!

Una semi civilización se esconde en las profundidades de la sub corteza. Allí, la vida pulula en etapas de precariedad y miseria. Son nuestros hermanos. Nuestra familia.

Nuestras noticias; sin embargo, no deben analizarse desde una perspectiva apocalíptica de decadencia y ruina. ¡Todo lo contrario! Si la humanidad "atrae" a su porción enferma "hacia arriba", es porque ha adquirido los recursos profilácticos para curarse. Ese es el orden. Este es el ciclo que atravesamos en esta Casa de la Esperanza, llamada Tierra. En los compromisos de espiritualización, los "pioneros de la Era del Espíritu" se despiden del mundo físico para asumir el cargo de "audaces trabajadores de la regeneración. Solo con mucho coraje y desapego de convenciones y estándares rígidos podremos establecer ambientes para los centinelas vigilantes del amor en este torbellino de luchas y conflictos.

El espírita, en este escenario, está llamado a un llamado severo. *"Se pedirá mucho a quienes han recibido mucho..."*[21] Es hora de romper las ataduras del miedo y, siguiendo el ejemplo del señor Allan Kardec, en medio del París de la cultura y del conocimiento, ponerse manos a la obra.

Ciertamente todo espírita consciente, como parte de la sociedad encarnada, debe actuar como un ciudadano cuya tarea es desempeñar su papel responsable en la erradicación de los males colectivos en todos los ámbitos. Sin embargo, sería un gran error ignorar que el origen de todos los males humanos, en todas las épocas, siempre ha tenido como raíces los lugares de la perversidad, organizados hace más de diez mil años en los grotescos lugares de la vida errática.

Nadie en su sano juicio querrá resolver los problemas del mundo dentro de una reunión de apoyo mediúmnico, descuidando la tarea de responsabilidad social. Pero nuestro llamado en este momento es a la formación de grupos conscientes, dispuestos a cooperar en una de las más arduas medidas de saneamiento y solución, ante los nuevos destinos de la humanidad.

---

[21] Lucas, 12:48

Hay vida en estas fétidas y nauseabundas guaridas. Nos corresponde a nosotros infundirles esperanza para recuperar la lucidez.

Hay vida en estos pantanos de amargura, a nosotros nos corresponde nutrirlos de cariño para que sientan que pueden empezar de nuevo.

En estos pantanos de dolor, hay exuberantes lirios capaces de reflejar la luz del sol. Es nuestra familia que permaneció en el tiempo, suplicando nuestro amor. Parecen engañados por el orgullo y, fingiendo ser fuertes y vengativos; sin embargo, aman y aman mucho. Nuestro desafío es amarlos aun más para que descubran cuánto vale la pena vivir en plenitud y retomar nuestros caminos hacia Dios. Busquemos nuestros lirios.

Después de una pausa en la que se mostró muy emocionado, el profesor continuó:

– Las cifras de nuestro censo están muy cerca del censo humano.

Durante el período de la venida de Cristo a la Tierra, la población estimada era del orden de trescientos millones de almas reencarnadas. En esta ocasión, los censos del Altísimo notificaron que, entre encarnados y desencarnados, la Tierra tenía una población general del orden de veinte mil millones de almas. Nunca ha habido tantas reencarnaciones en la humanidad hasta ese momento. Luego se produjo un fuerte descenso debido a las precarias condiciones de vida durante el colapso del imperio romano, reduciendo la población humana a menos de doscientos millones de criaturas en el cuerpo. Solo en el segundo milenio de la Era Cristiana la población volvió a crecer espectacularmente, llegando a poco más de quinientos millones de almas en la carne hasta el siglo XV. En 1900, la cifra rondaba los mil seiscientos millones. Pero solo después de 1950 encontramos el período decisivo de la humanidad. Hemos cumplido el milenio con una población terrestre estimada en seis mil quinientos millones de espíritus en el cuerpo y una población general de treinta mil millones de criaturas.

Esta proyección nos ayuda a concluir que, en ciertos momentos, los servicios de rescate se realizaban íntegramente en la vida espiritual, considerando que era inviable realizarlo con participación humana. Después de la Doctrina Espírita y de la experiencia adquirida en más de cien años de actividad mediúmnica, el escenario es diferente. Hoy en día hay más de seis mil millones de espíritus en el cuerpo y la Tierra nunca ha pasado por tan diferenciado proceso de éxodo, migración y emigración de espíritus entre el mundo de los sentidos físicos y extrasensoriales.

– ¡Tiene usted reflexiones más claras, doña Modesta, sobre el significado de estos datos!

– Es verdad, profesor. Los he ido analizando para tener una idea más precisa de la magnitud del trabajo que nos espera en este siglo, junto a los servidores de la mediumnidad en ambos ámbitos.

La Tierra hoy tiene poco más de seis mil millones de almas, vistiendo el cuerpo carnal. Su población general, según el "censo" del Altísimo, alcanza los treinta mil millones de criaturas atraídas por el magnetismo y las luchas del planeta.

Del contingente general tenemos el veinte por ciento de los habitantes reencarnados. Lo que permite pensar aquí en cuatro almas por cada una en la vida física.

Mediante controles mucho más elaborados y sin margen de error, los equipos de sociólogos celestes, que guían los destinos de los continentes, destacan que cuatro mil millones de estos seis mil millones de reencarnados son almas enfermas que purgan dolorosos procesos de reeducación. Los otros dos mil millones son corazones en la ostensible búsqueda de su recuperación, entre los cuales, muy raramente, encontramos a los llamados "misioneros colectivos", o "encargados de subvenciones específicas" que vienen a corroborar con la planificación del progreso y bienestar social.

Algo muy similar ocurre con los otros veinticuatro mil millones de habitantes de la Tierra en situación errática. Tenemos doce mil millones de desencarnados en niveles de lucha y sufrimiento, seis mil millones de almas promedio que ya cooperan eficazmente en la tarea regenerativa de los demás, y otros seis mil millones de conductores elevados, entre los que se encuentran los "avatares" que velan por el gran plan de la humanidad. Cristo para el orbe, misioneros, guías espirituales, garantes, espíritus superiores, ayudantes galácticos. La mayoría de ellos liberados de la reencarnación o incluso innumerables hombres y mujeres comunes y corrientes, que superaron las pruebas expiatorias en el éxito de las reencarnaciones.

Algunas inferencias se vuelven necesarias para que podamos presentar propuestas urgentes de servicio y cooperación a nuestros amigos en el cuerpo. Sumando a la aglomeración de seres en clara condición de dolor y enfermedad, tenemos un total de dieciséis mil millones, en ambos planos, distribuidos en cuatro mil millones en el cuerpo y otros doce mil millones en las regiones de miedo y desequilibrio de nuestro plano. Un promedio de tres almas en crisis por cada una atormentada en la vida física, lo que suma un poco más del cincuenta por ciento de la población general del orbe.

De estos dieciséis mil millones encontramos cuatro mil millones de almas, a pesar de estar enfermas, en clara búsqueda del bien. Otros cuatro mil millones son criaturas malvadas que deliberadamente actúan mal. Los ocho mil millones restantes se encuentran en una postura de indiferencia o indecisión, con fuertes llamados a la apatía y al desaliento. Este grupo de doce mil millones de enfermos tiene en común la falta de un idealismo superior y el apego a las cuestiones materiales, dos rasgos que se distribuyen según la individualidad, sus inclinaciones, sus valores y su cultura. Y de esos cuatro mil millones de hermanos nuestros que gestionan el mal a través de la perversidad, hoy tenemos nada menos que mil millones de ellos en plena sociedad terrenal, destilando la bilis de la cultura nociva y de las actitudes demenciales, mientras otros tres mil millones mantienen todavía los puestos más altos en la sociedad, "ordenaciones infernales" junto con las esferas extra físicas.

Imagínese una casa terrenal con cinco miembros de una familia y considere que, al menos, otras veinte entidades se mudan allí casi todos los días. Los criterios que definen estos enfoques son variados y multifacéticos, creando las más infinitas formas de interacción y convivencia.

Tomando como base la ubicación de *El Libro de los Médiums*, artículo 232, tenemos:

Consideremos ahora el estado moral de nuestro planeta y comprenderemos qué clase deben ser los que predominan entre los espíritus errantes. Si tomamos cada pueblo en particular, podremos, por el carácter dominante de sus habitantes, por sus preocupaciones, por sus sentimientos más o menos morales y humanitarios, decir en qué orden están los espíritus que preferentemente se reúnen en su seno.

Brasil es un gran polo magnético que renueva y alivia el dolor humano a través de la fuerza natural que irradia su gente y su suelo. La fe espontánea y la riqueza de la naturaleza son fuentes inagotables de atracción para aquellos que se encuentran sin dirección en su vida espiritual. Por eso este terrón ha funcionado como centro de gravedad para todas las cuestiones relativas a la historia y los caminos de la Tierra.

En esta etapa llamada transición, se hace imprescindible ampliar los horizontes de los depositarios de la revelación espírita, para no reducir a meros informes literarios la complejidad de las operaciones involucradas en estos períodos decisivos para el futuro.

La transición es el período que separa dos ciclos. Estamos atravesando ahora la transición entre el ciclo probatorio–expiatorio y el ciclo regenerativo.

Además de los factores sociopolíticos y económicos, la huella indeleble de esta metamorfosis es, sobre todo, espiritual. Los caracteres del hombre civilizado son claros según la pregunta 793, de *El Libro de los Espíritus*:

Sin embargo, no tendréis verdaderamente derecho a llamaros civilizados, a menos que hayáis desterrado de vuestra sociedad a quienes la deshonran y viváis como hermanos, practicando la caridad cristiana. Hasta entonces, solo seréis personas iluminadas que habéis pasado por la primera fase de la civilización.

Los hombres civilizados, en el pleno sentido de la palabra, son aquellos que integran la moral y la inteligencia al servicio del bien de todos.

La moralización del planeta es una condición esencial para que se produzca la Era de la Regeneración.

– ¡Estos datos deberían ser los primeros en ser revelados al plano físico! – Intercedió el doctor Inácio –. Solo estando aquí se puede comprender el significado de una tarea de intercambio en este escenario de luchas globales.

– Exacto, Ignacio. ¡Este es un enfoque muy importante!

– Vuelvo a insistir...

– ¡Ahí viene el cabeza dura...! – Se relajó doña Modesta.

– Tú ya conoces a Modesta...

– ¡Claro que sí! ¿Te encantaría compartir noticias sobre el infierno?

– ¿Qué saben los espíritas sobre los dragones, las siete organizaciones del mal, el origen de Lucifer, la influencia de las falanges malvadas en la raíz del mal...? ¿Qué nociones tienen sobre la antropología del mal organizado en el planeta? ¿Alguna vez has oído hablar de la "escoria", el "vampirismo asistido" y los "vibrios"? ¿Quién reveló algo sobre los siete valles de la perversidad y el cinturón vibrante que cobija a la humanidad? ¿Cuántos saben de la relación entre la religión y las órdenes de las huestes del mal? ¿Qué información tienen sobre la vida social en esta semi civilización? ¿Qué saben más allá del Umbral?

– ¿Y lo creerían? – Dijo el maestro.

– Seguramente tendrían dificultades. Si yo mismo, estando aquí, sigo asustado por lo que veo, ¿qué pasará en el plano físico? Pese a ello, ha llegado el momento y estamos llamados a nuevos procedimientos.

– ¡Inácio tiene razón, profesor! Eurípides se refirió a la parábola de las bodas. No podemos pensar en aquellos que son considerados "aprobadores de la pureza doctrinal" si queremos servir a Cristo. Si nuestros propósitos son honestos y consistentes, serán escuchados por almas libres de limitaciones culturales y dispuestas a expandir su visión espiritual. Simplemente no podemos ser ingenuos... – concluyó doña Modesta.

– ¡Nuestro coraje no puede ser ingenuo! Estoy de acuerdo con eso... – completó el doctor Inácio.

– ¿Y qué piensa el profesor?

– Realmente nos corresponde a nosotros informar sobre la magnitud del mal para llamar a los hombres a considerar el servicio que nos espera. Sin embargo, también tendremos que informar sobre las medidas de salvación para fomentar el optimismo.

Los "excrementos mentales" de una parte significativa de la humanidad en general, resultantes de hábitos primitivos y actitudes perversas, contaminan la psicósfera terrestre con una espesa "nube bacteriana" capaz de provocar desequilibrios de diversos matices.

Organizaciones envejecidas en las técnicas del mal y la miseria, la crueldad y la inteligencia beligerante, más que nunca agitan sus "garrotes del odio" contra los felices ataques del Altísimo en sus "Tumbas del Mal.

Esta materia mental, en sí misma, representa una pesada carga para la psiquis humana que, para estar libre de su contagio, necesita un régimen severo de limpieza de pensamientos, costumbres, oración defensiva, meditación y acción benéfica.

Todos, sin excepción, estamos al servicio del programa regenerativo de la humanidad, planeado por Cristo para establecer la Era del Espíritu en la Tierra.

Los corazones apasionados por intereses mayores asumen retornos espontáneos a la vida material en el desafío de los testimonios. Muchos otros, que ya están en oficinas de espiritualización, están invitados a trabajar para la "escoria de las tinieblas" en ambos planos de la vida. Una encarnación en este clímax vale dos más, considerando el uso que se le dará.

Éste es el mensaje que contiene el Evangelio sobre los trabajadores de última hora, que reciben el mismo salario, pero que sudan más intensamente sus miembros en el trabajo activo.

Quien desdeñe el cuadro similar que aquí presentamos estará seguramente optando por la ilusión que prefiere quitarnos la posibilidad de ver y vislumbrar el desafío más difícil y doloroso, en detrimento de los cómodos campos de trabajo, asemejándose al agricultor que , pretextando prudencia, no sale al Sol, ni va al campo, esperando una cosecha abundante de frutos solo porque tiene en sus graneros los granos divinos del Espiritismo...

Mensajes como estos no deberían todavía dirigirse a una comunidad que no se siente conmovida por el intercambio de horas de ocio por edificación moral. Si muchos aprendices aun dudan en creer que las tinieblas pueden, con gran maestría, reencarnar a los verdugos del vicio y la codicia, ¿cómo creerán en propuestas encaminadas al sacrificio y al desapego? Si muchos médiums todavía dudan en renunciar a los placeres del fin de semana, ¿cómo recibirán noticias similares?

Ciertamente, en estos casos, los "viejos tópicos" funcionarán como escape y justificación: "¡¿Por qué mensajes tan desastrosos cuando el Espiritismo debería consolar?!" "¡¿Por qué noticias tan tristes cuando la función de Buenas Nuevas es dar buenas noticias?!" Otros dirán: "¡¿A qué nos pueden llevar estas ideas sino al miedo y al terror?!" Otros más afirmarán: "¡¿Con qué fin un buen espíritu se ocuparía de estos asuntos?!"

Las preguntas se multiplicarán, alimentadas por las excusas y la vigilancia de quienes se han acostumbrado a regímenes del "deber cumplido" dentro de los límites de sus días libres.

Sin embargo, a quienes hacemos este llamado con carácter urgente se nos pedirá mucho equilibrio ante el miedo a dar nuevos pasos y la prudencia que nosotros mismos les instamos a tener para no perderse en los laberintos de fascinación y fanatismo.

– Por lo tanto, tomaremos medidas con el objetivo de acelerar la formación de nuevos horizontes para los practicantes espíritas en materia de mediumnidad. Que cada uno reúna su equipo y defina los pasos – concluyó doña Modesta.

4

Nuevos colaboradores

"De hecho, lo que importa es algún desacuerdo, ¡más en la forma que en el fondo! Tened en cuenta que los principios fundamentales son los mismos en todas partes y os unirán en un pensamiento común: el amor a Dios y el hacer el bien."

El Libro de los Espíritus, Conclusión, punto IX.

Había llegado el momento de traer un nuevo conjunto de reflexiones sobre las relaciones interdimensionales al mundo físico. Todas las actividades del hospital, especialmente las alas destinadas a los médiums y directores, serían objeto de evaluaciones en profundidad para responder mejor a los objetivos de los planos mayores. Entre nosotros, los desencarnados, había mucho por hacer.

Al día siguiente de la conferencia nos reunimos con el profesor Cícero Pereira. Discutimos algunas medidas para las tareas rutinarias en el pabellón de los dirigentes espíritas. Sería buena idea ampliar el alcance de las discusiones, ofreciendo mayor libertad a los recién ingresados en el hospital. Sus impresiones, aun transmitidas por el contenido de ideas generadas en el plano físico, constituyen abundante material educativo.

En las actividades de la mañana, cuyo objetivo es realizar el proceso gradual de adaptación y desencanto post–mortem, reunimos a un pequeño grupo de líderes espíritas recién desencarnados y nos pusimos a trabajar. El profesor Cícero hizo un breve resumen del sermón "Actitudes de Amor", de Bezerra de Menezes[22], y luego pasó a discutir la siguiente pregunta: "¿Qué podemos decir a los amigos de la comunidad espírita carnal sobre la inmortalidad en este momento de transición?"

Un servidor concienzudo destacó:

— Profesor, por mi parte, creo urgente aclarar a los compañeros reencarnados el significado del "período mayoritario" en el que entra el Espiritismo, según el amoroso discurso de Bezerra de Menezes. Como sabemos, muchos idealistas todavía están subyugados por nociones ilusorias sobre la expansión de las ideas espíritas. Muchos incluso llegan a creer que toda la humanidad se volverá espírita. No comprenden la urgencia que el Centro Espírita se traslade a círculos sociales bajo un régimen de participación y responsabilidad social. En cambio, esperan que la sociedad toque las puertas de los Centros del amor.

— ¡Estoy de acuerdo! — Dijo un colaborador —. La conferencia de Bezerra, sin duda, es un hito en la historia del movimiento espírita en ambos niveles. Será oportuno que los hombres carnales sepan que el Espíritu de la Verdad continúa con un programa bien definido para el futuro de las ideas.

— Por mi parte — dijo otro miembro del grupo —, además de los preciosos datos sobre el discurso del benefactor, creo que debemos mostrar a nuestros amigos de Doctrina los efectos de la negligencia y el desprecio de los recursos concedidos por la divina providencia. Pocos escapamos de esta medida.

— ¡Permítanme discrepar! — Dijo uno de los miembros que fue presidente de una Casa espírita durante cuarenta y seis años consecutivos —, para mí, la mejor advertencia se dirige al problema de las posiciones. ¿Quizás un estudio sobre el poder y el apego?

---

[22] La conferencia antes mencionada está contenida en la obra *Cosecha Bendita*.

Los discursos se multiplicaron según las visiones personales cuando el maestro, inspirado, nos ofreció un precioso foco orientador de ideas.

– Amigos, sin lugar a dudas, todas estas propuestas son valiosas. Podemos utilizarlos con un enfoque más amplio y profundo.

– ¿Como? – Preguntó el joven Lisandro, un trabajador de la ciudad de Río de Janeiro, recién llegado al hospital.

– Conviene que utilicemos siempre nuestras experiencias personales en función de la Obra de Cristo y no solo para denunciar los efectos de nuestras locuras o transmitir informaciones reveladoras al mundo terrenal.

Lisandro, no satisfecho, volvió a expresarse:

– ¡Explíquese mejor, profesor!

– Nuestros errores son diferentes en la forma, pero casi siempre tienen orígenes morales similares. Sería oportuno adaptar todas las ideas presentadas a un tema general que ayudaría a identificar más claramente las causas de las luchas humanas. Así, contribuimos a la formación de un colectivo espírita más activo y consciente de sus deberes sociales y humanitarios.

Hay un viejo tema que merece toda la atención de los trabajadores de Cristo. El mensaje del Evangelio, en todos los tiempos, ha sufrido el golpe de los "enemigos de Cristo" por la ofuscación de la verdad. Su objetivo siempre ha sido mantener a la Tierra en la ignorancia sobre las luces espirituales como la estrategia de dominación más efectiva.

– ¿Y qué tema es este? – Insistió Lisandro.

– Los matices de la inmortalidad. Es hora de rasgar el velo, "desenmascarar" el plano espiritual. Mostrarlo tal como es. Ayudar a nuestros compañeros en el cuerpo a comprender la vida de los espíritus sin el dogmatismo con el que todavía insisten en pintarla con los colores del viejo condicionamiento religioso. Es común escuchar a los espiritistas decir que el plano terrenal es una copia de aquí. A pesar de esto, con raras excepciones, todavía ven el mundo espiritual a través de los lentes de las tradiciones religiosas. Es urgente eliminar los mitos sobre la erraticidad, "demitificar" y desmitificar la realidad de las esferas evolutivas adyacentes a la vida material. Los opositores a la causa saben que ya no pueden ocultar la inmortalidad del alma; sin embargo, trabajan duro para tratar de nublarla y someterla a regímenes nefastos de amenazas y penitencias del cielo y del infierno, ahora conocidas allí como Umbral y Nuestro Hogar desde el surgimiento de la literatura mediúmnica subsidiaria.

El profesor apenas había terminado su discurso cuando fue interrumpido por un profesor de una gran ciudad del estado de Goiás, visiblemente incómodo, aunque sincero, Marcondes dijo:

– ¿Hermano estás haciendo una crítica velada a las obras de André Luiz que explican detalladamente el plano espiritual?

– Esto no es una crítica, Marcondes. Estás llegando ahora a nuestro plano y, al igual que nosotros, verás que tenemos mucho que aprender y repensar sobre las nociones traídas de la vida física sobre el plano espiritual. Comúnmente llevamos aquí conceptos y puntos de vista individuales, moldeados por la cultura de la comunidad doctrinaria. ¡Todo muy natural! Sin embargo, amigo tendrás tiempo suficiente para descubrir que el abundante material sobre la vida inmortal destinado a los hombres, de André Luiz, representa un minúsculo grano de arena en la playa infinita de las verdades espirituales.

– ¡Esta afirmación es un reduccionismo hacia el noble guía! ¿Qué autoridad tienes para esta afirmación sobre enseñanzas tan completas? – Dijo el líder.

– ¿Reduccionismo en qué sentido?

– De esta manera, restas significado a la excelente obra mediúmnica de Chico Xavier. Para mí, estas obras constituyen la cuarta revelación. ¿Qué más necesita saber un hombre además de las enseñanzas enviadas por André Luiz? Además, ¿quién puede cuestionar la literatura del médium Xavier?

– No tengo intención de reducirlo. La excelencia de este noble guía permanecerá por la eternidad. Él mismo; sin embargo, nunca asumió, como su mediador, la condición popularizada de la infalibilidad. Si encuentra aquí a André Luiz, verá que él mismo quisiera complementar sus notas, algunas de las cuales han sido actualizadas por la ciencia. Tus percepciones, querido hermano, están todavía marcadas por la influencia natural de las tímidas percepciones de la cultura terrena. Los libros de este mensajero son como capítulos bien escritos del "gran libro de la verdad. Muchos capítulos los preceden y varios otros les seguirán. Tendremos la quinta, la séptima, la millonésima revelación y aun habrá más por revelar." En cuanto a cuestionar a los médiums y los frutos de su trabajo es también una cuestión de muchas consideraciones. Desgraciadamente, en este campo los hombres han sido a veces ingratos y anti fraternos, a veces idólatras y demasiado creyentes.

– Con el contenido de estos libros tenemos material para cuatro reencarnaciones o más; entonces ¿cuál es esa idea de enviar noticias más mediúmnicas? ¿Con qué propósito? – Dijo el líder con cierto grado de irritabilidad.

– Sin duda, esta serie mediúmnica será material para muchas encarnaciones, si hablamos del trasfondo moral que las compone. Sin embargo, compañero mío, en materia de novedades y revelaciones, el propio André Luiz todavía tiene mucho que decir además de lo que ya ha escrito. Lamentablemente, nos parece que los médiums se sienten indignos de su compañía. Este es uno de los problemas que a menudo exploran los oscuros. Los centros del amor cristiano en el planeta necesitan tomar conciencia de este hecho. Es urgente rasgar velos...

— ¿Dirías quizás que hay otros médiums en condiciones de recibir a André Luiz a través de la mediumnidad?

— ¿Y por qué no? No solo André Luiz, sino todo el cielo busca la Tierra. Es lamentable la creencia tan extendida entre los médiums espíritas sobre la distancia a la que se encuentran los buenos espíritus. Más doloroso aun es el concepto que tienen sobre los mentores espirituales y espíritus superiores, como si fueran almas elegidas e infalibles, vestidas con túnicas brillantes, con un lenguaje forzado, que solo sería visto, sentido o comprendido cuando los médiums vencieran todos sus vicios y convertirse en criaturas inmaculadas. Los opositores desencarnados no pudieron impedir la difusión de ideas doctrinarias, pero causaron extrema distorsión, retrasando grandemente el alcance de la mayor parte del Espiritismo y la madurez de los espíritas. Esta cultura de inferioridad ha existido desde siempre. Los líderes de la perversidad están muy contentos con la idea que Cristo y sus enviados están muy lejos de nuestras necesidades, inalcanzables para criaturas como nosotros... Con esta cultura de la indignidad, han alcanzado objetivos fundamentales...

Evidentemente, a André Luiz le resultará más difícil obtener resultados excepcionales a través de un médium que no sabe conjugar los verbos servir y aprender, además de la actitud de sacrificio. A favor está el problema que no es la supuesta distancia en que se encuentran los espíritus sublimes en relación con los hombres, sino la actitud enfermiza y apática que los hombres prefieren mantener en relación con los espíritus sublimes. Ésta es la razón para rasgar el velo y presentar, a nuestros socios de la causa, el mundo espiritual desprovisto de falsedades alimentadas por la obsesión de la ignorancia y los prejuicios que aun cargan. Es urgente transmitirles el mensaje que las esferas de la vida inmediatamente posterior a la muerte no son tan diversas como cabría imaginar, en las que los efectos de nuestras acciones se extienden de forma natural y clara en un régimen continuo. Miles de millones de almas de nuestro plano viven como si estuvieran en la Tierra. Todavía hay mucho que decir sobre esta interacción inter dimensional.

– Cuesta creer que sea así. Preferiría no oír nada más. Eso no es lo que aprendí en los libros de Doctrina acreditados... ¡Me gustaría retirarme de la reunión, Ermance! ¿Puedo?

– Hermano eres libre de regresar a su habitación. Sería mejor quedarse y seguir el resultado de nuestra reunión. Luego hablaremos en privado. Es parte de tu nuevo aprendizaje.

– No sé si debería seguir escuchando estas innovaciones, ya que tengo mis propios puntos de vista. Mi formación doctrinaria no se ajusta a esta línea excesivamente innovadora. Después de tantos años de servicio al Espiritismo, comienzo a decepcionarme del acto de la muerte. Desde que llegué aquí, nada ha sido como esperaba – dijo el líder con una repentina sensación de malestar –. Amigo mío, ¡no sé si quiero aprender escuchando lo que no me gusta! No creo merecer esto después de tanta lucha en mi cuerpo.

– ¡Sí, entiendo tu disgusto!

Para corazones como Marcondes, resulta muy embarazoso despojarse de prejuicios arraigados en el mundo físico, simplemente porque no se adaptan al dinamismo del intercambio y a la apertura mental para reciclar concepciones y posturas. Era un buen hombre; sin embargo, descuidó la construcción del ámbito espiritual en sus sentimientos, limitándose al volumen de información cerebral, lo que le dificultó la adaptación tras su desencarnación. Eligió conocimiento como sinónimo de autoridad y, en verdad, aunque decía escuchar a todos, siempre prefirió sus puntos de vista personales. La muerte; sin embargo, te invita a tener que escuchar lo que debes, porque no quieres escuchar lo que necesitabas escuchar cuando estabas en la vida corporal...

Recuperado del malestar que casi se había apoderado de todos, el profesor Cícero continuó su explicación.

— Yo también tuve mis errores y comprendo tu indisposición, querido amigo. Esfuérzate por superarlo, porque cuanto más rápido te lances a este trabajo, menos doloroso será el proceso de desilusión. Y digo más: es bueno que tu desencanto comience aquí entre amigos, porque, en mi caso... Aquí en el hospital, cada contacto, cada encuentro fraterno, cada ocasión se convertirá en una invitación a la elevación a la que el alma no podrá resistir. Ahora que nos hemos liberado de la carne, necesitamos liberarnos de nosotros mismos... Mi historia no es una innovación. Estos son hechos y experiencias. Tu amigo tendrá la oportunidad de presenciarlo con sus propios ojos. Es necesario dejar claro que, cuando hablo de rasgar el velo, me refiero a mis propios fracasos, que podrían haberse evitado si hubiera tenido nociones más claras sobre las famosas preguntas: "¿De dónde venimos? ¿Dónde estamos?. ¿Dónde vamos? ¿Qué hacemos en el cuerpo?

Tratando de aprender un poco más, Anita, una oradora experimentada, se presentó de la siguiente manera:

— Llevo aquí menos de dos semanas. Mi traslado fue muy doloroso debido a la lenta y progresiva enfermedad. Siento como si hubiera renacido después de la muerte y, aun con tan poco tiempo en este Otro Lado, ya me he dado cuenta de muchas cosas que nunca escuché decir en los libros mediúmnicos. Estoy realmente entusiasmada con la iniciativa de llevar nueva información a los hermanos del cuerpo sobre los hechos presenciados en la vida extra física.

— ¡Estoy feliz con tu aporte, Anita! — Dijo el maestro —. Nuestra tarea; sin embargo, no puede limitarse al mero acto de hacer revelaciones sobre lo que vemos o la forma en que vivimos en este Otro Lado de la existencia. Los espíritas, en este sentido, ya son demasiado ricos en novedades. La revelación debe ser una herramienta poderosa que nos ayude a medir los resultados de nuestras elecciones y comportamientos más allá de las percepciones sensoriales. Sabemos mucho sobre lo que sucede afuera cuando se trata de la muerte. Ahora es necesario hacer más consideraciones sobre sus efectos en nuestra intimidad.

Cuando el orador terminó de hablar, Marcondes inmediatamente se levantó de su silla y dijo insatisfecho:

– ¡Suficiente para mí! Permiso. No quiero oír tantos sofismas. Debe haber algo mal contigo. Esto no es Espiritismo, es "thinkismo", puntos de vista que transgreden la pureza doctrinaria – y salió furioso de la sala.

Poco después de la partida de nuestro hermano, otro hecho insólito se produjo por parte de un experimentado líder espírita, cuyo traslado se había producido hacía unos días. Esto dijo Selena, una influyente líder de Minas Gerais:

– ¡Perdónenme, tengo que hablar, sino explotaré! Estoy muy decepcionada con todo lo que vi aquí. Creía que la muerte me libraría de ese mal humor propio de algunos espiritistas de alto nivel. Mi mente está muy confundida y no me gustaría escuchar nada más. Incluso me pregunto si no fue una gran ilusión ser espírita. Disculpen, tengo que descansar.

Otras reuniones que mantuvimos con varios equipos pequeños de personas recientemente desencarnadas aportaron mucho material en el que pensar. Fuimos testigos de muchos comportamientos agresivos y arrogantes y, rara vez, de algunas expresiones de alegría y cooperación con la tarea en curso; sin embargo, nada constituyó obstáculo o aflicción para nosotros. Era una rutina en los innumerables servicios de adecuación y mejora. En verdad, tales ocasiones fueron valiosas para todos y, para algunos, fueron el comienzo de un largo y doloroso despertar.

Escuchar las palabras de quienes arribaron a nuestro plano, aun llevados por ilusiones mundanas, implicó el valioso aprendizaje de contextualizar nuestro lenguaje de los espíritus al lenguaje de los hombres, dando el color más cercano a la realidad terrenal al utilizar los servicios de escritura mediúmnica.

Ante las reacciones de Marcondes y Selena, el fraternal discurso de Eurípides escrito la noche anterior resonó en nuestras reminiscencias. ¡Cuánto queda por hacer creando centros de servicio y de amor genuinamente cristianos! ¡En cuanto a lo que debemos hacer para definir nuestras relaciones de armonía en torno al amor de Dios y la práctica del bien!

Nuestros hermanos serían invitados a reuniones privadas al día siguiente.

5

Primeras entrevistas

"El orgullo os lleva a juzgaros como más de lo que sois; a no soportar una comparación que pueda degradaros; a consideraros, por el contrario, muy por encima de vuestros hermanos, ya sea en espíritu, en posición social o incluso en ventajas personales. , que el más mínimo paralelo os irrita y molesta"

(Un espíritu protector: Burdeos, 1863.)
El Evangelio según el Espiritismo, capítulo IX. artículo 9.

Temprano en la mañana del día siguiente solicitamos la presencia de Marcondes en nuestra habitación. Al llegar, el gerente nos saludó:

– ¡Buenos día!

– ¿Cómo estás, Marcondes? – Dijo el profesor amablemente

– ¡Estoy confundido e insatisfecho!

– ¿Por qué razón? – Preguntó el profesor –. Tiene algo que ver con la reunión de ayer?

– No solo por eso. Me han tratado como si me hubiera pasado algo grave. Medicamentos, reposo, poca actividad. De hecho, experimento un mareo inexplicable. El malestar causado por la enfermedad que fallecí no ha desaparecido por completo, pero ¿requerirá tanta atención médica?

– ¡Es temporal! Es una adaptación gradual.

– ¡Han pasado tres semanas y nada!

– ¿Le ha faltado cariño y atención por parte de nuestros empleados?

– No.

– ¡Entonces...! ¿De qué te puedes quejar?

– No quería que me mimaran así, tenía muchas ganas de trabajar. ¿Cuándo puedo utilizar mi experiencia doctrinaria?

– ¿Qué experiencia, Marcondes?

– ¿Tienes información sobre mi equipaje con el adoctrinamiento espiritual?

– Sé que fuiste muy dedicado.

– Bueno, ya sabes, ¡tengo cuarenta y cinco años de experiencia! Espero merecer continuar mis funciones a este nivel – se expresó con evidente arrogancia.

– ¿Qué te gustaría hacer con tu equipaje? – Preguntó el profesor, acostumbrado a utilizar este método por los efectos psicológicos positivos que tiene en los recién desencarnados.

– Adentrarme en el abismo y conocer de cerca a estas criaturas que siempre he adoctrinado. Para poder seguir liberándolos de estas regiones infelices.

– Tu deseo es muy noble. Pero creo que antes habrá prácticas largas.

– ¡¿Etapas?! Me gustaría salir ahora mismo a los abismos y al trabajo. Después de todo, ¡cuarenta y cinco años no son cuarenta y cinco días!

– Marcondes, solemos utilizar el simbolismo de un árbol para explicar el tema del cuidado de los enfermos desencarnados. La copa del árbol trata sobre espíritus caídos por la culpa, comandados por exploradores espirituales. Las ramas y el tronco son hipnotizadores y dominadores de todos los tamaños, organizadores de falanges y grupos malignos. Las raíces son el origen del mal en el mundo, los corazones endurecidos por la maldad.

– ¡Luché con todos ellos durante estas décadas!

– ¡Error de tu parte, Marcondes!

– ¿Error? – Preguntó molesto.

– Ni siquiera llegaste a la copa del árbol. Nunca has estado con ningún espíritu del abismo. Al menos en adoctrinamiento...

– Debes estar bromeando, profesor Cícero. ¿No es ese tu nombre?

– Sí, ese es mi nombre y no bromeo, lo que digo es cierto. Incluso conocerás a alguien en el hospital que realmente se burla de nosotros – nos miramos, el profesor y nosotros, sabiendo a quién nos referíamos...

– ¿Sobre qué base haces estas afirmaciones? ¿Quién tendría autoridad para decir esto sobre mi tarea realizada con amor?

– Tu tutor espiritual.

– ¡¿Mi tutor?!

– Ve tú mismo las notas aquí contenidas en esta hoja de sus tareas doctrinarias.

El profesor las pasó a manos del líder para que él mismo pudiera leerlas.

– ¡No puedo creer esto! – Exclamó después de una breve lectura.

– ¡Es la pura verdad! Devuélveme el formulario, por favor.

– ¿Qué mentor es éste que ni siquiera se dignó en presentarse?

¿Por estar varios días aquí? Cualquiera podría haber tomado estas notas. Es todo muy extraño para mí... ¿Por qué no recuerdo el pasado? Según lo que aprendí en los libros, cuando soltaba mi cuerpo, ¡pasaba por una regresión! ¿Cuándo ocurrirá?

– Tu ya la tuviste. Simplemente no lo recuerdas. Sufres de amnesia intermitente.

– Realmente me he olvidado de muchas cosas.

– Será así por unos días más. Bueno, ¡terminemos nuestra entrevista! ¡Se nos acabó el tiempo por hoy!

– ¡Pero todavía tengo infinitos problemas con los que lidiar! Muchas dudas. ¿Por qué solo me llaman para una entrevista ahora?

– Lo siento, Marcondes. Nuestras entrevistas no superan los diez minutos. Serás trasladado a un ala específica bajo el cuidado de un excelente colaborador. Comenzarás mañana temprano. Tus consultas deben dirigirse a él. Tomaremos medidas.

El líder no expresó entusiasmo con nuestra actitud. Se fue taciturno y sin despedirse. Selena, que ya estaba esperando afuera, entró sonriendo.

– ¡Hola, Ermance! ¿Cómo estás profesor?

– ¡Veo que estás feliz, Selena!

– Me está empezando a gustar este lugar. Esa mañana sentí una incomparable sensación de libertad en mi cuerpo físico.

– ¡Buenas noticias, querida amiga! Nuestro hermano Cícero realizará su primera entrevista.

– ¡Qué alegría estar contigo! En Minas Gerais su nombre siempre es recordado.

– Estoy feliz con el recuerdo – dijo, siempre humilde –. ¿Quieres contarnos tu trayectoria espiritual?

– ¡Con mucho gusto! Presidí el Centro Espírita Paulo y Esteban durante más de tres décadas con gran devoción. A decir verdad, no asumí esta misión por mi propia voluntad. Nadie quería comprometerse tanto como requería la tarea.

– ¿Qué valoración haces de tu participación en estos treinta años?

– Muy positiva. Logramos mucho. Al principio fue bastante tumultuoso, hasta que nos dimos cuenta que nuestro problema era la mediumnidad. Tomamos algunas medidas valientes y deberías conocer los resultados.

– ¿Cómo crees que será la institución ahora, después de tu desencarnación?

– Tocaste un punto que me preocupa. Mis pensamientos se ven asaltados por ideas cuyo origen desconozco. Me siento inseguro sobre lo que sucederá allí. Angélica, mi mano derecha en la tarea, es una mujer muy deprimida y miedosa. Ella seguramente será mi reemplazante en la junta directiva; sin embargo, a pesar de haberla guiado, no sé qué pasará.

– ¿Te gustaría asistir a la reunión de la junta que tendrá lugar dentro de unas semanas en la que decidirán el futuro del Centro?

– ¡Me encantaría! ¿Puedo soportarlo? Todavía tengo algunos dolores en el pecho. Ya sabes... Mi corazón me despidió de la carne... ¿Es posible esta alegría, profesor?

– ¿Y por qué no? Tu libertad mental te permite hacerlo sin mayores dificultades. En cuanto al dolor, creo que habrá tratamiento para tu caso.

– Si es así... ¡no puedo esperar!

– Entonces quedamos de acuerdo hija mía, te informaremos en el momento oportuno. Haremos los preparativos para la visita.

– ¿Y el movimiento espírita, Selena?

– ¡Ni siquiera me hable de movimiento, profesor! Deliberadamente alejé nuestra casa de las disputas por la unificación.

– ¿Por qué?

– Mucha falsedad y poca utilidad. Cuando dejemos de involucrarnos en estos temas administrativos del movimiento, nuestra casa empezó a producir más y todos agradecimos más el trabajo.

– Entiendo tus razones. Tendremos tiempo para más detalles a su debido tiempo.

– ¡Este tema no me atrae nada!

– Quiero aprovechar esta oportunidad para pedirles disculpas a ambos. Ayer estuve muy molesto por esa reunión. Como dije, tengo aversión a estos "espiritistas embriagadores" que creen que pueden controlarlo todo. Nunca imaginé que los encontraría después de la muerte. Me encontré afuera con "ese señor" – se refirió a Marcondes –, y ni siquiera me saludó.

– Ese es el motivo de nuestras discusiones, Selena. Rasgar los velos significa hacer más claros para los hombres los acontecimientos que rodean la muerte. Analizar las luchas que llevamos aquí.

– Me he encontrado con muchas sorpresas en este hospital. Empiezo a comprender el porqué de las noticias detalladas al mundo físico sobre la situación de los espíritas después de la muerte.

– ¡Muy bien! Por hoy es todo. Preséntate mañana temprano a tu nueva ala de servicios preparatorios.

– Gracias profesor. Gracias, Ermance. ¡Me siento muy bien entre ustedes!

– La alegría es nuestra, hija mía. Jesús te bendiga en tus nuevos pasos.

Selena y Marcondes siguieron el camino de la gran mayoría en los servicios de adaptación. Les esperaban experiencias nuevas y más profundas. La nueva ala de servicios sería un punto de partida para grandes avances y aprendizajes nuevos.

6

Encuentro con Inácio Ferreira

"¿Los Espíritus que simpatizan con nosotros actúan en cumplimiento de misión?

No es raro que realicen una misión temporal; sin embargo, la mayoría de las veces, solo se sienten atraídos por la identidad de pensamientos y sentimientos, tanto para el bien como para el mal."

El Libro de los Espíritus, pregunta 513.

Ambos dirigentes llegaron a la hora prevista, acompañados de asistentes de sus respectivas alas. Al verse, destacó el claro desprecio de Selena hacia Marcondes. Ambos compartirían la tutela del mismo asesor.

Se trataba de una oficina sencilla y bien ventilada, con grandes ventanales, desde donde se podían contemplar exuberantes flamboyanes en los cuidados jardines del sanatorio. El profesor Cícero, que esperaba en la antesala, los invitó:

– ¡Vengan! Quiero presentarles al Doctor Inácio Ferreira.

– ¿El de Uberaba? – Preguntó Selena espontáneamente.

– Es él mismo.

– ¡Veo que tenemos muchos mineros en el hospital! – Selena se refirió a los orígenes del profesor.

– ¡Más de lo que imaginas...!

Tocamos la puerta y nos atendió el coordinador de aquella ala.

– Doctor Inácio, estos son los nuevos estudiantes.

– Feliz de darles la bienvenida. Ya los estaba esperando. ¡Vengan, vamos a acomodarnos!

Nos sentamos en unos sillones dispuestos en círculo.

– Mi nombre es Inácio Ferreira. En la práctica me llamo Doctor Inácio. Tenemos bajo nuestra responsabilidad esta ala destinada a médiums y pacientes de carácter psíquico. He estado leyendo los archivos de mis amigos y, si quieren hacer alguna pregunta...

– Quiero – respondió Marcondes antes que el doctor Inácio terminara de hablar.

– ¡Siéntete como en casa!

– ¿Qué hago en este hospital? ¿No debería estar en alguna Colonia cumpliendo una misión? – Expresó con severidad y resentimiento.

– ¡Esto es un sanatorio, amigo!

– Yo sé de eso.

– Si lo sabes, entonces también debes saber el motivo de tu presencia aquí – el médico de Uberaba de Franceza lo utilizó como recurso educativo.

– Nadie me ha notificado nada hasta ahora. ¿Cómo puedo saberlo?

– Es fácil de deducir. ¡Un sanatorio! ¿Qué es un sanatorio, Marcondes, sino un lugar para recuperar la cordura? Aquí todos están en recuperación de salud mental – al paciente no le gustó lo que escuchó.

Selena observó el diálogo con cierta vergüenza. El profesor y nosotros, acostumbrados a semejante escena, estábamos seguros que se acercaba un momento delicado.

– ¿Recuperarse de qué, doctor Inácio? ¿Quizás aquí me confunden con alguien con una enfermedad mental?

– Lo descubrirás por ti mismo.

– ¿Quieres ofenderme?

– Por ahora no.

– Pero ¿no eres tú el doctor aquí?

– ¡Hasta que me despidan...!

– Entonces, ¿por qué no nos cuentas qué pasó? ¿Qué tipo de médico eres?

– Hagámoslo de esta manera: te voy a hacer algunas preguntas para poder ayudarte.

– ¡Está bien! Comencemos.

– ¿Cómo te sientes acerca de tu experiencia de reencarnación?

– Como un vencedor. Cumplí mi misión.

– ¿Qué misión?

– He soportado a médiums indisciplinados, espíritus testarudos y cooperadores vacilantes durante más de cuatro décadas.

– ¿A lo largo de su trayectoria, durante este tiempo, ha habido mucha rotación en tus actividades?

– ¡Alguna vez! Ya sabes cómo es la gente, ¿no? Hubo mucha deserción.

– ¡Lo entiendo! ¿Y a qué atribuye esta continua rotación de trabajadores y tantas deserciones?

– Pura falta de vigilancia.

– ¡¿Y si te dijera que muchos de ellos, de hecho, no te soportan?! ¿Me creerías?

– ¡Absolutamente no!

– No es lo que aparece en su expediente.

– ¡¿Esta hoja otra vez?! – Y miró con disgusto al profesor que seguía el diálogo.

– Aquí hay varias notas sobre los lamentables resultados de sus actitudes arrogantes, que ahuyentan a excelentes trabajadores.

– ¡¿Arrogancia?! Entonces, ¿estar convencido y decidido es ser arrogante? ¡Era justo lo que me faltaba! ¡Incluso en el plano espiritual tendré disputas y críticas!

– ¿Quieres leer las notas de tu mentor?

– ¡¿Quién es esta criatura que ni siquiera se acerca en persona a decir lo que piensa de mí?! ¿Qué mentor es este? ¿Escribió este mentor ignorado algo bueno sobre mí? – El líder parecía visiblemente alterado.

– ¡Por supuesto, Marcondes! ¡Claro que sí! Son muchos los valores destacados en tu hoja espiritual.

– ¿A qué se debe entonces este enfoque pesimista?

– ¡Cambiemos un poco de tema! Cuéntame algo sobre tu familia y tu vida privada.

– ¿Familia? ¿Vida privada?

– ¿Te acuerdas de Eulália?

– Pero... ¿Es esto un interrogatorio policial, o... qué es esto? Quiero... – y cambió por completo.

Cuando quiso seguir desahogándose, Marcondes tuvo un ataque de vértigo. Tan fuerte, hasta el punto de caer al suelo en un repentino desmayo. El doctor Inácio y el profesor se arrodillaron para levantarlo y recostarlo en el sofá. Pedimos agilidad a las enfermeras en la estación de servicio de una sala contigua.

Rápidamente fue llevado al servicio de urgencias. Las entrevistas fueron interrumpidas. Selena regresó a su habitación. El resto de nosotros estamos destinados a seguir el caso. El episodio lo esperábamos en cualquier momento. Por ello, decidimos unas medidas previamente acordadas en el quirófano.

7

Cirugía delicada

"El tiempo que dura la perturbación que sigue a la muerte es muy variable. Puede ser unas pocas horas, así como muchos meses e incluso muchos años. Quienes, desde que aun vivían en la Tierra, se identificaban con el estado futuro que les esperaba, son aquellos en los que dura menos, porque comprenden inmediatamente la situación en la que se encuentran."

El Libro de los Espíritus, **pregunta 165.**

La eficiente actuación de las enfermeras durante el traslado de Marcondes no le libró de dolores insoportables. Aunque en un estado de inconsciencia temporal, se retorcía en la cama camino al centro de emergencias, recordando las escenas comunes de parto inminente en los hospitales terrenales. Cruzamos varios pasillos hasta llegar al quirófano. Empapado en sudor y exudando un olor desagradable, lo desnudaron por completo y lo colocaron en la mesa de operaciones.

El doctor Inácio convocó al bloque la presencia de doña María Modesto Cravo. Él mismo tomaría medidas de socorro y apoyo, en posesión de instrumentos avanzados, manteniendo cierta similitud en funciones con pinzas y fórceps terrenales. Doña Modesta entró discretamente en la habitación, ya debidamente informada del caso, y oramos juntos. Nos pusimos la ropa adecuada para el momento y Marcondes quedó literalmente anestesiado.

El doctor Inácio colocó a la médium uberabense, doña Modesta, con las manos extendidas sobre los genitales del paciente. Al tocar la vejiga, escuchamos un sonido como si algo vivo se estuviera moviendo, colocado debajo de la piel del paciente. Las manos de la médium trabajaban como si fueran potentes aspiradoras de succión. Servicio lento y muy concentrado. Mientras tanto, el doctor Inácio examinaba con profunda atención la medida en curso. Después de diez minutos, se formó un color púrpura alrededor de las manos de doña Modesta. Rápidamente se desarrolló una mutación energética al punto de darle liquidez a aquella materia, que comenzó a correr por la ingle de Marcondes como cera caliente. El medio destacó su poder clarividente e informó que la operación fue un éxito. Los atentos asistentes lo limpiaron con incomparable cuidado y respeto. De repente, observamos la formación de una enorme hinchazón a nivel de la vejiga urinaria. El doctor Inácio colocó a doña Modesta en una silla cercana para que se recuperara del desgaste, mientras le aplicábamos pases dispersivos en su aura.

Volvimos a orar juntos, suplicando amor paternal a favor de nuestro hermano. En el quirófano reinaba un silencio casi absoluto. La hinchazón alcanzó enormes proporciones. Con destreza y demostrando seguridad, dos miembros del equipo fueron llamados y trajeron un contenedor a modo de pequeña cuna, del tamaño de una caja de zapatos. Era una "incubadora móvil." Entonces fuimos testigos de un fenómeno singular. Sería hermoso si no fuera por la causa generadora. Con un pequeño y preciso corte a la altura de la vejiga, como si se realizara una cesárea, una forma ovoide fue escupida en las manos del doctor Inácio, como si Marcondes la hubiera desprendido de sus entrañas en un acto inconsciente. Tenía el tamaño y la forma de un aguacate y tenía un olor repugnante. Una materia viscosa de color verdoso rodeaba todo ese ser. Para cualquiera que mire, resulta difícil creer que un ser humano se encuentre en esas condiciones.

Inmediatamente colocada en la incubadora, la criatura de aspecto repulsivo fue llevada con actitud maternal y sagrada por sus compañeros de las salas del sótano del hospital. Miramos a doña Modesta, que soltaba algunas lágrimas de alegría. Ella siempre dice que, a pesar del dramatismo de la escena, Dios es tan bueno que nos hace sentir como si estuviéramos en una sala de partos, dando vida y luz a las almas que fueron engañadas en el crisol de las pruebas. Es un nacimiento para la vida, para un nuevo comienzo.

El paciente no mostró signos de conciencia. Estaba sangrando profusamente. El doctor Inácio tomó medidas para detener la hemorragia que, además del líquido, expulsó formas de vida no inteligentes en estado larvario. Se utilizaron durante unos minutos dispositivos de cauterización con recursos naturales y pases de golpe. Pronto se vio que la organización periespiritual de Marcondes, a través del automatismo adquirido a lo largo de milenios, cesaba el proceso de purga de aquello que ya no serviría al propósito de la evolución.

En total, la operación duró sesenta minutos. Se lo agradecimos en oración. Poco después, el líder, aun inconsciente, fue trasladado al "ala restringida" de los pabellones inferiores del sótano. El doctor Inácio parecía agotado, sin embargo su peculiar brío aun se manifestaba con algún que otro toque de humor hacia todos.

Solo después de aproximadamente tres horas nos informaron que nuestro hermano había recobrado el conocimiento. Por pedido del doctor Inácio pasamos al ala restringida.

Al pasar por el pasillo lleno de casos similares o más graves, escuchamos gritos de dolor insoportable. Cuando llegamos, el paciente acababa de balbucear la primera palabra.

– ¿Que pasó? – Habló con dificultad y lentamente ¡Mucho dolor! ¿Quién eres?

– Tranquilo Marcondes. Acabas de ser sometido a una delicada intervención quirúrgica – dijo el doctor Inácio.

– ¿Cirugía?

– ¡Eso mismo! Quédate tranquilo. Tuvimos un éxito total. Esta es Rosângela, la enfermera que te cuidará, y presentó a la joven cristiana, devota de las filas de las iglesias evangélicas en la Tierra.

– ¿Y este dolor? ¿No pasará?

– Estará así durante unas horas. Pero ten por seguro que no será como el dolor que tuviste en tu cuerpo físico.

– ¿Cuerpo físico? ¿Entonces ya estoy muerto? – El estado de confusión del paciente era inmenso.

– Después hablamos. Intenta calmarte.

Salimos y dejamos al paciente al cuidado de Rosângela y de algunos médicos en la sala restringida.

La sala restringida del Hospital Esperanza alberga casos gravísimos de almas con extremo apego a las sensaciones físicas, o recién rescatadas de valles y regiones abismales. Hay tres pisos subterráneos que establecen vínculos muy estrechos con las vibraciones terrestres. Son camas y alojamientos adecuados para casos de delirio y estados mentales de desequilibrio intenso. La atmósfera ambiental es más difícil de absorber incluso para los trabajadores de los hospitales. Las luces son apropiadas para los casos que se tratan. Cada ambiente es adecuadamente acústico, ante fuertes gritos o gemidos, que imposibilitarían una recuperación exitosa; también es lo suficientemente aireado como para prevenir las conocidas contaminaciones virales que frecuentemente ocurren en estas etapas de dolor.

Después de algunas horas más, en plena noche, el doctor Inácio es llamado por el intercomunicador de su escritorio:

— ¡Doctor Ignacio! ¡Es Rosângela quien habla! Marcondes inició un intenso proceso de depuración por la región del ombligo. ¿Deberíamos utilizar dispositivos de absorción inducida?

— Rosângela, ¿qué dicen los médicos de la sala?

— Aconsejaron esperar un poco más; sin embargo, los recuerdos del pasado de Marcondes están muy fuertes. No deja de pronunciar el nombre de Eulália y ha estado presente en varias etapas de su vida anterior.

— ¿Tiene fiebre?

— Mucha.

— ¿Y el olor?

— ¿Quieres saber si ha llegado a la "etapa de azufre"? Rosângela tenía una habilidad excepcional olfativo y había tomado cursos sobre cómo reconocer las etapas de recuperación de tales casos a través del olfato.

— ¡Eso mismo!

— Empiezo a sentir, junto con los líquidos que son expulsados, un comienzo de mutación gaseosa en azufre.

— Entonces actúa de inmediato. Solicita a nuestros acompañantes que provoquen drenaje y luego aplica una dosis alta de "morfina homeopática."

— Está bien, doctor Inácio. Volveré pronto con otras noticias.

Dieciséis horas después de la cirugía, mostró los primeros signos de estabilidad. Durmió tranquilamente durante mucho tiempo.

8

Nuevas motivaciones

"Estáis llamados a estar en contacto con espíritus de diferente naturaleza, de caracteres opuestos: no choquéis con ninguno de aquellos con quienes estéis."

Un Espíritu protector: (Burdeos, 1863.)
El Evangelio según el Espiritismo, capítulo XVI, ítem 10.

Dos días después, Marcondes estaba lúcido. No hubo necesidad de cuidados especiales. Rosângela ya no estaba a su lado. El doctor Inácio acudió a una evaluación de rutina y, como siempre, saludó en tono de broma:

– ¡Hola Marcondes! ¡Veo que sobreviviste!

– ¡¿Es usted... Doctor Inácio?! – Todavía recordaba con cierta dificultad.

– ¡Sí, soy yo mismo en carne y hueso; es decir, en espíritu!

– ¿Qué me pasó, doctor Inácio? ¿Por qué estoy solo en esta habitación? ¿Mi cáncer no ha terminado?

– ¡Calma! Vayamos paso a paso. No es así. ¡Digamos que la causa del cáncer continuó! – Y señaló con el dedo índice la región genital del paciente con varias suturas.

– Pero ¿cómo es posible? ¿No dejamos enfermedades en el cuerpo cuando fallecemos?

– ¡No siempre es así, amigo! Yo mismo tuve un enfisema terrible y todavía sigo tosiendo hasta el día de hoy. Y mira que hace más de quince años que estoy muerto.[23]

Como siempre, en tono de humor, el médico de Uberaba alegra a Marcondes con su discurso distendido.

– Pero ¿no es el cuerpo un "papel secante", como enseña la Doctrina?

– Lo que los espiritistas no saben es que el periespíritu es más papel secante que el propio cuerpo. Incluso hay muerte aquí.

– ¡Doctor Ignacio!

– Seguramente no lo crees, ¿verdad?

– No leí nada al respecto en los libros espíritas.

– ¡Ah, los libros espíritas! ¡Siempre los libros espíritas!

–¿Que hay de malo con ellos?

– ¡El problema no son ellos! Los espíritas las están transformando en "santas biblias", como si tuvieran la última palabra en materia de verdad.

– ¡Tengo una opinión diferente a la tuya!

La perspicacia del médico fue ilimitada. Divergencia significa estar interesado en el tema. Notó la atracción del paciente por el diálogo y lo vio como una terapia. Le hemos visto hablar durante horas con algunos pacientes que se entretienen con la prosa y olvidan su dolor. Divagar y entretener a temas nobles, en algunas situaciones, se volvió terapéutico.

– Los libros son estupendos, pero las interpretaciones de los espiritistas, salvo raras excepciones, rayan en la religiosidad. Son libros sacralizantes que conviene estudiar, meditar e investigar. A esto lo llamo "dogmatismo psíquico", una enfermedad incrustada

---

[23] Inácio Ferreira de Oliveira desencarnó el 27 de septiembre de 1988.

en la cabeza de la mayoría de nosotros que peregrinamos a través del eclesiástico.

– ¿Qué opinas, por ejemplo, de André Luiz?

Marcondes recordó la reunión a la que había asistido días antes en el hospital y quiso volver al tema.

– André Luiz es un aporte único. Y tú Marcondes, ¿qué opinas de André Luiz?

– ¡No hay nada mejor para mí! Realmente quería saber si podría leer su trabajo aquí en la vida espiritual.

– Aquí tendrás acceso a libros mucho más completos y reveladores.

– Me imagino que deben ser libros muy fieles a la pureza doctrinaria, ¿no?

– ¡Pensé que estabas mejorando! – Dijo el doctor burlonamente.

– ¡Bueno, me dijeron que encontraría a alguien a quien le encantara burlarse por aquí...!

– ¡Mi vida es burlarme y deleitarme con las diferencias entre todos nosotros! ¡No te sorprendas!

– Aun no me has respondido sobre la pureza doctrinaria.

– Marcondes, ya no estás en tu mundo espírita imaginario, creado por las concepciones estrechas de los cinco sentidos. Esta es la realidad y no lo que te enseñó la pureza doctrinaria. Precisamente por este tema comienzan los problemas de los acompañantes ideales del libro espírita. ¿Qué es puro? ¿Que es la verdad? ¿Quién puede decretarlo? ¿Cuáles son los límites del sentido común en materia de filosofía de la inmortalidad? Amigo, te voy a decir una verdad sobre la verdad: los espíritas están enfermos de orgullo cuando imaginan que saben todo sobre la vida espiritual.

– ¡Empiezo a comprender, doctor Inácio! ¡Estoy empezando a entender! En eso estamos de acuerdo... – expresó Marcondes mostrando alegría.

– ¿Tienes idea de cuántas semanas llevas internado?

– Poco más de cuatro semanas según mis cálculos. ¿Estoy bien?

– ¡Sí, lo estás! ¿Cuánta diferencia viste en estos lugares sobre los que nunca leíste en los libros doctrinarios?

– Ni siquiera sé cómo responder. Todo es muy diferente a lo que imaginaba. Cuando miro mi cuerpo y veo estas vendas, este olor... Esta habitación, tu conversación, este hospital, esa reunión de debate y tantas cosas más, empiezo a pensar que no sabía nada sobre la vida inmortal.

– ¡Buena señal Marcondes! ¡Buena señal!

– Doctor Inácio, ¿puedo ser franco?

– ¡Admiro a la gente franca!

– Solo tengo algunas ideas dando vueltas en mi cabeza y...

– ¡Habla rápido, hombre, porque si no te leo la mente!

– Hay momentos en los que me dejas con dudas sobre tu comportamiento.

– ¿En qué sentido?

– Nunca he conocido a un espiritualista tan franco.

– Quieres decir grosero e irónico. No seas tímido.

– Lo confundo con un mentor, o..., o un...

– ¡¿Un diablo?! – El psiquiatra se expresó con su irremediable buen humor.

– ¡Y! ¡Es eso mismo!

– ¡No dudes que lo soy! Digamos que soy un "buen diablo"

– ¡Nunca imaginé un espírita con tus características!

– ¿Qué te hace pensar que soy espírita?

– ¿Y no lo eres?

– ¡No! En mi evaluación honesta, nunca me vi completamente espiritista.

–¿Entonces qué eres?

– Alguien buscándose a sí mismo. ¡Un tipo "medio loco"!

Marcondes sonrió amablemente, aunque muy limitadamente.

– Ahora me voy a ir. ¡Volveré tan pronto como pueda para que podamos charlar!

– Antes de irte, una última pregunta, ¿por qué te gusta tanto la gente franca?

– Es muy fácil que te guste gente como tú. ¿Entendiste?

– ¡Creo que sí! ¡Gracias Doctor Inácio!

– Estar agradecido es un gran síntoma de mejora. Me gustó la actitud.
Así que te voy a dar un "premio.

– ¿Premio?

– Permitiré visitas para ti a partir de mañana. ¡Chau!

– ¡Chau!

Antes de abandonar la sala, el psiquiatra prescribió algunas medidas a los asistentes de la estación. El dolor había cambiado significativamente el corazón del adoctrinador. Y a través de uno de estos caminos únicos en la vida, el Doctor Inácio, con su temperamento único, despertó en él un sentimiento de admiración. Nuevas motivaciones comenzaron a apoderarse de sus emociones. La gratitud y la admiración por las diferencias ajenas constituyen un excelente requisito de avance para criaturas acostumbradas a la arrogancia. Marcondes inició su educación emocional sin tener una idea integral de lo que significó ese momento espontáneo de interés por las palabras del médico.

9

Encontrarte a ti mismo

"Examina lo que pudiste haber hecho contra Dios, luego contra tu prójimo y, finalmente, contra ti mismo. Las respuestas te darán, o el descanso para tu conciencia, o el indicio de una enfermedad que necesita ser curada."

San Agustín

El Libro de los Espíritus, pregunta 919–a.

Poco más de cuarenta y ocho horas después de la cirugía, la curación fue completa. Su estado de ánimo era el mejor. Nos unimos al profesor para visitarlo. Invitamos a Selena a unirse a nosotros. El episodio del desmayo había despertado su compasión hacia nuestro hermano. A lo largo de los pasillos, en las alas restringidas, la líder parecía asustada y compasiva por el dolor que presenció. Le pedimos que entregara algunos lirios a los convalecientes, en nombre de Eurípides. Con cariño se los ofreció en estos términos:

– Señor Marcondes, ¿cómo ha estado?

– Estoy bien. ¡Lo siento, pero no recuerdo quién eres!

– Soy Selena, una amiga. Hemos asistido juntos a reuniones en esta casa.

– Perdóname por no recordarlo. Todavía estoy un poco confundido.

– ¡No se preocupe! tengo este ramo de lirios, regalo del señor Eurípides, que te lo entrego en nombre del profesor y de Ermance.

– ¿Eurípides? ¿Barsanulfo...?

– ¡Él mismo!

El líder acogió las flores en su pecho, conmovido. A su vez, la docente provocó el diálogo.

– Amigo, ¿cómo te sientes?

– Me siento ligero como una pluma y muy emotivo. Es como si me hubieran liberado de una enorme presión interna. No recuerdo haber experimentado este estado íntimo cuando estuve en la Tierra. Estoy empezando a sentirme muy solo en esta habitación. Me gustaría dejar este pabellón. Caminar, conocer mejor el Hospital. ¡No más enfermedades!

– Estamos tomando algunas medidas en este sentido. Quédate tranquilo.

– ¿Cuándo podré saber con más detalle lo que me pasó, profesor? El doctor Inácio me dijo algo sobre la causa del cáncer...

– Lo sometieron a una cirugía de extirpación.

– ¿Sería un tumor?

– No es así. Fue la principal causa de tu enfermedad de próstata.

– ¿La cirugía fue exitosa?

– Gracias al excelente cirujano obtuvimos excelentes resultados.

– ¿Quién era este hábil cirujano?

– Filmamos nuestras cirugías con fines terapéuticos y educativos. Tengo permiso para ponerlo a su disposición. ¿Te gustaría?

– ¡Ahora mismo! ¿Sería posible?

– ¡Entonces vamos allá!

El profesor encendió el sistema de video.

– Solo te pido permiso para que Selena me siga, ya que estuvimos presentes durante la cirugía.

– ¡No veo ningún problema!

Marcondes y todos nosotros mirábamos atentamente las escenas. Selena mostró terror al ver las manos moradas de doña Modesta. Cuando se hizo la separación, ambos quedaron muy impresionados. Una vez que se completó el muestreo, la mente del líder estaba llena de preguntas. Sin embargo, prefirió la vieja costumbre de dar su opinión sin saberlo para defenderse del sentimiento de vergüenza:

– ¡No me imaginaba que el adoctrinamiento pudiera provocar semejante enfermedad! Creo que es trágico e injusto, después de tantos años de devoción, haber sido perjudicado de esta manera. Gracias por liberarme de este terrible mal.

– ¡Rectifica tu visión, querido hermano! – Dijo el profesor con firmeza. Tener respuestas para todo es un hábito enfermizo de graves proporciones. Aprende a decir "no sé" y pregunta con humildad y ganas de aprender. Esto no fue en absoluto el resultado de un trabajo de amor por los desencarnados.

– ¡¿Qué más podría provocar que este ser indeseable se aloje en mis entrañas?!

– ¿No se te ocurre nada?

– ¡No!

Al responder, Marcondes rápidamente nos miró a todos. Estaba claro que había recordado algo serio. Con astucia psicológica, el profesor nos pidió permiso a Selena y a nosotros para entablar un diálogo íntimo con el paciente. Salimos de la habitación para realizar algunas visitas a la sala. Se animaba al adoctrinador a afrontar luchas muy arduas e íntimas.

– Sé franco, querido amigo – insistió Cícero Pereira –, estás en el mundo de la verdad. Ha llegado el momento de mirarte sin las máscaras enfermizas que solemos utilizar para ocultar nuestros conflictos. Elimina de ti mismo el sentimiento de vergüenza y habla de tus secretos sin miedo. Estate dispuesto a sacar a la luz las revelaciones más secretas de tu vida por el bien de tu propia paz. Tu estancia en esta cama es síntoma de carencia.

– Lo siento profesor, pero me preocupan asuntos personales y no tengo intención ni puedo compartirlos con nadie. ¡Perdóname!

– Marcondes, el mal que albergamos en nuestra vida íntima nunca es un asunto personal, sino una onerosa factura colectiva que intentamos pagar solos únicamente por la soberbia imagen que nos construimos de nosotros mismos. El orgullo tiene el poder de volvernos locos hasta el punto que imaginamos que el dolor del secreto es mejor que el alivio de la sinceridad y el perdón a uno mismo. Sepan; sin embargo, que nuestro papel en esta casa de corrección no se limita al gozo de hacernos amigos unos de otros. Nuestro papel es ser educadores del alma en relación con la amplia gama de necesidades de quienes están aquí como enfermos. Por eso, si es necesario, te diré lo que dice tu registro de reencarnación, aunque de ahí en adelante tus méritos quedarán disminuidos por la invitación a la liberación.

– ¿Acaso me está amenazando, profesor?

– Tu entendimiento, hijo mío, está nublado por las luchas y los vicios humanos. En mi posición, ya no puedo permitir que avances hacia el anciano manipulador y arrogante. Si en tu ceguera mi palabra fraterna representa una amenaza, entonces considérate convocado a decir la verdad.

– Eso es demasiado. Nunca imaginé que me trataran así y...

Mientras se preparaba para continuar su defensa, el profesor habló con determinación:

– ¡Háblame de Eulália y deja de defenderte! ¡Libérate de esta culpa, hermano mío!

– ¿Qué sabes de Eulália?

– Todo.

– Entonces ¿por qué me lo preguntas?

– Para que tú mismo puedas descubrir el alcance del impacto de tus acciones en ti mismo.

– ¡Seguramente el espíritu al que llaman mi mentor también anotó esto en mi expediente!

– Era parte de tu aprendizaje terrenal.

– Te encanta mostrar nuestros defectos por estos lares.

– ¡Para alguien que pasó toda su vida intentando escapar...! ¡Nada más justo!

– No quiero hablar de ello. ¿Dónde está mi libre albedrío?

– Tu libre albedrío fue perseguido, hijo mío, desde el momento en que la locura formalizada se apoderó de tu vida. A quienes han llegado a conocer las verdades espirituales se espera el homenaje de la autenticidad y la honestidad con uno mismo, sin las cuales será difícil que la criatura supere el viejo hábito de la ilusión. Y la ilusión no es más que locura.

– ¿Me llamas loco?

– ¿Quién de nosotros no lo es? No seguir el bien y el deber es la mayor locura del hombre.

– Bueno, ya sabes, me niego a hablar.

– Marcondes, si dejo esta puerta afuera, solo regresaré aquí después de dos días. Todavía tengo docenas de casos graves que monitorear hoy. Tu vida mental, por muy sensible que sea, será como una tetera a punto de explotar. En unas horas más, si no la relevas, tengo muy malas previsiones para su estado, que empieza a estabilizarse gracias a las medidas que acabas de ver en el vídeo. Sal de este circuito mientras aun haya tiempo y anímate a decir lo que no quieres decir. Es por tu propio bien. Las medidas externas solo serán valiosas si decides cuidar tus heridas internas.

– ¡Me estás obligando! ¡Esto es una falta de respeto! ¡Es mucha presión! Tengo miedo de decir...

– ¿Por qué el miedo?

– ¿Qué me harán cuando me confiese?

– ¡Nada amigo! No se hará absolutamente nada por nosotros. El trabajo es todo tuyo. Intenta deshacerte de esa culpa que te atormenta. ¡Habla, Marcondes!

– ¡Está bien! ¡Está bien! – Expresó irritado –. ¡No más presión, no puedo más! ¡Esto es peor que la culpa que siento!

– ¡Hablar!

– Eulália era mi amante. ¡Mi mujer favorita! ¿Estás satisfecho con la confesión?

– Soy tu amigo y no un confesor. Tranquilo – dijo humildemente el profesor –, no hay motivos para ofenderse.

– ¡¿No hay razones?! Usted...

Cuando Marcondes preparaba una nueva ofensiva, el benefactor lo interrumpió y reveló:

– ¡El ovoide que viste en la cinta es de ella, hijo mío!

– ¿El ovoide vino de ella...? ¿De Eulália?

– Sí, así es.

– ¡Por el amor de Dios! ¡Vamos a parar por aquí!

El profesor, al notar el deseo de escapar de la conversación, hizo algunas consideraciones sobre el caso para despertar el interés. Involucrándolo afectivamente a través de la información, calmó al paciente quien, finalmente, curioso, pero aun muy avergonzado, preguntó:

– ¡Si es así, explícamelo detalladamente!

– El sentimiento de culpa forma en la criatura un campo vibratorio dinámico y receptivo. Las acciones que chocan con nuestra conciencia, especialmente aquellas que se practican a lo largo de milenios de repetición, consolidan los "tumores energéticos" en la vida mental que se irradian por todo el cuerpo físico y periespiritual en forma de poderosas ondas de atracción y retención. Un contenido energético similar desarrolla el sistema ecológico vibratorio del hombre, albergando formas de vida correspondientes a la naturaleza de sus emisiones. El análisis microscópico del cuerpo humano revela miles de millones de seres que viven en convivencia, un auténtico ecosistema en la masa corporal. Bacterias y hongos, virus y miles de microorganismos trabajan incansablemente para formar una extensa fauna y flora celular. El periespíritu, asimismo, es un sistema organizado que refleja la vida mental de la criatura. Eulália porta en su útero varias formas ovoides que le provocaron un cáncer fulminante. El origen de las evidencias de Eulália está en vidas anteriores, en sucesivas y despiadadas actitudes abortistas.

– Pero, ¿cómo me llegó esto, profesor?

– ¡No trates un alma humana como algo en estas condiciones, hijo mío! Los ovoides, a pesar de su repugnante condición, son seres que alguna vez amaron y fueron amados. La negación de la culpa adoptada para defendernos de los efectos de nuestros errores crea abscesos energéticos. Los cobijaste en el sistema genital por la Sublime Ley Universal de la solidaridad.

– Pero yo no lo pedí. ¡Muy injusto! ¡No hice nada malo!

– No es necesario preguntar. Es una cláusula de Derecho Natural. El hombre es el único animal pensante y por tanto con capacidad de elegir.

Tu elección; sin embargo, también implica responsabilidad por tus acciones. Puedes elegir una vida libre o la esclavitud, uniéndote a los procesos retrasados del sufrimiento para crecer. Al decidirte por caminos que no cumplen con la Ley Divina, automáticamente estás asumiendo los efectos naturales de tu voluntad. Incluso en los senderos inferiores de la ligereza o del mal, los estatutos de cooperación ineludible y evolución en sinergia pulsan. Cada criatura, por deliberación consciente o por mandatos resultantes de su locura, vive en un régimen de intercambio y apoyo, sometiéndose a los imperativos de la naturaleza.

– ¿Por qué no me deshice de esta... quiero decir... esta criatura... con la muerte?

– La muerte no siempre es libertad. Muchos mueren, pero no mueren. Se quedan con las luchas del cuerpo. Todo depende de cómo vivamos la vida para que la muerte sea luz y paz en nuestros caminos. ¿Qué son los ovoides y tantas otras expresiones teratológicas de la vida, sino nuestros hermanos que han perdido temporalmente la razón y la conciencia? ¿Quiénes son los corazones aplastados por la zooantropía en los patios infernales, sino almas sensibles que han caído en la culpa? ¿A qué movimientos obedecen las formas vivientes no inteligentes acomodadas al cuerpo material, sino a la atracción por la evolución a la que son igualmente sumisas? Solo el orgullo humano podría imaginar un viaje libre de diseños similares de crecimiento. Evidentemente, el hombre, único depositario del pensamiento continuo, está invitado a otro tipo de viaje, aunque todavía se posiciona como alguien que prefiere los contratiempos del instinto, atrayendo hacia sí un contingente de dolores voluntarios.

– ¿En qué me beneficiaron más de cuatro décadas dedicadas a la causa espírita? ¡Qué sentimiento de arrepentimiento tengo! ¿Entonces estoy arruinado? ¿Era esa la conclusión a la que querías que llegara? ¿Qué tan grande es mi caída?

– ¡Marcondes! ¡Marcondes! Una trayectoria como la tuya es rara entre nosotros. Poco más de un mes para liberarte de efectos que suelen requerir siglos de reparación... Ya empiezas a registrar un profundo cambio de sensibilidad. El ovoide, en su caso, era una manifestación viva del "tumor emocional de la soberbia y la culpa", factor que obstaculiza el afecto.

Gracias a los créditos obtenidos al servicio del bien, ha llegado el momento de su liberación de esta prueba voluntaria. Son muchos los casos que renacen con el ovoide implantado.

– ¿Fue una prueba voluntaria?

– Exactamente. Para Eulália, se trataba de un programa de renacimiento previamente acordado. Para ti fue una carga adicional. Obedeciendo naturalmente la ley de causalidad...

– ¿Causalidad...?

– Tú también tienes tus vínculos con la historia de Eulália, aunque tuvo otras alternativas de descargo y no las utilizaste.

– ¿Entonces el cáncer que me mató fue un suicidio?

– ¡Casi Eso! Gracias a tu labor de amor, pudimos prolongar tu vida hasta tu partida programada. Sin embargo, tus últimos veinte años, tan dolorosos con la enfermedad, podrían haberse evitado si tu elección hubiera sido otra.

– ¡Al final! ¿Soy un arruinado o un ganador?

– ¿Qué opinas?

– ¡No lo sé, profesor! Sinceramente, ¡no sé nada más!

– ¡Así es, mi buen amigo! Casi siempre, cuando vamos más allá de los portales de la muerte, incluso con amplios conocimientos espirituales, nos sentimos sin respuestas, sin referencias. Solo el tiempo responderá a esta pregunta. El trabajo y el estudio te enseñarán a valorar mejor las sutilezas del templo sagrado de tu conciencia. Por ahora, cree que tu situación no es la peor. Apenas eso.

– Ayúdame a comprender mejor mi pregunta, por caridad.

– Hijo mío, no hay quiebra, hay un resultado, un efecto... Al analizar tu proyecto de reencarnación, se puede decir que hubo un desvío, tal fue la magnitud de las oportunidades que desperdiciaste o no supiste cómo aprovecharla. Bajo el foco de las Leyes Divinas, avanzaste, considerando el vil pasado pertinente para la gran mayoría de nosotros. En resumen, evitaste en la medida de tus posibilidades el mal del que te advirtieron, pero no creaste todo el bien que pudiste. Aquí está el problema: ¡pura negligencia! A menudo los dramas del arrepentimiento tardío se adquieren por los caminos desafortunados de la negligencia y la indiferencia hacia los deberes de conciencia. Elegimos aceptar las encantadoras invitaciones del deseo inferior en detrimento de la oportunidad redentora de la superación.

– ¡Me siento avergonzado!

– ¡Buen inicio! Pero no te detengas ahí. Hay mucho que hacer para tu recuperación. Quien convierte la vergüenza del remordimiento en humildad aprende a sentirse pequeño sin castigarse. Mire los lirios que Eurípides te dirigió y señaló la cabecera de la cama. En estas flores hay un mensaje de esperanza del apóstol para su camino.

– ¿Cuál es el mensaje, profesor Cícero?

– Eurípides fue llamado por María, la Madre Santísima, a una tarea sin igual en todos los tiempos de la humanidad. La tarea de cosechar los lirios que florecen en medio del pantano. Ayuda a los cristianos en quiebra de todos los segmentos. Al erigir esta Obra de Amor, el mensajero de la esperanza recibió el don del Espíritu de la Verdad. Quienes conocieron el mensaje de Jesús y no pudieron o quisieron ser fieles a los dictados de su conciencia son las almas más seducidas por los responsables de la perversidad. Utilizando los dramas emocionales de la culpa y el autodesprecio, estos vilipendiadores de la paz de otras personas los encarcelan y azotan sin piedad. El mensaje de nuestro director es iluminar la vida con esperanza en cualquier condición.

– ¿Me guiarás?

– Estás bajo la responsabilidad de Inácio Ferreira en esta casa. Él será tu tutor temporal.

– ¡Doctor Ignacio! ¡Quién diría! Cómo quiero agradecerle por la cirugía. ¡Con qué cariño me trató! Estuvo aquí y no mencionó nada sobre ser el cirujano. ¡Qué humilde!

– Mañana vendrá a verte.

– ¡Profesor, perdóneme por mi intransigencia! Perdóname... Me encuentro confundido...

Marcondes no pudo resistir el volumen de información y la ternura de Cícero Pereira, dejando correr algunas lágrimas.

– ¡Cálmate! Llorar te hará mucho bien. Asume tu condición de paciente en tratamiento y todo irá bien.

– ¿Conoces a Eulália? – Preguntó el líder, un poco reconfortado por su fragilidad.

– Eulália está aquí en el hospital. Cuando abandones esta ala, seguro que tus pasos se volverán a cruzar.

– ¿Sabe ella que estoy aquí?

– Observó todo a través de los vitrales del quirófano; orando a Jesús para que, fuera de la habitación, pudiera recibir en sus brazos a la pequeña incubadora con aquel ser desposeído y deforme.

El líder no pudo soportar la noticia. Con las manos sobre los ojos, tuvo una prolongada crisis emocional. Sus lágrimas, seguidas de suspiros de dolor, bañaron su alma con una nueva esperanza. Dijo en voz alta y dolorosa cuánto lo lamentaba. De vez en cuando retiraba las manos con las que intentaba contener las lágrimas y miraba al profesor que le acariciaba la cabeza. Finalmente, abrazó a su tutor como un niño, entregándose al perdón y a la paz íntima. Al cabo de un rato, para tranquilizar a su compañero, el maestro dijo:

– ¿Puedo volver a llamar a nuestros compañeros Ermance y Selena para dialogar?

– ¡Sí, sí! – Y se secó las lágrimas con un pañuelo que le ofreció Cícero Pereira.

10

Los ovoides

"¿Cuáles son los mayores sufrimientos a los que son sometidos los espíritus malignos?

No hay descripción posible de las torturas morales que constituyen el castigo. Para determinados delitos. Incluso la persona que los padece tendría dificultades para darte una idea de ellos. Sin duda; sin embargo, lo más horrible es pensar que están condenados sin remisión."

El libro de los Espíritus, número 973.

Luego nos invitaron a regresar a la habitación. Al notar sus ojos llorosos, para no ser grosera, Selena dijo:

– Hermano Cícero, me gustaría hacerte algunas preguntas sobre el vídeo de la cirugía, siempre que no cause vergüenza. ¿Puedo?

– ¡Estamos en una visita de amor y aprendizaje, hermana mía, ponte cómoda! No te preocupes por Marcondes. De hecho, su condición es un síntoma de mejora. En esta casa del amor, las luchas de cada uno son lecciones vivas para el camino de todos. No dudes en preguntar. ¡Cuanto más, mejor!

– Mientras visitábamos la sala, Ermance me explicó detalles de la historia espiritual de nuestro querido compañero. También tuve mis historias emotivas... y...

– ¡Sé muy clara, Selena! – Intervino el profesor –. Los cuatro, en este sencillo encuentro, formamos la espontánea escuela de vida.

No será justo para la misericordia celestial, tan abundante entre nosotros, posponer por más tiempo las lecciones que necesitamos. El escape que emprendemos mientras estamos en la carne es suficiente.

– No sé si será un inconveniente... ¿Puedo usar el cuento de Marcondes para mis preguntas?

– Marcondes, respóndelo tú mismo.

– Solo ahora empiezo a darme cuenta de la naturaleza de mis faltas y del bien que me hace ponerlas a la luz de la verdad. Creo, Selena, que tus preguntas ayudarán a mi razonamiento, que todavía se ve intimidado por el remordimiento.

– Aunque no lo sé, el nombre Eulália tocó una fibra profunda en mi alma... Si pregunto por ella, ¿no te causará malestar?

– Estas son las preguntas que más quiero saber en este momento – respondió el líder, algo entristecido y melancólico.

– ¿Cuál es la situación espiritual de Eulália en este drama vivido por nuestros hermanos, profesor?

– Eulália era abortista reincidente. Adquirió extensos relatos sobre cuestiones afectivas, en innumerables experiencias frívolas. Con este comportamiento, adoptado en sucesivas oportunidades corporales, unió fuerzas con las falanges desencarnadas del libertinaje en el mundo, predicadores de la alucinación de los placeres en detrimento de las alegrías del alma. Fue una fría destructora de hogares. No creo que estaba en vínculos familiares, ya que su historia, en aquella época, se vivió en los tristes escenarios de la Venecia de las cortesanas, en el año 1315. En la sucesión de actos locos, fue agotando sus fuerzas en el camino, comenzando a cosechar los frutos de sus desafortunadas decisiones. Fue en Francia, en el año 1574, donde se vio envuelta en una lamentable historia de libertinaje. Preparada para renacer, tras ser rescatada de las mallas obsesivas de vampiros despiadados, recibiría lazos de corazón cruelmente dañados por su locura. Corazones que caminaron hacia los oscuros laberintos de la deformación periespiritual, después de siglos de odio desenfrenado.

– ¿Eulália los recibiría como a niños? – Preguntó Selena, abrumada por la curiosidad.

– Recibiría ocho vínculos emocionales que tomaron el camino de la ovoidización, aunque aun conservaba algún atisbo de conciencia. A cada uno se le atribuiría a su maternidad la recuperación moral a través del apoyo emocional.

– ¿Lo logró? – Volvió a preguntar Selena.

– ¡Infelizmente no! Los abortó a todos.

Ante la respuesta, Selena tuvo un repentino malestar como si la historia hubiera llegado hasta lo más profundo de su alma.

– ¿Está todo bien, Selena?

– ¡Sí! El tema me toca profundamente... ¡Y listo!

– Toma un poco de agua.

Selena suspiró para continuar, cuando Marcondes exclamó:

– ¡Dijiste que fue en ese momento que fue su gran perdición...!

– La Ley tiene códigos inderogables. El circuito de fuerzas generado por el mal tiene una vida específica. Eulália, entonces llamada condesa Isabelle Pyrré, de familia noble de la corte francesa, llevaba la marca psíquica de la mujer de muchos crímenes ocultos. Su constitución periespiritual se adaptó vibratoriamente al campo de las "fuerzas de retracción"; es decir, una red psíquica en la que son capaces de reposar durante mucho tiempo los efectos de sus actitudes irresponsables. Así es como los ocho niños expulsados se unieron a su psiquis en un régimen de vampirismo espontáneo. Nueve almas comenzaron a vivir en un solo cuerpo...

– ¡Profesor! – Interrumpió Selena – ¡Pero, ¿qué pasa con la interferencia de espíritus amigos?!

– Como dije, Eulália se mostró repetidamente obstinada. Es Ley que, después de todos los recursos del bien, cada alma sea entregada a sus obras, en régimen expiatorio bajo la sanción del dolor correctivo.

– ¿Isabelle falleció en estas condiciones?

– A lo largo de este "condominio psíquico", sus enemigos automáticamente entraron en un proceso de ovoidización tras los abortos. Todo era predecible según los técnicos en reencarnación. O reencarnaron o estaban apegados a su madre. Un marco expiatorio cuyos límites fueron superados por el obstinado desprecio del corazón frívolo de Isabelle. Pasó a la vida de los espíritus, cargando con los efectos desastrosos de sus decisiones. Rescatada y apoyada nuevamente, este es su tercer regreso en estas condiciones. Tenía ocho ovoides alojados en su útero hasta su experiencia anterior como Eulália.

– ¡Pero profesor! – Exclamó Marcondes –. ¿Es posible? Me cuesta asimilar estos sucesos.

– ¿Por cuál motivo?

– ¡Me parecen injustos!

– Solo cuando estemos dispuestos a mirar el pasado y analizar el rastro sanguinario del mundo, del que muy pocos de nosotros hemos escapado, podremos comprender las razones de tragedias similares a lo largo del camino. Lo que le falta al hombre espiritualista es una visión sistémica y procedimental. Sin conocer los detalles de la trayectoria de Eulália–espíritu, es difícil comprender el lamentable resultado de sus actitudes. La Ley Natural es la misma bajo cualquier circunstancia. ¿No te viene a la mente el significado divino de esta experiencia?

– ¡Ni siquiera puedo imaginarlo! – Respondió Marcondes con sinceridad.

– Eulália alberga, en su intimidad, ocho almas destrozadas por el mal. ¿No se les ocurre que, en esta lamentable condición, ella es la madre en expiación? ¿No te pasa por la cabeza la idea que el útero de nuestra hermana es visto por la celeste misericordia como una "incubadora defensiva y acogedora"? ¿Qué pasaría con estos ocho enfermos si estuvieran sueltos en manos criminales de vampiros inteligentes? ¿Qué sería de su propia madre en manos de genios malvados? La situación de Eulália es de "sanción correctiva." Dolor–rescate, dolor–evolución. Sus dolorosas enfermedades fueron frenos a la locura desenfrenada. Sus energías físicas eran mantas psíquicas para niños implantados. Es la ley de la solidaridad en los niveles inferiores. A cada uno, según sus obras.[24] Eulália, se generó en un embarazo tumultuoso. A los tres años de edad presentó su primera anomalía, una secreción con composición sanguínea. A los seis años, su abdomen se llenó de una hinchazón intermitente. En raras ocasiones, pudo abandonar fácilmente su cuerpo para tener un sueño reparador. A los nueve años tuvo su primer ciclo menstrual, uno anovulatorio. A los once años tuvo un cuadro similar a un embarazo tubárico, pero sin relaciones sexuales, experiencia que se repitió: se generaron formas teratológicas sin cópula. Quistes y miomas, riñones y vesículas alterados en su funcionamiento. Y por fin. El cáncer destructivo. Toda esta lista de dolores fue objeto de las más diversas formas de alivio a favor de nuestra hermana. Sin embargo, el sentimiento de dolor, el que resonaba en su intimidad consciente, constituía una evidencia en la que ninguno de nosotros tenía derecho a interferir. Desde lejos, el dolor físico podría compararse con los dolores de depresión y soledad que experimentó Eulália. ¿Alguna vez has imaginado lo que significa para una mujer sentir la desesperada sed emocional de querer a un hijo y no poder lograrlo? Nuestra hermana, debido a su condición, enfrentó pruebas más graves. Sentía que tenía a sus

---

[24] Apocalipsis, 20:12

hijos en su propio vientre, aunque no sabía cómo explicar la raíz de esa emoción. Ante esto, eminentes psiquiatras la clasificaron como candidata a sufrir psicosis graves. Sus sueños estaban poblados de niños que atacaban su cuerpo con picaduras desgarradoras. Se despertó con un insomnio persistente, acariciándose el abdomen como si estuviera embarazada, para, después de unos segundos, despertar completamente del espejismo y entregarse a la tristeza. Una y otra vez oía sonidos y silbidos, creyendo que estaba loca. Eran expresiones sonoras de las formas deshumanizadas que llevaba dentro de sí.

Marcondes escuchaba todo como si le contaran su propia historia. Ensimismado, con la mirada fija en el maestro, parecía lejano en el tiempo. De repente, abrumado por una gran emoción, expresó:

– ¡Ese ser que salió de mí es mi hijo!

– Marcondes, ¿está todo bien? – Preguntó el profesor.

– Veo escenas en mi mente. Una mujer parisina muy hermosa. Es Isabelle Pyrré. ¡Dios mío! ¡Qué claridad de visión! ¡Nunca había experimentado algo como esto! ¡Ella es hermosa! ¡Ella es hermosa! ¡La extraño maestro...!

En un instante, el profesor Cícero le pidió que cerrara los ojos y colocó su mano derecha en el centro frontal de Marcondes, como si le estuviera dando un ligero masaje en el sentido de las agujas del reloj. El dirigente recuperó la lucidez y pareció mareado por la experiencia. Refrescado, después de un momento, preguntó:

– ¿Soy padre de alguno de esos ocho?

– Sí, Marcondes. Tus vínculos con Eulália van más allá del presente. Tu historia trasciende el mero encuentro extramatrimonial de la vida corporal recién terminada.

– ¡Dios! ¡Ten piedad de nosotros!

Nuevas lágrimas se apoderaron de Marcondes, conmoviendo a Selena y a nosotros por igual.

– ¡Cálmate, amigo! Tu experiencia con Eulália, aunque desafortunada de adulterio, no significa quiebra y caída. Su caso es uno de negligencia y postergación que, descuidadamente, han cometido muchos compañeros en la lucha doctrinaria.

– No puedo medir el alcance de mi falta, profesor. ¡Señor!

– Gracias a Dios, hijo mío, por estar en esta casa de bendiciones.

No quieras saber qué pasa con los hermanos de la Doctrina que siguen el mismo camino, con mayor ligereza en el corazón... Aquí tendrás tiempo y oportunidad para realizar el servicio de recuperación que te espera. Por tanto, abandona, mientras todavía hay tiempo, la arrogancia que se ha apoderado de muchos corazones sinceros en nuestro campo por el orgullo del conocimiento.

– ¡Todo parece muy trágico y sublime al mismo tiempo! ¿Qué diferencia hay entre un acto de negligencia y la frivolidad? ¿No hemos sido frívolos Eulália y yo?

– El bien y el mal se confunden. ¿Qué es el mal sino el deseo del bien interpretado bajo la fascinación del egoísmo? Los negligentes son aquellos que pudieron, pero no quisieron, vencer el mal en sí mismos. Son más descuidados que irresponsables. Los frívolos son aquellos que ni siquiera quisieron intentar mejorar, eligieron el camino del error, a pesar de conocer la verdad. Imagínate dónde estarían Eulália y tú si se entregaran a los acantilados de ligereza incontenible en este momento.

– Pero, ¿qué pasa con nuestra actitud? ¡No deberíamos...! Acepté mis tendencias en este ámbito con tanta lealtad... Hice un esfuerzo sincero por no tomar ese camino, a pesar de los impulsos enfermizos que cargaba... No sé cómo explicar cómo llegué a ese punto...

– No basta con aceptar las imperfecciones. Es necesario sentirlos para reeducarlos satisfactoriamente. Hay muchos compañeros de ideales que repiten frases cliché sobre ellos mismos, sin interiorizarlas realmente en las fibras del sentimiento. Cuando sentimos el deber, somos impulsados a los mayores vuelos de elevación.

– ¿Qué consecuencias tiene un docente negligente? ¿Son más pequeños que para una persona frívola?

– Las consecuencias son claras: culpa, muerte, enfermedad, remordimientos tardíos... El precio se está pagando. Sin embargo, no es ley que un hombre sea castigado, sino que tenga posibilidades de remisión, cuando presente las mínimas posibilidades para esta tarea. Este es tu caso y el de Eulália. En cuanto a los frívolos, llegará el momento en que podrás comprobar por ti mismo los efectos de tus acciones. ¡En esta casa tenemos miles de ellos...! En el futuro, durante las visitas fraternales, los verás con tus propios ojos.

– ¿Cómo está Eulália hoy?

– Mucho mejor. Trabaja activamente en la cámara ovoide de esta casa y se ha convertido, por sus méritos, en la responsable de alimentarlos y de realizar tareas solo asignadas a técnicos muy experimentados.

– ¿No puedo verla ahora?

– Por su bien, este reencuentro se producirá en el momento adecuado. Espera un poco más.

– ¿Qué hay de mí? ¿Qué haré por mi paz?

– Te espera un futuro esperanzador. Cree en el Doctor Inácio, en su experiencia, y confía en él con el corazón.

– Haré eso.

– Por cierto, Marcondes – intervino Selena, que seguía todo atentamente –, dentro de unos días visitaré mi grupo espírita en compañía del Doctor Inácio y de doña María Modesto.

– ¿Esa señora del vídeo de la cirugía? – Preguntó Marcondes.

– Ella misma. ¡Estoy encantado con la oportunidad!

– Me alegro por ti, Selena. ¡Al parecer, tus caminos como espírita no fueron tan infelices como los míos!

– Tuve mis luchas, pero me encuentro en paz.

– Sigo pensando, si tuviera el coraje de confesar mis secretos...

– Retomando la afirmación de Marcondes, profesor, ¿esos secretos son muy comunes entre amigos espíritas? – Interfirió Selena.

– ¡Habla por ti, querido amigo!

– Por mi parte creo que siempre he sido muy transparente.

– Esto no siempre sucede. Desgraciadamente, el movimiento espírita se encuentra atravesado por una crisis epidémica.

– ¡¿Crisis epidémica?! – El líder parecía curioso.

– El mismo que atacó a Marcondes.

– ¿Qué epidemia es ésta? – dijo Marcondes.

11

Vista ampliada

"Confiésense unos a otros sus faltas y oren unos por otros para que sean sanados."

Santiago, 5:16

— Fuiste víctima de la epidemia del secretismo – destacó el profesor.

— ¿Epidemia de secretismo...?

— Es la actitud de conveniencia la que sustenta una especie de acuerdo colectivo de omisión. Fenómeno sutil de la vida interpersonal. Una vez asumidas las responsabilidades doctrinarias, sea cual sea el nivel, muchos compañeros han confundido cantidad de tareas con elevación espiritual. Asumen cargos, pasan años de experiencia y se sienten enormes, grandes en espiritualidad, reflejo de viejas tendencias religiosas de prelados de otros tiempos. Evidentemente, aquellos que aparentan ser grandes espiritualmente tienen que mantenerlo, por lo que evitan en todo momento lidiar con las luchas internas que, como imaginan, los disminuirían en el concepto colectivo de la cosecha – ¡una grave ilusión! Al no tener la suficiente franqueza para afrontar con naturalidad sus conflictos íntimos, silencian cualquier referencia a tormentos personales y dejan de ser honestos consigo mismos y con los demás. Pasan su vida manteniendo apariencias de iluminación y no se ocupan de asuntos esenciales para su equilibrio y felicidad, albergando un temor infundado de perder la autoridad que suponen poseer.

El líder se sonrojó ante el discurso del profesor. Su ímpetu fue utilizar la dureza ante el malestar en la intimidad. A pesar del impulso, recuperó la lucidez y decidió preguntar:

— ¿Estamos evitando hablar de nuestras necesidades profundas? ¿Es eso?

— Exactamente. Se habla mucho de lo que se debe hacer en los ambientes doctrinarios, pero no ha habido el espacio deseable para abordar y resolver conflictos personales y ansiedades ocultas. La vergüenza y la culpa han alejado a muchos corazones bien intencionados de una actitud de lealtad hacia sí mismos. Hay una falta de honestidad emocional y transparencia en las relaciones. ¡Piensa por ti mismo y reflexiona si no has dejado de tratar temas que agobian tus emociones, en el terreno secreto de tu mente afligida y sobrecargada...!

Bastaba que el servidor abnegado mencionara tal tema, y la mente de Marcondes se ocupaba de vastos temas que no tuvo el valor de compartir con nadie, mientras estaba en el cuerpo. Ahora, inevitablemente, tendría que afrontarlos de frente, más la pérdida de haber perdido el tesoro del tiempo para resolverlos en el futuro de la vida física. Y, como si el profesor escuchara los pensamientos del interlocutor, concluyó:

— Es difícil para el hombre en la Tierra asumir la tarea sacrificial de su transformación definitiva para mejor. Los aprendices espíritas no escapan a esta situación. Avanzan lentamente en el terreno abrasador del perfeccionamiento espiritual. El núcleo de la propuesta doctrinaria es el desafío, a veces doloroso, de rescatarse a través del encuentro consigo mismo. En este circuito cerrado de secretismo, sobre cuestiones esenciales de superación personal, se establece una dimensión exagerada de los problemas y empiezan a imaginarse: "¡Si la gente supiera el peso de mis pruebas...!" Así, juzgan que están bajo un karma severo y entran en los rincones de la autocompasión, carcomidos por el cansancio, cediendo a la presión de la huida y la locura con excusas lamentables. A través de un mecanismo defensivo, desarrollan la creencia de mitigar sus deudas, dada la proporción imaginaria que aprecian respecto del alcance de sus expiaciones. Y acaban encontrando, en las tareas doctrinarias, su penitencia de remisión en el alivio de la culpa. Finalmente, asumen una "doble personalidad", en creciente inconsistencia con los principios renovadores de la Doctrina. En el silencio que permanece entre tu grupo doctrinario, encontramos lo que podemos llamar soledad en el equipo, una verdadera prueba voluntaria y nociva para el crecimiento de todos.

– ¿Podríamos llamar hipocresía a esta postura? – Intercedió Selena con curiosidad.

– En algunos casos nos encontramos con mentiras intencionadas. Sin embargo, este proceso se ha convertido en una cuestión cultural. Un resto de la religiosidad que prevalece en las mentes. Se supone que los valores externos son sinónimo de santidad en el alma. Éstas son las viejas costumbres jerárquicas arraigadas en la psique humana.

– ¿Esto estaría sucediendo también en los campos de la administración del movimiento espírita? – Preguntó Selena, quien se arrepentía mucho del asunto.

– Es un mal de la comunidad doctrinaria que ha afectado a gran parte de los segadores. Es necesario debatirlo y eliminarlo. Se espera que las células del cristianismo restaurado imiten a la Casa del Camino en el cultivo de una apertura edificante. Las actividades sagradas del movimiento espírita ha sufrido la intensidad de esta epidemia. El sentimiento ha sido moneda de escaso o nulo valor en las iniciativas administrativas, casi siempre cargadas de formalismo y ceremonial, suprimiendo ideas enriquecedoras provenientes del Altísimo que serían condimentos para revitalizar el afecto, la solidaridad y la concordia.

– Además de la falta de sinceridad, ¿habría otro efecto nocivo de esta actitud de omisión de silencio sobre nuestros problemas? – Continuó la líder con su perspicacia.

– El daño más nocivo de esta postura colectiva se produce en la esfera íntima de quienes se acostumbran a tales convenciones, porque se adaptan a un proceso enfermizo de negación de los sentimientos, en contraposición a las visiones claras de la conciencia. Un cuadro similar de la vida mental, aunque muy común entre los hombres, provoca desagradables desarmonías en el campo psíquico y se convierte en pasto fértil para pacíficas y sutiles obsesiones, como tendrán la oportunidad de comprobar en sus futuras actividades de visita fraterna en este hospital. Para los espíritas, iluminados por la luz de las verdades inmortales, el desafío es aun mayor, considerando la magnitud de los llamamientos enviados por la conciencia.

– ¡Por mi parte solo puedo defenderme, porque no tenía en quién confiar! – Afirmó Marcondes con un profundo tono de pesar.

– La confianza, querido amigo, es una virtud que se construye.

– ¡He estado deseando que alguien me escuche, que me confiese! Sin embargo, ¿cómo podemos confiar secretos y perder autoridad ante nuestros compañeros?

– ¡¿Qué autoridad, Marcondes?!

– La autoridad de la experiencia.

– Amigo, hay dos tipos de hombres. El hombre experimentado, el que construye habilidades en el esfuerzo noble y perseverante en pro de su crecimiento. También está el hombre sabio, aquel que aprendió a utilizar su experiencia para el bien de la mayoría. Muchos de nosotros nos aferramos a nuestro historial de servicio proporcionado en el campo, nos enredamos en una actitud despreciable de omnipotencia.

– ¿Estás diciendo, profesor, que debemos negar lo que ya hemos aprendido? ¿Igualarse con los que saben menos? Esto es falso a mi entender.

– La desvinculación de la hoja de servicio no implica denegación de equipaje. Lo importante es no convertirlo en un trofeo de presunción. Nadie ni ningún grupo, con el pretexto de sofocar el individualismo, debería hacer campaña para desacreditar o indiferenciar a los más experimentados. De quien más tiene se espera más. Solo esperamos más compromiso, humildad y mejor uso del tiempo... Son algunas expresiones de auténtica grandeza moral, casi siempre olvidadas.

– Pero, ¿qué pasa con los baluartes consagrados de la comunidad espírita en este enfoque?

– Uno de los rasgos más vacilantes para los fundamentos de la regeneración espiritual de la Tierra es la consagración irrestricta de exponentes culturales, médiums u organizaciones espíritas históricas. Podemos observar una perniciosa y sutil costumbre en nuestro campo, de conceder prebendas a los más experimentados por quienes los aman y la actitud nociva de los dirigentes al considerarse acreedores de tales oblaciones. Son pocos los que desarrollan la creatividad que les permite abandonar las imágenes idólatras sin herir la admiración de los demás. Nadie necesita negar o repudiar el reconocimiento y la consideración de los demás. La cuestión son los excesos derivados del hábito humano de entronizar en su camino "pequeños dioses" con los que anhelan contar para escapar o frenar el volumen de sus propias luchas.

La conversación fluyó de manera espontánea cuando Selena, quien se encontraba absorbiendo las enseñanzas del profesor, decidió participar nuevamente:

– ¿Este hospital ofrece alguna especialidad en el tratamiento de esta epidemia de secretismo?

– Hemos desarrollado técnicas terapéuticas para este fin. En su momento participarán en estos saludables encuentros con doña María Modesto en la *"tribuna de la humildad"*. Una ocasión para abordar abiertamente sus luchas más íntimas. Un confesionario público...

– Y en su aspecto más amplio, ¿cuál es el propósito de esta casa? – Respondió el acompañante, ampliando los horizontes de la conversación.

– Problemas de la mente y del ser, los dolores del alma. Tratamos las diversas alienaciones en las que comúnmente nos vemos envueltos en los desafíos de la vida corporal.

– Si este hospital atiende problemas de alienación, ¿puedo inferir que estoy catalogado como enfermo mental, como ya me dijo el humorístico Doctor Inácio? – Preguntó Marcondes.

– La enfermedad mental, para los planos espirituales, tiene una dimensión infinitamente versátil. Su condición puede considerarse como un trastorno mental no clasificado en las filas humanas de la ciencia. Lo llamamos autosuficiencia espiritual. Estos son delirios de supremacía evolutiva que nos llevan a creer que somos alguien que no somos, lo que lleva a un rechazo crónico del afecto espontáneo. Esta acción mental genera un desastre de proporciones incalculables en el sistema de afectividad en el que se encuentran las auténticas matrices de quienes somos. Un enquistamiento prolongado en el personalismo, seguido de bloqueos del afecto. Todo comienza con el orgullo, la enfermedad mental original, que llega al sistema afectivo de la criatura, dejándolo hecho jirones debido al rechazo infligido a los impulsos del corazón. El orgullo es el sentimiento de superioridad personal reflejado en el estado mental en forma de ilusiones. Es la forma desarrollada por nuestro egoísmo de camuflar la realidad de quienes somos, para vivir la fantasía de lo que nos gustaría ser. En palabras simples, es el uso del cerebro con negación de sentimientos.

– ¿Habré negado mi propia realidad durante la reencarnación, es así?

– Has tenido un contacto superficial e insuficiente con tu verdad personal.

– ¿Por el simple hecho de negar los sentimientos?

– ¡No es tan simple!

– ¿Por qué?

– La mayoría de los habitantes del cuerpo viven así sus relaciones.

– ¿Puedo concluir, entonces, que todo aquel que conozca la doctrina pasará por dramas como el mío?

– Se formó en el mundo físico una cultura que ciertos sentimientos son rasgos de debilidad, siendo rechazados con el pretexto de mantener una imagen, un estándar, una fachada. Sin embargo, si no pulsan hacia afuera, pulsarán hacia adentro, causando profundas heridas emocionales. Mientras que en el cuerpo, lesiones similares pueden percibirse a través de manifestaciones sutiles y perfectamente controlables en el campo mental. Es el repentino remordimiento que aparece en la pantalla mental. Rara vez admitimos que los medimos con lealtad y los ignoramos con total repudio. Así, de negación en negación, se perturba el equilibrio del campo afectivo, reduciendo la sensibilidad hacia el exterior, entronizando en su espacio a la personalidad institucional; es decir, amante de las formalidades que evoluciona hacia el perfeccionismo. Después de la muerte, "impulsos" similares ya no son controlables y surgen en las situaciones más variadas, dependiendo de la gravedad alcanzada en los recovecos de la conciencia. De ahí el monoideísmo, las fijaciones mnemotécnicas, el sueño prolongado, el coma mental, el estado confusional de ideación, la falta de control sobre el pensamiento; remordimiento depresivo, salida de materia afectiva bloqueada y muchas otras formas de manifestaciones íntimas cuya mejor definición es la auto obsesión en un nivel severo, que requiere cuidados y terapias muy específicas.

– En mi caso, ¿cuál de estas imágenes refleja con mayor precisión lo que pasé?

– Arrepentimiento tardío; es decir, remordimiento. Tu dificultad para desprenderte de ciertos recuerdos que te molestan son situaciones conflictivas adquiridas en la Tierra y de las que no te has liberado hasta ahora mediante el perdón a ti mismo. Tales recuerdos, en verdad, son núcleos catalizadores de viejas cuestiones no resueltas en remotas existencias carnales.

– Entonces, si entendí bien, ¿al negarnos a sentir lo que sentimos, causamos lesiones?

– Todo depende de cómo trabajes internamente con esos sentimientos y su origen en experiencias corporales previas. La negación sistemática de los impulsos de amar a los demás, a menudo vista como un romanticismo prescindible, casi siempre significa estacionamiento de la inteligencia afectiva y enfermedad del alma. Es lo mismo que no mirarse a uno mismo, porque los sentimientos son el espejo de la conciencia en el templo del espíritu. En ocasiones, esta negación es antigua, por lo que alcanza niveles de enfermedad grave.

– ¿Tenemos entonces una inteligencia afectiva?

– Tenemos varias inteligencias y el hombre del futuro las descubrirá por caminos científicos. En academias científicas de todo el mundo, algunos experimentos estudian las múltiples inteligencias del ser, que pueden explorarse mejor para buscar la felicidad y la paz interior en la dirección del progreso. A pesar de estos logros, el hombre solo roza este tema.

– ¿Y mi arrepentimiento durante la enfermedad en mi cuerpo no valió nada?

– Tenía un valor enorme. Pero no fue arrepentimiento, sino remordimiento.

– ¿Qué diferencia hay?

– El remordimiento es tortura, el arrepentimiento es liberación. La culpa y el deseo de superación son los termómetros del remordimiento.

El arrepentimiento total tiene tres ingredientes: el deseo de superación, el sentimiento de culpa y el esfuerzo de renovación.

– ¿Y qué me falta en estos pasos?

– Ahora necesitas aprender a perdonarte a ti mismo para que tu remordimiento en la carne sea un camino de paz para tu vida interior. Allan Kardec, estudiando la comunicación de un criminal arrepentido, tuvo la oportunidad de resaltar: "El Espíritu solo comprende la gravedad de su daño después que se arrepiente."[25]

– ¿Podré realizar esta pasantía en este plan de vida?

– Tendrá éxito a gran escala. Un día; sin embargo, pedirás volver a su cuerpo para completar tus conquistas.

– ¿Esta enfermedad de la autosuficiencia espiritual ha afectado a muchos espiritistas? – Preguntó el líder como si aun no hubiera perdido la costumbre de trasladar su curiosidad a los problemas ajenos.

– Los espíritas hablan mucho en lugares exteriores después de la muerte. Las Colonias y los umbrales se describen en detalle. Sin embargo, el estudio de las repercusiones íntimas y la relación con la conciencia debe estudiarse y medirse más para ampliar las concepciones humanas en torno a la muerte. La muerte nos devuelve a nosotros mismos lejos de las ilusiones que impone la

---

[25] Lucas, 17:20.

materia. Es justo que primero nos despojemos de los pesos inútiles que llevamos para que, solo después, podamos promover la ascensión personal con mayor ligereza mental – respondió el profesor, llevando al aprendiz a volver su atención a sí mismo.

– ¿Y cómo son mis esfuerzos? Aunque no tenía la costumbre de hacer análisis detallados, ¡creía sinceramente que estaba preparado para la muerte debido a la misión que me había sido confiada!

– Los amigos espíritas deben tener mucho cuidado con la fascinación que sienten por sus hojas de servicio. Muy a menudo confunden el número de tareas y logros con la ascensión evolutiva, como si estuvieran siguiendo una carrera de espiritualización. Muchos corazones ideales, en todas las actividades doctrinarias, han pasado por las tareas sin educarse en ellas. Y cuanto más expresivos y colectivos son, más aumentan los riesgos de vanidad y tropiezo. En esta casa de recuperación contamos con amplios pabellones de médiums, promotores, escritores, evangelizadores de jóvenes, presidentes de Centros Espíritas, dispensadores de caridad pública. Todos bendecidos con las luces de la Doctrina Espírita; sin embargo, no conquistaron su propia luz. Se enorgullecieron de su cultura y experiencia práctica y descuidaron el engrandecimiento moral de sí mismos, mediante la reeducación de hábitos y la adquisición de virtudes eternas. Es un antiguo engaño de la ilusión humana todavía apegada a las ventajas externas, sin la consolidación de las enseñanzas cristianas en el propio corazón. Como dijo el Señor: "El Reino de Dios no viene con las apariencias exteriores."[26]

– ¡Siento que mis esfuerzos fueron en vano! ¡Cuánta renuncia, cuánta devoción! ¿Por qué tanto trabajo en el plano físico?

---

[26] *El Cielo y El Infierno*, 2a. parte, capítulo VI.

– No hay esfuerzo sin valor. Convengamos; sin embargo, en que el trabajo doctrinario, para una buena parte de nuestros compañeros de ideal en el plano físico, solo ha sido una medida defensiva contra el mal uso del tiempo, evitando más errores o problemas innecesarios...

– Experimento con tus afirmaciones, ¡una sensación enorme de perder el tiempo!

– Cuando tengas acceso a tus vidas anteriores, podrás medir con mejor criterio los pasos victoriosos de tu existencia recién terminada. El hecho que no hayas logrado todo lo que pudiste no te quita méritos, que son múltiples y valiosos. Sin embargo, no puedo dejar de advertirte que muy pocos corazones llegan aquí sin este sentimiento de tiempo perdido... La vida física nos impone muchos espejismos sobre nuestros deseos más profundos. Nuestras pretensiones personales son a veces muy sutiles. Nos queda aun un largo camino de educación con los reflejos del personalismo en la esfera del corazón.

– ¿Y tal vez tendré aquí en este hospital algún juicio sobre mis fracasos?

– ¡De ninguna manera! Todo es misericordia, trabajo, empezar de nuevo y preparación. A menudo discutimos los historiales de reencarnación de los pacientes, siempre con el objetivo de apoyarlos, de la mejor manera posible, en sus objetivos de crecimiento y paz definitiva.

– ¿Y cuál será el tratamiento de mi enfermedad aquí en la vida espiritual?

– Comienza con la humildad de aceptar tus defectos con la plena disposición de repararlos lo antes posible. Muchas almas vinculadas al Espiritismo se rebelan ante los resultados de su vida física o continúan engañadas por sus fracasos. Esto retrasa mucho su recuperación; A veces, incluso se reencarnan casi de la misma manera que se desencarnaron. Cualquier revuelta será injusta a estas alturas. Necesitamos ponernos de acuerdo, solo cosechamos lo que sembramos según nuestras obras.

Marcondes renovó rápidamente su estado espiritual. La curiosidad reemplazó a la arrogancia y la pseudo sabiduría. Su visión, después de décadas de cultura espiritualista en su cerebro, se expandió bajo el impulso del afecto, del deseo sincero y sin pretensiones de aprender. Su alma se abrió a la vida, su sed de conocimiento regresó por el autoconocimiento, tan despreciado durante toda su reencarnación. Nuevos días de luz le esperaban en su nuevo viaje. Poco más de treinta días en el Hospital Esperanza le habían permitido vivir años enteros en la íntima absorción del sentimiento de inmortalidad.

La nueva dimensión le permitió explorar un nuevo mundo de leyes y acontecimientos. Más sensible e introspectivo en relación con la verdad, el líder experimentado también fue convocado espontáneamente a un nuevo mundo de sensaciones y emociones.

Llegar a lugares de renovación y educación en condiciones erráticas no siempre es un signo de paz interior. Marcondes, al ampliar su visión, desarrolló la angustia propia de la abrumadora mayoría de quienes dejan sus cuerpos perecederos. Una aflicción tomó el lugar de la arrogancia. Asaltado por las horas vacías, pronto le recomendaron trabajar como medicamento urgente en favor de su paz. Siguiendo instrucciones bien estructuradas, se unió a los equipos de empleados trabajadores del hospital.

12

Nuestros trabajos

"¿Se debe a la influencia de algún espíritu que, inevitablemente, la realización de nuestros proyectos parece encontrar obstáculos?

A veces, este es el efecto de la acción de los espíritus; sin embargo, es mucho más frecuente que te equivoques en la preparación y ejecución de tus proyectos. En estos casos influye mucho la aposición y el carácter del individuo. Si insistís en seguir un camino que no debéis seguir, los espíritus no tienen la culpa de vuestros fracasos. Después de vosotros os convertís en vuestros malos humores."

El Libro de los Espíritus, **pregunta 534.**

Selena, por su parte, esperaba con ansias el momento de su visita al Centro Espírita que regentaba en la ciudad de Minas Gerais. Su visita a la reunión de transferencia de la junta directiva sería su primera incursión al plano terrenal. Allí la vida la esperaba con preciosas lecciones...

Antes de partir, doña Modesta le indicó:

– Hija, ¿cómo te sientes ante la perspectiva de la visita?

– Aprensiva. Mi reacción me resultó extraña, porque hasta entonces lo único que había deseado era hacer esta visita. Ahora me parece que el pecho lleva un dolor, una angustia. ¡Muy extraño...!

– Tus sueños, ¿cómo han sido?

– He estado soñando mucho con Angélica, mi reemplazante. En él encuentro mi esperanza por la continuidad de las obras dejadas en la Tierra. La guie con una gran dosis de conocimiento y experiencia para este tiempo. Por otro lado, mis sueños me dan la impresión que ella está detrás de una valla y no puede alcanzarme. Esto me angustia y cuando me despierto tengo un claro sentimiento de separación, de imposibilidad de alcanzarnos.

– Entiendo...

– Creo que es solo nostalgia, ¡eso es todo!

– ¡Tal vez, Selena! ¡Tal vez! – Exclamó doña Modesta, que conocía detalladamente lo que estaba pasando. Poseedora de bondad y una conciencia tranquila, Selena no presentó ninguna dificultad en su voluntad. Acompañados por el Doctor Inácio, doña Modesta y un equipo de defensores encabezados por el hermano Ferreira – servidor incansable de nuestra casa de amor – nos dirigimos a la capital de Minas Gerais.

El corazón de Selena estaba casi incontrolable ante la oportunidad. En las cercanías del sencillo barrio donde se ubicaba la organización doctrinaria, todo el grupo pasó automáticamente por un proceso de densificación vibratoria. Era como si camináramos sobre suelo terrenal y respiráramos oxígeno. Las criaturas de las calles se abrieron paso ajenas a nuestra presencia.

– Detengámonos aquí – aconsejó doña Modesta a unas cuadras de distancia –. ¿Cómo está la situación, Ferreira?

– Por favor cuídese, mi señora. ¡Nada es fácil por estos lares! – respondió el hermano Ferreira con su típica verborrea y acento nordestino.

– ¿Mantuvieron el asedio?

– Las cabras se enojaron y montaron guardia. ¡Nadie puede entrar allí!

Selena, atenta al diálogo, parecía preocupada. Sin entender lo que había pasado, continuamos a pie después de orar juntos. Doña Modesta, enterada de todo, advirtió:

– Selena, intenta mantener completa tranquilidad dentro de ti.

El éxito depende de tu actitud.

– ¿Tenemos un problema?

– Lo tenemos.

Cuando llegaron al edificio – una casa pequeña y bien cuidada – vislumbraron una escena dantesca. El Centro estaba completamente entregado a la astuta falange del mal. Unos seres extraños que parecían más bien enanos gordos y completamente blancos estaban en la puerta de entrada. Tenían la piel grasosa. Desde la distancia parecían piedras que desprendían un olor desagradable. Vigilantes por todas partes, armados como bandidos listos para atacar. Una valla, hecha de extrañas piezas retorcidas como metal, tenía un símbolo de la esvástica en cada poste. De allí surgió un resplandor pestilente. Se notó que una luz provenía del interior de la Casa espírita hacia arriba; sin embargo, no se extendía por las paredes, era vertical como si fuera arrastrada hacia arriba por un fuerte viento. La oración realizada por la junta mantuvo una conexión con otras esferas. Los secuaces no notaron la luz. Ampliando nuestro poder mental, pudimos ver a Angélica, posible seguidora de las iniciativas de Selena, liderando el encuentro.

– Doña Modesta, ¿vas a dejar aquí este grupo infeliz? – Dijo la ex directora.

– Es poco lo que puedo hacer, hija mía.

– Seguramente quieren perjudicar el traspaso de la directiva.

– ¡No lo dudes, Selena! Observa y permanece en oración. Entraré sin que nadie se den cuenta.

– Vamos.

– ¡No, Selena! No podrás entrar.

– ¿No puedo...?

– Si vamos más allá de aquí, se darán cuenta de nuestra presencia y entonces tendremos una pérdida real en la tarea en curso.

– ¿Y cómo seguiré la reunión?

– Lo oirás todo. Espera aquí.

Doña Modesta entró sin dificultad, sigilosamente. Dotada de un gran poder mental, rompió el bloque vibratorio sin alardes. Dentro de la Casa espírita, instaló un pequeño componente conductor sobre la mesa, y Selena, afuera, comenzó a seguir a través de un dispositivo similar a un auricular. Después de la oración, Angélica dijo:

– ¡Hermanos! Hoy tenemos una ardua tarea por delante. Un nuevo momento para esta casa de Jesús. Selena, nuestra devota cosechadora, fue a cosechar sus frutos al Más Allá. Nuestra reunión tiene como objetivo analizar su reemplazo y nuevos planes para las tareas.

Selena quedó feliz con la referencia y al escuchar la voz de Angélica.

– Todo el mundo sabe que nuestro acompañante alegró los servicios de este depósito de bendiciones – continuó Angélica –. Nadie; sin embargo, ignora los efectos de su temperamento controlador, debido a algunas decisiones excesivamente fuertes, con las que ninguno de nosotros estuvo nunca de acuerdo.

En ese momento, doña Modesta tomó el pequeño micrófono y le indicó a la ex directora que mantuviera la calma.

– Creo, si no me equivoco, que Selena fue respetada y recibió el homenaje de la amistad de todos nosotros, incluso con tales desacuerdos. Su rigidez; sin embargo, no nos permitía pensar libremente en el servicio de Cristo, sino en puntos de vista personales. Incluso en esta condición, logramos mucho. Sin embargo, propongo, en este momento, una decisión de valentía y fidelidad a Jesús, a quien verdaderamente debemos mucho. Propongo dos medidas básicas y desafiantes que formarán las bases de muchos otros caminos. Primero, la administración del grupo y, segundo, la reactivación del servicio de intercambio, extinguido por Selena, por sus opiniones sobre la mediumnidad.

Selena parecía apática ante lo que escuchaba, en su corazón nacían impulsos agresivos. El Doctor Inácio estaba a su lado, sujetándole el brazo para evitar lo peor. Angélica, a pesar de su firmeza, habló con ternura y autenticidad. Su reflexivo discurso; sin embargo, ofendió mucho a la ex presidenta, que no pasó la prueba, afirmando:

– ¡Falso! ¡Eres falsa! – dirigiéndose a Angélica.

– ¡Cálmate, Selena! Cálmate, o podrías arruinarlo todo – advirtió el Doctor Inácio.

– ¡Estropear! Pero ella lo está arruinando. Cómo me gustaría encontrar un médium en este momento y enviarle un mensaje. ¡Qué rabia, Dios mío! ¡No puedo creer lo que escucho!

Abrumada por la ira, gritó incontrolablemente:

– ¿Qué clase de persona eres Angélica? ¿Puedes oírme, tú...? ¡Esto es hipocresía! ¿De qué sirvió tanto amor por esta Casa para tener tu traición? ¡Falsa! ¡Falsa...!

La reacción no podría ser peor. Los vigilantes escucharon el amargo discurso de Selena y se armaron para luchar.

– ¡Miren! ¡Busquen! Tenemos intrusos... Escuché algo cerca... Huelo ángeles en el área... Avisen a los demás que están en el área... ¡Pidan refuerzos!

Se produjo un alboroto. Selena, que ya no tenía el control, entró en una crisis mental de revuelta y miedo, similar a los efectos del síndrome de pánico. Manos sudorosas, taquicardia, temblores... La llevaron de urgencia al hospital con un pulso de energía muy bajo hasta el punto de desmayarse. El hermano Ferreira, como si ya hubiera previsto el incidente, tomó medidas para proteger el desarrollo de la reunión. Los secuaces reforzaron su guardia, pero al no ver a nadie se calmaron.

Ya en el hospital, acomodada en una cama adecuada, en la misma sala restringida en la que estuvo Marcondes unos días antes, estaba dormida y todavía muy agitada. Las manos cerradas golpeaban la cama, requiriendo correas de sujeción. Rosângela, la enfermera de planta, doña Modesta y el doctor Inácio observaron cómo se desarrollaba la situación. Pasaron treinta minutos sin respuestas deseables. El paciente entró en regresión espontánea. Después de sujetar las manos, llegó el turno de los pies, que también fueron atados con ligaduras. Babeó y respiró profundamente. Sesenta minutos después, en una especie de trance profundo, Selena comenzó a balbucear algunas palabras en un idioma diferente... Era un francés fluido y claro. Doña Modesta, dotada entonces de xenoglosia, traducía con soltura.

– ¿Cuál es tu nombre? – Preguntó doña Modesta.

– Condesa... Condesa Pyrré...

– ¿Que año es?

– 1573. Un año después de la masacre asesina...

– ¿Masacre...?

– ... San Bartolomé.

– ¿En qué país?

– Francia. Estoy en el París de los católicos. El "Reinado" del Papa Gregorio XIII.

– ¿Por qué católicos?

– Dios está con nosotros.

– ¿Qué te pasa ahora mismo?

– Estoy en el calabozo a instancias de los Medici. Son traidores y egoístas. Soy una de las últimas víctimas de Carlos IX, el más vil y débil de los reyes franceses... Mi propia hija me traicionó...

– ¿Quién?

– Elise... Elise Pyrré... Traté de salvarla de las atrocidades de la Corte... En vano... Ella me traicionó para liberarse de mí, de mi control... Ella no lo sabe en cuyas manos acabará... ¡Pobre Elise!

– ¿Por qué te arrestaron?

– Catalina, la reina madre, me odia.

–¿Qué le hiciste a ella?

– Le robé a su marido. Y lo volvería a hacer. Lo amaba. Odio a Catalina. Odio la religión protestante. Me gusta la gente. Odio los rituales, son falsos... Son falsos... ¡Son falsos...! ¡Son falsos...!

Selena sufrió un "ataque monoideísta" y siguió repitiendo la expresión.

El Doctor Inácio propuso sedación. No se puede hacer mucho por ahora. La fijación en los recuerdos estaba en la periferia de los hechos. La imagen mental necesitaba mejorar. No basta con regresar al pasado cuando se tienen objetivos terapéuticos. Lo importante es detectar emociones esenciales, vivencias interiores que le sirven de grilletes y, lo más importante, desatar los "nudos afectivos..." Bajo continua observación, fue trasladada al puesto cercano. Seguiría bajo mayor vigilancia. Sería sometida a una regresión mediúmnica inducida al cabo de veinticuatro horas. Doña Modesta "recibiría" el inconsciente profundo, el cuerpo mental de Selena, para tratar las raíces de su drama. Medicada hasta satisfacción, se quedó dormida.

Saliendo de las habitaciones, a altas horas de la noche, el Doctor Inácio y doña Modesta mantuvieron un diálogo distendido sobre el tema. Estaban exhaustos, pero no perdieron el buen humor.

– Ignacio, ¡qué día tan bendito! – Exclamó doña María, ya un poco desconectada de las peleas del día.

– ¡Diría diabólico! Los hombres en la Tierra no tienen idea de lo que es una rutina como esa...

– ¡Dar sin recibir, dar por amor a lograr! ¡Cuántos tendrán extensas luchas con esta lección en este otro lado de la vida!

– ¡Incluidos los espíritas!

– ¡Incluidos los espíritas! ¡Es verdad!

– Llevamos exactamente quince horas de trabajo continuo. Precisamente hoy visité la Tierra tres veces. No me quejo de nada, pero si me devolvieran el cigarrillo creo que podría trabajar otras quince horas sin estar de mal humor...

– ¡Inácio! ¡Inácio! Esta es la lucha de la que estamos hablando. ¡Despojarse de las costumbres humanas!

– ¡Y todavía hay espíritas que piensan que somos espíritus superiores!

– Si Dios nos perdonó por esto, también los perdonará a ellos – bromeó doña Modesta.

– ¡Dios, sí! Yo..., no tanto... Precisamente hoy consulté en mi despacho con uno de esos dirigentes a los que les gusta más la mesa que las personas, un viejo compañero de los alrededores de Uberaba, ¡e imagínate lo que quería...!

– ¿Qué, Ignacio?

– Que te estaría esperando. Charlando como lo hacen los mentores, dijo... También dijo que estaba muy feliz de estar donde estoy yo, porque eso es señal de superioridad y, como estaba muy cansado de la reencarnación, le encantaría descansar unos días. a mi lado.

– Y tú... naturalmente...

– Naturalmente, lo descarté como hago con cualquiera lo suficientemente engañado como para tener tal miopía moral.

– ¡Inácio, Inácio! ¿Qué le dijiste?

– Lo de siempre... El descanso después de la muerte es para los ancianos...

Los dos rieron incontrolablemente.

– ¡Realmente hay mucha ilusión!

– Hubo otro, uno de esos "enciclopedistas espiritistas" que leen todo sobre la doctrina, que incluso se burló de mí el otro día. Pasaba por un pasillo cansado, de peor humor que de costumbre, después de casi veinte horas de trabajo, ¿y sabes lo que me dijo?

– ¿Qué?

– Doctor Inácio, ¿qué cara es esa? ¿Parece que estás cansado? El espíritu superior no se cansa, ¿entiendes? ¡Aprende a usar tu mente!

– Y tú, ¿qué le dijiste...?

– Le di el cambio que se merecía. Le dije que no estaba cansado, que lamentaba haber muerto. Debería haberme quedado en la Tierra mil años para no encontrarme más con personas religiosas. En el sanatorio espírita de Uberaba, al menos, tenía esa seguridad. ¡No me vi obligado a lidiar con las peculiaridades y ambigüedades del movimiento doctrinario!

– ¿Es el...?

– Incluso me preguntó si había algo que me molestaba.

– Y tú, naturalmente... – se burló doña Modesta.

– Naturalmente me quedé callado, porque si hablara en ese momento, ¡sería un desastre!

– Si lo contamos en los libros, a nuestros hermanos les costará mucho creer la realidad de este momento. Solo mira el estado de mi cabello, ¡es horrible, Dios mío! ¡Mira el color de mi bata! – Y pasó sus manos por los desechos secos expulsados por Selena y varios asistentes más ese día. ¿Quién imaginaría que nosotros también estamos cansados y necesitamos aparatos de sueño y recuperación de energía? La gran mayoría nos imagina dotados de un poder mental superlativo, capaz de proporcionarlo todo mágicamente. ¡Usa tu mente! Piensan que, cuando morimos, todo se resuelve con la mente como si se desprendiera del cerebro y...

— Tendríamos alas en la cabeza — añadió el Doctor Inácio.

— Eso es, Inácio... Al imaginar una vida espiritual angelical, el hombre se duerme en visiones religiosas y establece una falsa dimensión de erratismo.

— ¡Eso no fue suficiente y, cuando lleguen aquí, todavía quieren cambiar lo que Dios creó! Les encanta dar consejos y sentirse dueños del lugar.

— ¡Dueños del lugar! Una expresión humana que encaja bien en la historia de Selena.

— Estudiaste el expediente con más atención... ¿Tendremos una incisión en el alma?

— No hay otra salida. Dentro de veinticuatro horas escanearemos el inconsciente.

— ¿Y cuándo crees que Marcondes y Selena podrán enterarse de la historia?

— ¡Sucederá en el momento adecuado, Inácio!

— El destino, enredando a las almas incluso en el plano espiritual... ¡Quién iba a imaginarlo! ¡Uno más para los que creen tener la "llave del cielo"! Si la reencarnación es el escenario de los vínculos de afecto y desafecto, la inmortalidad es el camerino donde los hombres carnales se despojan de las fantasías de las ilusiones para poder mirarse como deben en el espejo de la realidad.

— ¡Guau! — dijo doña Modesta como una típica minera de Minas Gerais —. ¿Te hiciste poeta, Inácio...?

— ¡No, doña Modesta! Fue solo una crisis psiquiátrica...

Un buen humor permanente, a pesar del cansancio, no les quitaba a esos dos la oportunidad de burlarse de las cuestiones más serias y profundas de la vida. Esta característica pertinente a ambos era la medicación y la rehacer.

– Descansemos, Inácio, porque después de todo...

– Después de todo, tenemos horarios que cumplir y gente que atender temprano mañana temprano.

13

Técnica anímica

"La memoria de la existencia corporal se presenta al Espíritu, completa e inesperadamente, después de la muerte?

No, le llega poco a poco, como una imagen que emerge poco a poco de la niebla, a medida que fija su atención en ella."

El Libro de los Espíritus, **pregunta 305.**

El paciente llevaba más de veinte horas en este estado de coma mental. Vigilada por tecnología avanzada, su condición inspiró cuidados especiales. Su diagnóstico fue delicado, una fijación mnemotécnica en experiencias pasadas. Selena tenía estrechos vínculos con Angélica – Elise Pyrré –, la líder encarnada que la reemplazaba en las tareas, y que era su hija. Sentimientos hostiles se apoderaron de su campo emocional a la manera de una virulenta patología cardíaca. De hecho, esta fue la matriz de la prolongada enfermedad cardíaca que la desalojó del cuerpo físico. El uso de técnicas de regresión del alma podría tener efectos positivos. Doña Modesta tenía amplia experiencia en el tema. Utilizando sus recursos mediúmnicos, actuaría como intermediaria del cuerpo mental de Selena, para poder realizar delicadas cirugías. Después que desaparecieron los efectos de los sedantes, sus signos vitales se estabilizaron y tuvo poca lucidez mental. Dijimos la oración con la enfermera Rosângela, la médium, el doctor Inácio y dos especialistas en neurocirugía. Doña Modesta estaba junto a la cama, en profundo trance.

– Selena, ¿puedes oírme? – Preguntó el Doctor Inácio, dirigiéndose al médium.

– ¡*Bonsoir merci*!

– Ese ya no es tu idioma. ¡Estás en Brasil, Selena!

– No soy... Selena – dijo jadeando como si se despertara de golpe y con los ojos desorbitados – ¡No soy Selena! ¡Selena no existe! Es una réplica desafortunada... Mientras tanto, el cuerpo espiritual de Selena en la cama se retorcía y sudaba profusamente.

– ¿Cuál es tu nombre?

– Condesa Pyrré, descendiente de la familia De Guise.

– La condesa ya reencarnó como Selena.

– ¡No! Selena es una réplica de mí. Nunca existió ni existirá. Elise está a mi lado y me ama... Ja, ja, ja. Ella me ama... ¡La quieren llamar Angélica! Esta es obra de Catalina, la malvada Medici...

– Te equivocas, Selena. Elise ahora es Angélica. Está en la carne. No tiene nada que ver con Catalina.

– Catalina es la encarnación del mal en la humanidad.

– ¿Qué te hizo tan mal?

– Envenenó el corazón de su hijo para robarme a Elise.

– ¿Tiene alguna razón?

– Ninguna...

– No mientas, hija mía. Este es el país de la verdad.

– Ella es vengativa.

– ¿Por qué?

– Su marido me amaba. Fui una concubina sin intenciones... ¿Está Catalina aquí?

– No.

– Pero siento que lo soy.

– No, te equivocas. Intenta calmarte. Ella no está aquí. Estamos en otro tiempo, Selena.

– Selena no existe...

– Entonces veamos si no existe. Cuida a tus padres, Selena. Vuelve a los diez años. Mira esa caja de regalos que te regaló tu abuelo Totoño. ¿Viste?

– Sí, lo recuerdo. Mi regalo favorito. Abuelo Totoño... ¿Dónde está?

– ¿Recuerdas cómo descubriste el Espiritismo? Aun pequeña...
¿Cuál es tu nombre?

– No lo sé... Tal vez lo sea...

– Selena. Repite conmigo: Selena, Selena, Selena.

– Selena...

– Eso. Esta es tu identidad actual.

En ese momento, los especialistas se acercaron y colocaron un gorro en la cabeza de Selena que irradiaba ondas de intenso magnetismo, provenientes de un delgado dúo conectado a ella. Doña Modesta sintió, en la misma región, una ardiente ola de calor. Después de unos segundos, se pudo ver claramente una masa gelatinosa de color amarillo purulento emergiendo de los lóbulos frontales de la médium. Fenómeno similar a la emanación de ectoplasma. Un gran desnivel en el lado izquierdo, otro en el derecho. La materia corrió por su rostro y el Doctor Inácio la examinó en silencio. Al cabo de unos minutos, una nueva dosis de esa baba fluyó con más intensidad, esta vez desprendiendo un olor desagradable. Rosângela se ofreció a recoger cuidadosamente el material en pequeños trozos de algodón. Dondequiera que fluía el líquido, se notaba en el rostro de la médium, como si le hubieran quemado la piel. Signos visibles de oxidación. Selena mostró un cambio inmediato en su condición. Los latidos de su corazón, siempre lentos, comenzaron a latir a un ritmo normal. Fue entonces cuando el Doctor Inácio llamó la atención de la enfermera sobre el pecho izquierdo de la médium, completamente empapado en la misma sustancia. Rosângela, con cariño y respeto, le abrió la ropa y procedió a la limpieza necesaria. La médium quedó en total inconsciencia. La operación había llegado a su fin.

– ¿Me oyes Modesta?

– Sí, Inácio... Vuelvo poco a poco... el hilo se cortó. Angélica es libre.

– Gracias al buen Padre.

– ¿Cómo está Selena? – Preguntó doña Modesta, todavía con los ojos cerrados.

– Todos sus signos están bien. Ella duerme como una niña.

– Suelten las ataduras de brazos y piernas.

Aunque todavía estaba recuperando la lucidez, la médium temía que la paciente se olvidara de sí misma.

Una vez finalizada la técnica pasamos a otras actividades rutinarias. Doña Modesta le dejó un mensaje a Selena. Al día siguiente vendría a visitarla para las aclaraciones necesarias. Exactamente dos horas después, el paciente recuperó el conocimiento. Tenía hambre y pidió de comer. Se ocupó de su aseo y, ya renovada, aunque débil, entabló amistad con la enfermera.

– ¿Cuál es tu nombre?

– Rosângela. Soy enfermera en esta sala restringida.

– ¿Estoy en la sala restringida?

– Sí. Pasaste por un cuadro que requería cuidados.

– ¿No fuiste tú quien cuidó a Marcondes cuando estuvo aquí?

– ¡Eso mismo! Veo que estás empezando a recordar los hechos. ¡Me quedo feliz!

– ¿Qué tipo de trato fue el mío, Rosângela?

– Tenías "pinzas pasadas." Estos son puntos emocionales de conexión con el pasado muy intensos y crónicos. ¿Recuerdas algo?

– Algunos nombres son como un eco en mi mente... Elise... Pyrré... Tengo la impresión de haber escuchado ese nombre aquí mismo en el hospital...

– ¡Lo escuchaste!

– ¿En serio?

– ¿Te acuerdas de Eulália?

– ¿Una... amiga de Marcondes?

– ¡Ella misma! Eulália era Isabelle Pyrré.

– Sí, así es... ¡Ahora lo recuerdo mejor! Pero ¿y Elise...? ¿Hay alguien con ese nombre o...?

– Lo hay. Elise era la hermana de Isabelle.

– Los nombres me dan ganas de llorar Rosângela... ¿Qué me pasa?

Ella se echó a llorar.

– Estos son recuerdos, Selena. ¡Pronto lo entenderás! Intenta calmarte y restablecer tu estado. Doña Modesta estará aquí mañana y le contestará. En cuanto al llanto, no lo reprimas, ¡déjalo fluir, amiga!

La noche pasó rápidamente para Selena, ahogada en muchos recuerdos de la oportunidad carnal que acababa de terminar. Con gran dificultad logró conciliar el sueño y descansar. A la mañana siguiente, tenía un humor diferente. Estaba más emocionada y feliz. Quería levantarse de la cama. Rosângela la detuvo pidiéndole esperar la visita de doña María Modesto.

No habían pasado las siete y media cuando llegó elegantemente vestida.

14

Funciones y responsabilidades

"Y llegó a Cafarnaúm, y entrando en la casa, les preguntó: ¿Qué discutían en el camino?

Pero ellos guardaron silencio, porque en el camino habían disputado entre ellos cuál era el mejor.

Y sentándose, reunió a los doce y les dijo: Si alguno quiere ser el primero, será el último de todos y el servidor de todos.

Y tomando a un niño, lo puso en medio de ellos, y tomándolo en sus brazos, les dijo:

El que recibe en mi nombre a uno de estos niños, a mí me recibe; y el que me recibe; no me recibe a mí, sino al que me envió."

Marcos 9:33-37

– ¡Doña Modesta! ¡No podía esperar para hablar!

– ¡Aquí estoy, querida amiga! ¿Cómo has pasado la noche?

– ¡Bien muy bien! ¡Siento que tengo un corazón nuevo!

– ¡Excelente! Tengo la intención de sacarte de esta cama más rápido de lo que crees.

– ¿Y tú...? ¿Puedo saber hacia dónde vas con esta elegancia? – dijo el convaleciente con humor.

– Me voy a la Tierra. Tengo muchas visitas y citas allí, hoy.

– Nunca imaginé una rutina como la tuya. Hablé mucho con Rosângela y me impresionó el ritmo de trabajo por estos lares.

– ¡Bendito trabajo, Selena!

– Doña Modesta... yo...

– ¡Ya sé! Quieres saberlo todo. ¡Tim–tim por aplaudir–tim...!

– ¿Tengo un problema grave?

– ¡Ni tanto! Una obsesión crónica y envejecida.

– ¿Una obsesión? ¿Es en serio?

– Es en serio.

– ¿Fue asistido el obsesor?

– ¡Y cómo!

– ¿Dónde está?

– Aquí.

– ¡¿Aquí?!

– Frente a mí.

– Hoy estás de muy buen humor.

– No es solo humor. Es un hecho. El obsesor, si prefieres usar esa expresión indeseable, está aquí, frente a mí.

– ¿Yo?

– ¿Ves a alguien más en la habitación?

– Pero...

– Quiero hacerte una pregunta, Selena – dijo la benefactora, cambiando el tono de la conversación.

– ¡Dime!

– ¿Qué significa para ti Angélica, tu compañera de trabajo espírita?

– Siento cosas horribles por ella después de lo que escuché en la reunión de la junta directiva.

– ¿Habías sentido esto antes?

– Yo...

– ¡Sin máscaras, Selena!

– Sí, ya lo sentí. Angélica me provocó una mezcla de cariño y necesidad de posesión. No admitiría verla alejada de mis órdenes, o...

– ¿O...?

– No admitiría verla actuar sin mi permiso o yendo en contra de mis opiniones. Creo que es la hija que no tuve, o... quién sabe... fue mi karma...

– ¿Se quejó de eso?

– Mucho. Pero no había ninguna razón para ello.

– ¿Cuál fue la denuncia?

– Dijo que la asfixiaba. Me llamó controladora.

– ¿Y lo eras?

– Ni un poco. Me sentí muy responsable.

– ¡Te equivocas, querida amiga! ¡Te equivocas! Tú no solo controlabas cómo impedías que creciera. En verdad, tu actitud fue un grillete en la vida de Angélica.

– Doña Modesta, no me hable así, porque mis intenciones eran las mejores.

– Hija mía, ha llegado la hora de la verdad. Mira tu conciencia en el espejo. Tu confesión es imperativa.

– ¿Confesión...?

– Confiesa tus miedos, Selena. ¡Confiesa intereses! La mayoría de las criaturas que abandonan la vida corpórea llegan aquí con densos caparazones psíquicos que cubren sus miedos. Miedos cultivados en secreto durante su trayectoria vital.

– ¿De qué miedo hablas?

– Tú eres quien debe saberlo, amiga. ¡Piensa!

– A veces pasaban por mi cabeza algunas ideas sin sentido.

– Habla de ellas.

– A mí Angélica me pareció muy inmadura y entusiasta. Excesivamente amable... Creía demasiado en los espíritus y líderes del movimiento... Demasiado creativa.

– ¿Dónde se esconden tus miedos en estos asuntos?

– No es que tuviera miedo, pero...

- ¡Selena! ¡Selena! – interrumpió doña Modesta. Detente para solucionar el problema. Sé clara. ¿Fue miedo o no?

- ¡Lo era doña Modesta! Sí, lo era. Lo siento por rodear demasiado. Este tema es difícil para mí y todavía no me siento muy bien.

– Entiendo. Sin embargo, este es tu momento de curación, compañera. No más escapes y excusas. Mi papel es ayudarte a afrontar la situación íntimamente. Es preferible el dolor de la verdad al dolor cáustico de una mentira prolongada. ¡Habla!

– Tenía miedo que Angélica me robara el lugar. Era celosa de su trabajo. Sus ideas eran demasiado avanzadas. No me inspiraron con la seguridad. Muy atrevida y educada. A pesar de esto, catalizó a los demás y...

– Y...

– Necesitaba podarla por miedo a no seguir el ritmo. No poder mantener mi posición...

–¿Posición...?

–¡Mi trabajo! Fue con tanto sacrificio y renuncia que llegué a donde estaba. Tenía las mejores intenciones. ¿Hice mal?

– He de reconocer que el deseo sincero que llamas mejores intenciones suele ser innegable en muchos casos. Esto; sin embargo, no es suficiente para crear vínculos auténticos y duraderos, tejidos a través de la lealtad a nuestros sentimientos reales. ¡Vivir juntos es un desafío, Selena! Aunque estemos imbuidos de las mejores intenciones, nuestro egoísmo es demasiado prominente para permitirnos vivir a la luz de las propuestas del amor auténtico. No hiciste nada por despecho. Casi siempre, nuestras relaciones son como una casa en la arena, sujeta a derrumbarse ante el frágil clima. Como no tenemos suficientes cualidades morales, adoptamos dos caminos en las relaciones.

– ¿Cuáles?

– Control e indiferencia. Rara vez escapamos de estas locuras ético–emocionales. No fuimos educados para vivir juntos. Somos una salida reciente del instinto. Solo ahora damos los primeros pasos en el camino del altruismo, del desapego, de la solidaridad y de la caridad cristiana. La noción que tenemos de familia y amistad se ve sofocada por una lamentable dosis de interés personal y amor propio. Si no podemos controlar a alguien, casi siempre utilizamos el mecanismo de la indiferencia; es decir, la negación de la diferencia. El tema es extremadamente profundo y sutil. Por eso, la fraternidad y la construcción del afecto en los círculos sociales son todavía obras difíciles para almas como nosotras.

– ¡No se incluya, doña Modesta, solo para aliviarme! – Dijo fuera de control.

– ¿Para aliviarla?

– Claro que sí, porque ¿cómo pudo una trabajadora como usted ponerse en esas condiciones?

– No me conocías y todavía no me conoces bien, hija mía. Es natural que quieras perdonarme, considerando que tus nociones todavía están empapadas de las teorías espiritistas que trajiste de la Tierra. Es posible que estés en la cuenta de un espíritu superior, o algo así; sin embargo, prepárate para decepcionarte.

– ¡¿Decepcionarme?!

– No quieres saber lo que es pasar una semana a mi lado... La mayoría de los espíritas imaginan las esferas espirituales como lugares santificados, llenos de figuras del Espiritismo, que los esperan con los brazos abiertos después de la muerte. Fueron muchos los que llegaron aquí buscando a Allan Kardec y a todos los demás exponentes de la Doctrina. Algunos locos más querían ver a Jesús... Creían haber pagado todas las cuentas con solo pasar unas décadas repartiendo comida y ropa...

– ¡Cuesta creerlo, doña Modesta!

– A menudo, cuando conocen a alguien que conocen, esperan un par de alas sobre sus hombros. Sin embargo, cuando empiezan a vivir con nosotros, se sienten decepcionados de sus expectativas y...

– Y...

– Entonces empiezan los problemas.

– Entiendo tu duda, Selena, y, como minero que nunca dejé de serlo, te voy a contar una historia. Cuando desencarné, el Doctor Bezerra de Menezes me llamó para asumir una enorme responsabilidad en esta Casa. Sería la conductora del pabellón donde se alojaban los casos más complicados de cristianos en quiebra y enfermos. El pabellón de líderes y servidores colectivos. Con apenas unas semanas de tareas, un grupo de almas ansiosas se reunieron para quejarse de mi conducta firme. No aceptaron que una mujer los guiara. Era 1964, ¡imagínate cómo era el prejuicio contra las mujeres...! Estaban enojados por ser dirigidos por una espírita que no tenía antecedentes de servicio con cuerpos y entidades de unificación. Preguntaron: "¿Cómo puede un director de un sanatorio psiquiátrico ser nuestro tutor?" Querían a alguien mejor y más amable.

– ¡No puedo creer eso! – Dijo Selena con espontánea sorpresa.

– No querrás saber cuánto revuelo y alboroto generó este incidente aquí en el hospital. Fueron días difíciles para todos nosotros. Me sentí muy dolida y no tenía idea que a alguien le podía pasar algo así y mucho menos a mí, ya que nunca pedí nada en cuanto a puestos y títulos. El día anterior lloré mucho y busqué a Eurípides, quien me calmó. Me dijo que todo se resolvería. Luego tuvimos que programar una reunión con Bezerra para decidir el caso.

– ¿Y cómo fue? – Preguntó ansiosamente la oyente.

– Uno de ellos tomó la palabra y explicó lo sucedido en nombre de los demás. Eran veinte en total. El Doctor Bezerra escuchó todo con suma serenidad. Ni siquiera me molesté en decir nada, porque no podía imaginar qué decir. Las ganas que tenía eran... ¡Pues no importa!

– ¡Qué dolor debiste sentir!

– Ni siquiera te imaginas cuánto dolor. Luego de la charla del representante del grupo, el amable Bezerra dijo con determinación:

– Hermanos en Cristo, agradezco la sinceridad y las justas intenciones de todos para el bien de esta Casa de Cristo. Seguramente, al presentar sus quejas, también debieron haber elegido a alguien que cumpliera con los predicados morales que llevaron a nuestro director general, Eurípedes Barsanulfo, a aprobar el nombre de doña Modesta en la gestión de este pabellón.

El representante del grupo afirmó:

– No, Doctor Bezerra. No teníamos esta preocupación porque no sabíamos los motivos de la elección de doña Modesta. Simplemente no estamos de acuerdo con la decisión. Ha habido mucho malestar con sus acciones decididas y también, digamos... sinceras... – dijeron en tono de ironía.

– Por eso pido fraternalmente permiso a los hermanos para llegar a un acuerdo – dijo el Doctor Bezerra –. Si responde honestamente dos preguntas, consideraré transferir a doña Modesta a otras actividades. ¿Estás de acuerdo en que este es el caso?"

– ¡Claro! ¡Claro! – dijeron todos, uno a uno, llenos de grandeza, pues les encantaba este tipo de reuniones de toma de decisiones.

– ¿Quién de ustedes, estando en la Tierra, se dedicó a los demás sin límites de sacrificio en la escuela del amor?

El grupo permaneció en silencio. Se miraron como si no entendieran la pregunta. Parecían esperar otro tipo de interrogatorio. Y, aun sin digerir la pregunta, el Doctor Bezerra volvió a la carga con ternura y firmeza:

– ¿Qué obras de amor dejaron entre la humanidad en nombre de Cristo para que los hombres recuerden sus nombres en la posteridad?

Nadie respondió en absoluto. Se miraron confundidos. Se cerró la reunión y han pasado más de cuatro décadas desde que presté servicio activo en este pabellón. Todos ellos eran excelentes trabajadores en el campo, pero todavía carcomidos por el interés personal. Hicieron mucho, pero descuidaron el amor. Hicieron maravillas a través de la teoría espírita, a través de la Doctrina. Sin embargo, como les pasa a muchos, se les olvidó el siguiente. No sabían llevarse bien, no sabían secar una lágrima, tenían relaciones pésimas, no soportaban que los contradijeran, les encantaba controlar y ser atendidos, estaban fascinados con sus hojas de servicio, arruinaron sus posiciones y, en el fondo, les encantaba excluir. Existe una gran diferencia entre el trabajador y el servidor, el trabajador y el operario.

15

Proyecto esencial

"¡Venid a mí, vosotros que sois buenos servidores, vosotros que supisteis acallar vuestros celos y vuestras discordias, para que ningún daño sucediera al trabajo!"

El Evangelio según el Espiritismo, capítulo XX, ítem 5.

– ¡Estoy atónita con tu historia! – Expresó Selene.

– Aquí aprenderás mucho, hija mía. Morir tiene sus ventajas...!

– ¡Doña Modesta, sea franca conmigo!

– ¿Quieres mi opinión sobre Angélica? – Anticipó la benefactora.

– Sí.

– Selena, varios casos de personalidad controladora se pueden explicar por la energía que utiliza la criatura para hacerse cargo de la vida, un intento de no decepcionarse o frustrarse. Casi siempre se trata de personas que se sienten dolidas y temen volver a ofenderse tras algún incidente doloroso. La mayoría de los espíritas se vienen preocupando demasiado por las obsesiones de los desencarnados hacia los encarnados; sin embargo, desconocen la lamentable situación de las obsesiones que abundan en las relaciones humanas. Es necesario reconocer que los desencarnados, debido a barreras vibratorias propias de las dimensiones, tienen un límite de acción sobre los hombres en el cuerpo. Incluso con tantas opciones de acción por parte de los espíritus, los encarnados, al vibrar en rangos físicos idénticos, continúan siendo los observadores más influyentes de los cuales los hombres deben preocuparse. El egoísmo que todavía nos es peculiar tiene mil maneras de faltarle el respeto al libre albedrío y engendrar una hegemonía pacífica sobre los demás.

– Entonces… ¿tenía una obsesión por Angélica?

– ¡Sin duda!

– ¿Mi tratamiento tiene algo que ver con ella?

– ¡Claro!

– ¿Será ese el motivo de los sueños que tuve que ella llegaba a la puerta del hospital sin poder entrar?

– No eran sueños. Eran hechos reales. Angélica te buscó noche tras noche al emanciparse de su cuerpo físico.

– ¿Las voces no eran alucinaciones?

– No, no lo eran. Se podía escuchar a Angélica a lo lejos. Creaste una dependencia enfermiza. Por otro lado, tu salida también fue un alivio. Ésta es la razón de las palabras firmes que expresó durante el encuentro en la Casa espírita y que tanto te dolieron.

– Me sentí traicionada...

– Pero no lo fuiste. Hay muchas personas que se sienten traicionadas sin evaluar el alcance de lo que existe en el corazón de otras personas. Hay controladores de la vida de otras personas que oprimen sin saberlo, ofenden sin querer. Angélica era tu hija en la personalidad de Elise Pyrré, hermana de Isabelle Pyrré, hoy renacida como Eulália.

– Entonces Eulália...

– Eulália, cuyo nombre llamó su atención durante su visita a Marcondes, era Isabelle, la hija rebelde que te causó muchas decepciones. Tratando de evitar una secuencia de desastres en la familia, tú, como madre en la personalidad de la condesa Pyrré dos Guise, comenzaste a cuidar excesivamente a Elise. Isabelle te lastimó demasiado y trataste de salvar a Elise controlándola, sobreprotegiéndola. Es la primera vez en varios siglos de citas que te sientes libre de ser lo que quieras. Tu ausencia por muerte, en otras ocasiones, no significó el fin del cautiverio para Angélica. Ahora; sin embargo, creo que este epílogo será muy diferente.

Selena no pudo soportar las revelaciones y rompió en lágrimas incontrolables. Doña Modesta la recibió en sus brazos como a una niña indefensa y asustada. Acarició el pelo liso de su pareja como si lo hiciera por una hija. Aun sollozando y con la voz ahogada, la paciente aun encontró fuerzas para preguntar:

– ¡¿Y el Centro Espírita?! ¿Por qué los secuaces lo asedian?

– Un número importante de casas doctrinarias se encuentran en una situación similar, gracias a la naturaleza del campo vibratorio que gravita hacia las relaciones entre sus trabajadores. Los sentimientos determinan la calidad espiritual de los ambientes.

– ¿De qué naturaleza es este campo?

– Cuando hay honestidad emocional y cariño, los campos son de alegría y bienestar.

– Pero ¿existe, tal vez, algún Centro Espírita cuyo campo no sea de este tipo?

– ¡Lamentablemente...! No tes asustes al decir que algunos centros construidos en el nombre de Jesucristo han sido caldo de cultivo de obsesiones y enfermedades gracias al carácter enfermizo de sus dirigentes.

– ¡Increíble! ¡A veces hasta creo que estoy teniendo un espejismo! O... ¡o ser víctima de una estafa!

– O escuchar a un obsesivo, querrás decir.

– ¡Ya está, doña Modesta!

– ¡Es natural! Basta ser espírita y no tener nociones claras de lo que aquí sucede para tener estas sensaciones...

– ¿No deberíamos contarles el asunto a nuestros amigos del plano físico?

– Si no creen, estando aquí, ¿crees que creerían si les hiciéramos algún llamamiento...? En el momento oportuno, abriremos el velo...

– No puedo entender el motivo de tal suceso en la casa que presidí. Teníamos una buena relación. Con los problemas, es cierto, pero sincero. Aun con mis defectos, el trabajo continuó con buenos resultados.

– Selena, ¿qué criterios hemos adoptado para medir resultados en el campo de Cristo? ¿Serán efectivos? ¿O es el resultado de nuestro análisis todavía egoísta y auto promocional? Más que resultados tangibles externamente, o para quienes se benefician del Centro Espírita, es importante evaluar la construcción íntima que construimos a través de la escuela de relaciones. ¿Los trabajadores sienten nuestra ausencia cuando estamos ausentes? ¿Somos amados y esperados por quienes comparten nuestras tareas diarias?

– ¡Pensé que el ambiente era bueno en nuestra Casa!

– ¡Y lo era!

– Entonces ¿cuál es el motivo que esos espíritus rodeen el Centro?

– ¡Tu decisión irreflexiva! El blanco de las críticas de Angélica en la reunión de directorio.

– ¿La suspensión de las tareas mediúmnicas?

– ¡Exactamente!

– Una casa doctrinaria sin servicio de intercambio inter mundial es como una fortaleza aislada por altos muros en medio del desierto del materialismo.

– ¿Me equivoqué con mi actitud?

– Más de lo que puedas imaginar, Selena.

– ¡Ay Dios mío! ¡Son muchas malas noticias para un día! Tengo una clara sensación de quiebra como si nada bueno hubiera logrado durante la vida física... – avergonzada, se cubrió la cara con las manos.

–¡Te equivocas! Tus logros dan cuenta de un saldo positivo logrado por pocos.

– ¡Preferiría no hablar de estos asuntos! Me entristecen... creo...

– Y su momento de valoración – intercedió nuevamente doña Modesta -. ¡No tengas miedo y no huyas! Cuanto antes lo enfrentes, mejor para tu paz. Al cerrar las puertas a la mediumnidad, cualquier organización humana está decidiendo sobre la horizontalidad de sus experiencias. La relación con la sociedad invisible representa el alma del Espiritismo. El Espiritismo sin mediumnidad es el Espiritismo de hombres. El Espiritismo de Cristo es luz, verdad, elevación y progreso. Es el Espiritismo con espíritus. Doctrina Espírita significa Doctrina de los Espíritus... Recuerda atentamente: ¡de los espíritus!

– El propósito era prevenir abusos y...

– ¡Lo sabemos! – interrumpió la asesora -. Tu iniciativa no obedeció a intereses personalistas. Esto no los liberó del peso de las presiones psíquicas. Peor que cerrar las puertas de la mediumnidad es abrirlas solo a quienes uno quiere.

– Explíquese mejor, doña Modesta.

– La práctica mediúmnica atraviesa un serio proceso iniciado hace algunas décadas, que llevó a una ruptura con la espontaneidad. Para establecer los cuidados necesarios, algo que nadie puede discutir, se crearon normas y estándares muy estrictos. Es necesario dar un nuevo significado al ejercicio mediúmnico.

– ¡Nunca podría complacer a todos en mi posición! Tuve serios problemas con la mediumnidad en nuestro centro.

– No se trata de agradar, sino de hacer lo mejor que podamos de acuerdo con las propuestas de Cristo y del codificador. Desgraciadamente hay mucho "Espiritismo sin espíritus..." ¿La razón? La respuesta es fácil: los hombres fundaron Casas y más Casas. Pocos fueron los que consolidaron grupos. Es muy fácil unir a la gente. Es difícil unir a la gente. Sin equipos fraternos y afectuosos no tendremos servicios creativos ricos en entusiasmo y alegría.

Entonces, ¿cómo podemos avanzar hacia el espíritu de Cristo? La mediumnidad no debe ser analizada solo como una actividad del Centro Espírita. En verdad, ella es el alma de las tareas espirituales. El termómetro con el que se pueden medir las luchas y los valores de una organización y sus miembros. La relación entre hombres y espíritus constituye el núcleo de la propuesta espírita; es decir, la consolidación del sentimiento de inmortalidad en el corazón.

– ¿Puedo ayudar a cambiar esta historia? ¿Podré intervenir para que mi grupo espírita tome un rumbo diferente? Estoy consternada por la situación que he creado. ¡Me encantó tanto el Centro Espírita Paulo y Esteban! Recuerdo el día que empezó todo...

– Amiga, por mucho menos, la oscuridad se ha apoderado de muchos gremios espíritas. Basta con mantener la noción actual de caridad hacia los desencarnados, manteniendo la tarea fuera de casa.

– No entendí...

– Son innumerables los grupos que han sido asediados por enemigos inteligentes cuyo propósito nunca fue acabar con el Centro. Esta técnica ha estado en desuso durante décadas. Los genios del mal concluyeron que, mejor que cerrar Centros, es mantenerlos inoperantes, mediocres, improductivos, esclavos de convenciones inútiles... Así, se aprovechan de la tendencia humana a estancarse mentalmente en la rutina y favorecen el estancamiento. ¡Acción fácil! La psiquis humana está congestionada por el dogmatismo y la pereza. El ritmo de la mente humana está en sintonía con la era de la mayordomía, la lentitud, la vida sedentaria y monótona a la que nos hemos acostumbrado durante milenios y milenios, sin tecnología ni estímulos para el progreso. Piensa poco, haz más. Más acción, poca filosofía. Caridad, sí, estudio, solo lo necesario.

– ¡Dios, cuídanos...!

– Con este comportamiento conozco grupos que, en su vigilancia, discuten durante años, sin avanzar, sobre temas que para ellos se han vuelto esenciales, como por ejemplo: "El mismo médium que recibe 'espíritus sufrientes' puede, igualmente, recibir 'espíritus de luz'?", "¿Es necesario que los médiums se sienten siempre en el mismo lugar?", "El consumo de carne el día del encuentro... Temas que incluso podrían ser de alguna utilidad se convierten en "puntos de discordia." Crean discusiones, se ofenden, confían en textos y discuten como viejos religiosos bien informados, debatiendo temas de poca utilidad.

– ¡Mientras discuten, se produce un acuerdo!

– Con esto, el hombre se instala en la ritualidad, la repetición, el patrón. Se prohíbe la creatividad, lo nuevo y la experimentación, estableciéndose una noción de seguridad en torno a las "formas habituales de hacer..." La educación moderna defiende uno de sus cuatro pilares: "aprender a hacer." Todos los grupos doctrinarios hoy están llamados a "reaprender a hacer las cosas.

– Un nudo en mi "cerebro…" ¡Eso es lo que siento!

– ¿Y todavía tienes "cerebro"? – Ambas ríen.

– Pura costumbre, doña Modesta. ¡Vieja costumbre! ¿Entonces la pregunta es "aprender a hacer"?

– ¡No es suficiente!

– ¿No?

– Urge un proyecto imprescindible, sin el cual...

– ¡Sin el cual nada funcionará! – Dijo Selena completando su discurso.

– Eso mismo.

– ¿Qué proyecto es este?

– Paralelamente a "aprender a hacer", el programa Nuevos Tiempos prevé "aprender a vivir juntos." Sin vivir juntos en el amor no alcanzaremos una auténtica seguridad en la obra de Cristo. Nos corresponde a nosotros impulsar este proyecto esencial. Sin él, ninguna organización doctrinaria tendrá éxito en otros proyectos, por muy nobles e inteligentes que sean. Nunca la obra de Nuestro Señor Jesucristo ha exigido tanta atención como ahora a la inolvidable nota "(...) *sed prudentes como serpientes y sencillos como palomas.*"[27]

– ¿Por qué razón?

– Hay mucha confusión sobre lo que significa ser cristiano. Algunos quieren mansedumbre y acaban en el sentimentalismo. Otros, con el pretexto de ser astutos, hacen prácticas de cálculo. Los mentalistas caen en la connivencia. Los calculadores, en la soberbia. La arrogancia es la actitud de quien tiene una amplia visión intelectual y niega sus sentimientos en favor de convicciones personales inquebrantables. La connivencia es la postura de quienes son mansos y niegan los llamados de la conciencia en favor de la verdad. La arrogancia está alimentada por el egoísmo. La connivencia es el resultado del miedo a afrontar desafíos y crecer.

---

[27] Mateo, 10:16.

– ¿Significa esto que el mayor desafío en el campo es aprender a convivir?

– ¡Aprender a amar es nuestro mayor desafío! ¿Cómo amar sin una buena convivencia? En los inicios del siglo XXI, nos encontramos en plena campaña, en el mundo de los espíritus, para ampliar los parámetros para el uso de las fuerzas mediúmnicas en la Tierra. Al igual que ocurrió con los baluartes de la Doctrina en los albores del siglo XX, estamos trabajando hacia nuevos modelos de intercambio entre esferas. Para lograrlo, los grupos doctrinarios deberán adoptar una postura de investigación fraterna. Sin embargo, la pregunta permanece: ¿cómo podemos investigar, con la deseable utilidad, cuestiones relativas a la mediumnidad grupal, si no hay una convivencia tejida en la confianza y el amor? ¿Qué tipo de preguntas y valoraciones se pueden plantear cuando hay discordia e inestabilidad en las relaciones?

– Entiendo. ¡Los proyectos están abortados! El movimiento está lleno de ellos...

– El Doctor Bezerra, en nombre de Espíritu de la Verdad, nombró a este proyecto esencial Humanización en la Cosecha Espírita. Más importante que el Espiritismo teórico es la urgente necesidad de aplicar sus lecciones éticas. Nada nos detendrá del amor que todos tenemos por la Doctrina, esa fuente inagotable de consuelo y luz, sin embargo el centro de consideraciones de la Doctrina misma es el amor que nos debemos unos a otros. Este es el enfoque esencial.

– ¿Qué es más importante: la "obra de Cristo" o las personas involucradas en ella? – Preguntó Selena.

– ¡Buena pregunta! La obra legítima de Cristo está formada por personas que aprendieron a amarse unos a otros. ¿De qué nos sirve levantar muros, escribir libros, repartir géneros, establecer pactos, si no aprendemos a perdonar, a aceptar las críticas, a gustar a los diferentes, a relacionarnos con los que no son amigables, a disfrutar? relaciones? El trabajo de Jesús, en verdad, se establece en lo íntimo del corazón y se proyecta en los beneficios de la convivencia pacífica y educativa. Sin esto, solo queda movimiento y entrenamiento emocional para el futuro...

– Así que volvamos a la historia que contaste. Y si esos líderes "cuadrados" no tuvieran la sabia directiva de Bezerra, ¿cómo sería el trabajo? ¿Lo destituirían de su puesto aquí en el hospital?

– Hija mía, con el pretexto de amar, no seamos descuidados, y con el pretexto de ser cuidadosos, no seamos individualistas.

– En mi caso tuve que cerrar las puertas a la mediumnidad por culpa de médiums personalistas e innumerables abusos. Es mejor un servicio de calidad que realizar una actividad con desequilibrio. Elegimos hacer bien lo que teníamos los medios para hacer...

- Selena – dijo doña Modesta – sé fiel a la verdad.
¿Elegimos nosotros o elijo yo?

- Sí, es verdad... Fue una elección personal. En el fondo, nadie más estaba de acuerdo...

– ¿Opción o imposición?

– Imposición.

– Imposición personal. Este es el registro en tu registro de reencarnación. Angélica hizo lo que pudo para disuadirte. De hecho, para prevenir abusos son necesarias medidas disciplinarias, pero no exterminadoras ni irreductibles. Deja que se prepare el médium. Interrumpe el intercambio por un rato y luego regresa con más calma y equilibrio. Eso es ideal.

– Y ahora, ¿qué será de "Paulo y Esteban"?

– Nos espera mucho trabajo para "limpiar la zona."

16

El siervo de todos

"No será así entre vosotros; pero el que quiera ser grande entre vosotros debe ser vuestro servidor. Y el que quiera ser el primero entre vosotros, será vuestro servidor."

Mateo, 20:26

– Siento como si la vida física no existiera o fuera demasiado corta. Tus aclaraciones me provocan un profundo estado de frustración. ¡Los méritos que creía poseer parecen estallar como frágiles pompas de jabón!

– ¡Ese no es mi propósito!

– ¡Yo se! Lo sé... pero soy consciente que realmente desperdicié muchas oportunidades...

Al notar la mirada triste de Selena, Doña Modesta reflexionó:

– ¿Quién de nosotros, en la actual etapa de evolución, no sufre de negligencia, de desatención en el uso de las oportunidades y de nuestras capacidades?

– Este enfoque me hace experimentar aun más la sensación que una vida dedicada al Espiritismo no ha añadido nada a mi alma.

– Es un juicio común en las primeras etapas de la desencarnación. Muy pocas personas escapan a esta angustiosa experiencia.

— ¿Tuvo alguna utilidad real la obra doctrinaria? ¿Qué diferencia hay en ser espiritista?

— Esta es una pregunta clásica en nuestra Casa de amor. Somos pacientes complejos. Lo que nos distingue de otros enfermos en los hospitales de la Tierra es el deseo de curación. Consideremos; sin embargo, que esta aspiración superior muchas veces no va más allá del acto de admitir racionalmente nuestras enfermedades. No siempre identificamos de corazón el alcance de las necesidades de mejora. Nuestra virtud consiste en estar sinceramente arrepentido del mal cometido en el pasado. Quien se arrepiente genuinamente fortalecen las intenciones ennoblecedoras. Cuando comenzamos a sentir nuestras necesidades de mejora, las aspiraciones sinceras del alma fluyen como si la presa que las represaba abriera sus compuertas.

— ¡Yo era un líder terrible! ¡Antes no tenía tanta capacidad para ver con perspicacia!

— La perspicacia, hija mía, es una habilidad sumamente útil. El problema es nuestra formación moral, nuestros impulsos.

— ¿Ímpetu?

— Te voy a decir algo personal. Yo era una mujer perspicaz. Traje conmigo este bagaje de inteligencia de varias otras experiencias carnales. Sin embargo, este logro, desprovisto de compasión, facilita la vanidad, tal vez el interés personal. Regido por la tolerancia incondicional y la ausencia de prejuicios, promueve el progreso, rompiendo los densos velos de la ilusión.

— No me das la impresión de ser una mujer perspicaz. Actúa con tanta discreción y sencillez. A las personas perspicaces les encanta destacar.

— Estoy aprendiendo a convertirlo en una virtud.

— ¿De qué forma?

– Cuando la intuición se dosifica con personalismo, se convierte en astucia, arrogancia e instrumento de dominación, características básicas de la arrogancia, y la arrogancia es el rasgo moral más palpable del egoísmo humano. Por otro lado, esta capacidad intelectual fomenta la creatividad, la percepción del futuro y la síntesis que, bajo el lente de la moralidad, promueve el avance. Jesús, dotado de una excelente perspicacia, advirtió a Pedro sobre la negación, advirtió a Judas sobre la traición, puso a la multitud ante su conciencia cuando iban a apedrear al pecador, se dio cuenta de los valores del publicano Zaqueo, considerado ladrón por el pueblo, y se centró en la virtud en Saúl sondeando su alma, amante de los valores espirituales. Gracias a su incomparable compasión, acogió a Pedro ante la culpa, eximiéndolo del juicio, ayudó a Judas en el Umbral del erratismo, guio a la mujer adúltera a no volver a pecar, honró las intenciones de Zaqueo por encima de las convenciones mundanas y convocó a Saúl para el servicio redentor. La intuición sin amor es corrosiva para las relaciones sinceras y los proyectos de espiritualización.

– Perdóneme por mi exabrupto, pero hay ciertas personas que...

– ¿Qué...?

– Si no prestamos mucha atención, se hacen cargo del trabajo y nos dejan atrás. Además, como mujer responsable, traté de cuidar la tarea que me encomendaron, haciéndolo lo mejor que pude.

– ¿Y de quién es el trabajo, hija mía?

– De Cristo.

– Entonces, ¿a qué se debe esta preocupación? Si nos dejan atrás, seguramente Cristo, que conoce nuestras necesidades reales y nuestros escasos valores, no nos dejará. Básicamente, tu actitud refleja el espíritu de competencia, Selena.

– Eso es lo que solía sentir en la gente que me rodeaba.

¡Como si compitieran conmigo todo el tiempo!

Esto me obligó a crear siempre defensas alternativas para mi trabajo.

– ¿Y no competiste con ellos? – Dijo la benefactora con amabilidad en sus palabras.

– ¡De ninguna manera!

– ¡Te equivocas, hija mía! ¡Un grave malentendido de la ilusión humana sigue siendo pertinente para la mayoría de nosotros, seguidores de Jesús!

– ¡¿Equivocación?! ¿Crees quizás que competí en la tarea? – Pretextó Selena, temerosa de lo que escucharía.

– Los discípulos sinceros del mensaje cristiano deben tener abundante humildad para aceptar dentro de sí que, por valientes que sean nuestros esfuerzos en el camino del bien, inevitablemente, debido a reflexiones milenarias, mantenemos todavía un severo espíritu de competencia. A la luz del espíritu inmortal, quienes se declaran alejados de la actitud de arrogancia demuestran ignorancia, o prefieren ignorar hasta qué punto estamos todavía dominados por sus impulsos, que adoptan diferentes máscaras, a saber: arrogancia, autoritarismo, celos, control, terquedad, juicio, apropiación de la verdad y envidia.

– Pero doña Modesta, me encantaban las tareas que hacía. ¿Cómo hablar de competencia?

– El amor que comenzamos a dedicar al bien no es capaz de excluir por completo nuestras tendencias milenarias. La luz y la oscuridad luchan en nuestra intimidad. No olvidemos tampoco, hija mía, que podemos amar las actividades; sin embargo, la competencia realmente ocurre en nuestras relaciones entre nosotros.

– Nunca me imaginé arrogante ni competidor. Nunca me vi de esa manera. Si alguien en la Tierra me dijera eso, nunca lo aceptaría. De hecho, no me siento convencida ni siquiera con tu lúcida explicación.

— Ésta es una de las características psicológicas de esta enfermedad moral. Estamos tan acostumbrados que no sabemos cómo medir sus efectos en nuestras vidas. La arrogancia es el sentimiento más antiguo de la época de la razón, ligado en gran medida en sus orígenes al instinto de posesión. De ahí el impulso de la competencia, ese frío asesino de la fraternidad. De alguna manera, competir es una actitud natural y necesaria para progresar. Sin embargo, bajo la influencia de la vanidad y el orgullo, adquiere rasgos psicopáticos y destructivos. La arrogancia es la valoración excesiva de uno mismo, cuyo reflejo más destacado en la convivencia es la competencia y el juicio.

— ¡Y todavía me dices que morir tiene sus ventajas...! Honestamente no puedo entenderme en esa condición. Mi cabeza acepta lo que dices. Mi corazón; sin embargo, no me dice nada. Me siento distante de esta realidad.

— ¡Selena, querida compañera, tira a la basura tus ilusiones! — expresó con su sabiduría la servidora uberabense.

— ¿Ilusiones...?

— Esta "radiografía moral" nos concierne a todos y no se refiere solo a una existencia, sino a varias. La arrogancia es el rasgo más antiguo de nuestra personalidad derrochadora y rebelde. El servicio de descubrir sus rasgos en nosotros mismos exige a veces dolores severos y experiencias notables en las relaciones humanas.

— ¡Son muchas malas noticias para un día! ¿Es esa alguna manera de tratar a un convaleciente? — Dijo la aprendiz en tono conformista y jocoso.

— Qué bueno es descubrir enfermedades del alma así cuando estamos hospitalizados. Pobres los que lo descubren en los "infiernos" donde hay falta de acogida y desprecio por nuestras legítimas intenciones.

— ¿Crees que debería haber renunciado a mi perspicacia para acertar en más cosas? ¿Ser más discreta, tranquila...?

– Nadie debe renunciar a las habilidades que posee como logros, sino educarlos a la luz del Evangelio. Cuando te dije que era una mujer muy perspicaz, la verdad es que pasé mucho tiempo en las locuras de la arrogancia. Hasta el día de hoy, hay quienes me odian aquí y en la Tierra, debido a mis impulsos no siempre educados.

– ¡¿A ti?!

– ¿Y por qué no? Fracasé en uno de los puntos más cruciales de la arrogancia con el pretexto de estar convencida y decidida.

– ¿Cuál?

– La forma más destructiva de arrogancia es la fascinación que tenemos por las certezas personales, especialmente en relación con las intenciones y la conducta de los demás. En esta etapa, en diferentes personalidades, añade perspicacia, transformándose en intransigencia, terquedad y autoritarismo, a través de manifestaciones de convicciones irreductibles. Los puntos de vista, los prejuicios y cualquier idea definitiva sobre hechos y personas reflejan casi siempre el espíritu enfermizo del orgullo, la necesidad compulsiva que tenemos de sentirnos superiores a alguien. Este alguien podría ser alguien que, de alguna manera, ha tocado nuestros problemas internos y, aunque sea sin querer, nos ha hecho sentir pequeños, frágiles y moralmente desposeídos.

– ¿Por qué actuamos así? – Se expresó Selena, completamente absorta por la exposición y admitiendo su imperfección con sinceridad.

– Porque la esencia de la soberbia en las relaciones humanas consiste en la sutil disputa por demostrar quién es el mayor. Por eso hay que recurrir a la sublime recomendación de Cristo.

Y tomando del Nuevo Testamento leyó: "*Y llegó a Capernaum, y entrando en la casa, les preguntó: ¿Qué discutían en el camino? Se sentó y llamó a los doce y les dijo: Si alguno quiere será el primero, será el último de todos y el servidor de todos. Y tomando a un* niño, lo puso en medio de ellos, y tomándolo en sus brazos, les dijo: "Cualquiera que acoja en mi casa a uno de estos niños nombre me recibe; y el que me recibe, no me recibe a mí, sino al que me envió."[28]

– Parece que seguimos discutiendo entre nosotros, hasta el día de hoy, ¿quién es el más grande, verdad doña Modesta? – Dijo Selena con un claro cambio de humor.

– ¡Ay de nosotros, querida amiga, si no nos damos cuenta que solo hemos dado los primeros pasos de un largo camino hacia el bien! Nuestra soberbia, como una lupa, nos hace sentir "campeones del Evangelio" solo porque comenzamos a dar un nuevo rumbo a las escasas cualidades que poseemos, olvidando nuestra condición de derrochadores milenarios de los bienes celestiales, según la saga del Hijo Pródigo del Evangelio.

– ¡Qué dolor siento en el alma por tu posición! Creo que, igualmente, le fallé a Angélica en este aspecto.

– Mejor así. Es el dolor benigno del bisturí de la verdad, que disecciona las gruesas capas de la ilusión.

– Aunque duela mucho, todavía anhelo saber cómo controlar este monstruo interior.

– *"No será así entre vosotros; Pero el que quiera ser grande entre vosotros debe ser vuestro servidor. Y el que entre vosotros quiera ser el primero, que sea vuestro servidor."* [29] – consultó una vez más el Evangelio.

– ¿Servidor? ¡Qué mal suena esa palabra! Nunca me gustó escucharlo en mis estudios. Para mí fue como ser un felpudo.

– Solo nosotros, que padecemos la enfermedad de la soberbia, nos sentimos mal por esta palabra. Ahí está la solución a

---

[28] Marcos 9:33-37
[29] Mateo, 20:26

nuestros altivos problemas. Pero este es un tema que dejaré para tu meditación. Volveremos sobre este aspecto en su momento.

– Tu discurso me cambió por dentro. ¡No me siento nada bien!

¿Cómo puede molestarte tanto una simple conversación?

– ¡Habla de lo que sientes, Selena!

– Me siento muy indigna del apoyo que he recibido. Una mezcla de desánimo y desesperación se apodera de mi alma. Angustia. Con tanta mediocridad en nuestras acciones, ¿por qué sigues interesada en nosotros? ¿Por qué Eurípides construyó un Hogar para cristianos descarriados con tanta falacia entre nosotros, los espíritas?

- ¡¿Por bondad?! – Dijo molesta.

Porque el ritmo del universo es el amor, en cualquier caso. De bacteria a ángel, el alma de la vida es el amor. La compasión, la misericordia, la tolerancia y la solidaridad son expresiones de la bondad celestial. Juntos constituyen la fuerza atractiva para el progreso. Sin este impulso, ¿cómo podemos avanzar? Los cristianos en busca de la luz de la inmortalidad somos los lirios del pantano, la esperanza de nuevos días. *"Vosotros sois la sal de la tierra y la luz del mundo."*[30] Somos depositarios de elevadas expectativas. Nunca los cumpliremos sin infinitas dosis de tolerancia superior y apoyo espiritual.

– Con tanta soberbia ¿cómo puedes esperar tanto de nosotros? – se lamentó Selena.

– Hija, necesitamos repasar muchos conceptos. En medio del atolladero de la arrogancia, tenemos un logro sin el cual nadie alcanza mejores niveles de evolución.

– ¡¿Un logro?!

---

[30] Mateo, 5:13-14

– El deseo básico o deseo matriz.

– ¿ ? – Selena demostró que no entendía.

– La intención.

– ¿Intención?

– Lo que nos convierte en el blanco de la amorosa complacencia de los planes mayores es la intención. Es nuestro hilo conductor con la energía cósmica del amor. El mecanismo mental del arrepentimiento que lleva a la mente al estado de saturación construye una noble intención. A través de él recibimos la garantía de lo que buscamos en la vida.

– ¿Y qué relación debemos hacer entre nuestra arrogancia y nuestra intención?

– Tenemos intenciones honestas de mejora. Sin embargo, esto no excluye los efectos de la altivez en nuestras actitudes. Con las mejores y más legítimas intenciones de hacer las cosas bien, todavía nos lastimamos unos a otros a través de tropiezos y vergüenzas, que resultan en disensión y dolor que no desearíamos volver a experimentar nunca más.

– Necesito ser franca contigo. ¡Siento un estado íntimo horrible! ¡Una tristeza intensa! No creo que pueda continuar la conversación.

– ¿Qué prevalece en este momento?

– La depresión se apodera de mi corazón. Durante la reencarnación, nunca fui feliz; esperaba mejorar mi estado de ánimo en este plano. Tengo la sensación que no volveré a levantarme de esta cama. En este momento tengo una sensación muy extraña...

– Parece...

– Similar a lo que sentí en nuestra visita al Centro Espírita Paulo y Esteban. Sudor frío, palpitaciones del corazón, ideas inconexas... Parece que dejé de sentir...

– ¡Respira profundo!

Luego de la orientación, doña Modesta, en estado alterado de conciencia, colocó su dedo índice sobre el pecho de Selena, frotando ligeramente en el sentido de las agujas del reloj. El paciente respiraba con cierta dificultad. La frente pálida, los ojos en blanco. Parecía que iba a explotar.

– Ahora, Selena, di lo que se te ocurra.

– ¡No puedo!

– Habla, hija mía. ¡Libérate de esta angustia! – Dijo la benefactora con determinación.

– Odio vivir. Quería morir. Cesar de existir. No creo existir. Lamento haberme metido con el Espiritismo. No lo sé, no creo creer nada de lo que aprendí en la Doctrina.

– Nadie muere.

– ¡Sí, morí, señora! ¡No dudes de mi! No hables de mis sentimientos. ¿O no crees lo que digo? ¿Comenzarán a recibirme mediúmnicamente? Todo lo que necesito es esta hipocresía de la vida para completar mi locura controlada. ¡Pronto cerré las puertas a la mediumnidad!

– Vamos, Selena, habla más. No te andes con rodeos ni te preocupes por lo que vas a decir. ¡Habla!

– Amo demasiado a Angélica para merecer tanto desprecio. Ella no se da cuenta de la gravedad de la situación y sigue recriminándome. Ahora, seguramente tramará un complot contra mí. Nunca más seré recordada en esa casa. Qué odio... Qué odio...

– ¿En relación a qué?

– Sobre todo. Quiero salir de esta cama y no puedo. Nuestra conversación está siendo horrible. No me gustas...

– ¡Habla más!

– Me recuerdas a alguien... Alguien muy malo... Estuviste en esa escena en Francia, lo siento. No sé quién fue... ¡Tengo imágenes horribles en mi cabeza! ¿Qué conexión tienes con el hijo de Catalina? ¡Sé que hay algunas! Entonces eres mi enemiga – Selena cerró los ojos y comenzó a echar espuma por las comisuras de la boca -. ¿Qué quieres con Elise? ¿Te interesa ayudar a Angélica, porque sabes que ella es mi Elise? La odio, doña Modesta, la odio, quítese ya de mi vista, no quiero verla más, váyase... ¡váyase!

Con ayuda de algunas enfermeras, le aplicaron un pase sedante, y la paciente silenció su arrebato, cayendo en una marcada postración psíquica. Doña Modesta, con suma ternura, le limpió la abundante salivación. Entró en un estado de "epilepsia de descarga", un proceso de limpieza de "costras psíquicas", acumuladas en el periespíritu, resultantes de desviaciones afectivas. Calmándose un poco, se recostó en la cama para recomponerse.

– Serás medicada, Selena. No tengas miedo. Esto no te impedirá trabajar, ¡tranquila! ¿Estás sintiéndote mejor?

– Estoy cansada. Como si hubiera estado trabajando durante milenios. ¡Evité las medicinas en la Tierra tanto como pude y ahora me veo obligada a tomarlas! ¿Qué me pasa, señora Modesta? ¿Me he vuelto loca? ¿Qué fue eso?

– Tómalas sin revuelta, hija mía, y agradece tenerlas a tu disposición. Durante un período de dos meses estarás en tratamiento antidepresivo.

– ¡Ay, doña Modesta! Un mal presentimiento está regresando. ¡No me siento nada bien! ¡Una ansiedad por lograrlo mezclada con una pereza por salir de esta cama!

– No te preocupes, esto disminuirá con el tiempo. Toma un poco de esta agua - se ha servido una buena dosis de agua con una efusión del magnetismo de la naturaleza.

Luego de unos momentos sin diálogo, Selena, esforzándose por aprovechar la ocasión, de repente preguntó:

– ¿Por dónde empezar en el futuro?

– ¡Veo que ha mejorado! – Bromeó doña Modesta, que permaneció en oración a la cabeza de la cama. Angélica es nuestra esperanza de cambio. Por otro lado, muchos de los que apoyaron la irreflexiva decisión de cerrar las puertas a la mediumnidad encontrarán fuertes barreras. Son explotados por los opositores que asediaron la casa.

– ¿Quiénes son estos espíritus?

– Son fuertes enemigos de la Doctrina, afiliados al valle del poder.

– ¿Valle del poder?

– En otro momento, dado lo delicado del tema, volveremos sobre este asunto...

– ¿Tanta importancia tiene nuestro pequeño Centro, tan humilde y oscuro, para las tinieblas?

– ¡No hables así, hija mía!

– ¿Qué hemos hecho para atraer esta atención? ¿Cuál es el motivo de este ataque?

– Las razones pueden variar mucho. La base es siempre la misma: detener el progreso. Algunos casos de esta naturaleza, como ocurre en "Paulo y Esteban", se deben a relatos personales de sus directores.

– ¡¿Cómo?!

– Allí hay dos personas con serias deudas que pagar... Los adversarios lo saben al detalle...

– ¡Uno, soy yo, seguro!

– No tengas dudas.

– Y el otro es...

–¡Angélica! – Interrumpió doña Modesta, además que su hija estaba súper protegida en la piel de Elise Pyrré, se asoció con uno de los Medici, del agrado de Catalina, la reina madre. Su trayectoria desembocó en acciones deplorables en la política interesada, bajo el sello de la religión en el siglo XVI.

– Al parecer, todos tenemos cuentas con la malograda "Francia de los Medici..."

– Ciertamente... Los adversarios de la causa espírita conocen bien nuestros rasgos egocéntricos. Actúan excitando el temperamento según nuestras tendencias. La táctica es desacreditarnos unos a otros a través de una serie de actitudes derivadas de la arrogancia, enfriando las relaciones y haciéndonos poco dispuestos a vivir juntos y a confiar. Se crean islas productivas. Centros de trabajo activos que se cierran sobre sí mismos y no se abren para formar un sistema de red, intercambio y solidaridad. Y así la comunidad espírita se encuentra al alcance de las sórdidas y planificadas intenciones del valle del poder...

– ¿Y cómo llegan a nosotros en la práctica?

– Solo alientan una competencia velada, induciendo juicios sobre la vida de otras personas con los que, a través de una "malicia barnizada", buscamos menospreciarnos unos a otros. Surgen así demandas sutiles que erosionan los vínculos afectivos y detonan proyectos laborales. Es un ejemplo típico del mal uso del conocimiento aplicado para denigrar y resaltar deficiencias y desviaciones.

– ¡Qué lamentable! Usted explica y mi mente vuela hacia "Paulo y Esteban." Fui un instrumento del mal sin quererlo. ¿Cómo podemos controlar nuestra arrogancia, Dios mío?

– ¿Alguna vez has notado la arrogancia en alguien?

– En muchas personas.

– Lo que vemos en los demás son reflejos leales de quiénes somos, o pistas seguras que tenemos algo similar dentro de nosotros. Nuestra tarea de educación consiste en disciplinar nuestros impulsos egoístas. Sigue el objetivo hacia mundos mejores en el que: *"el hombre no busca elevarse por encima del hombre, sino por encima de sí mismo, perfeccionándose."*[31]

La conversación transcurría agradablemente entre ambas cuando el profesor Cícero, que hacía sus visitas rutinarias, llamó a la puerta del dormitorio.

– ¡Hola! ¿Cómo está nuestra Selena? – Dijo con cariño.

– ¡Luchando por mejorar y conocer la verdad, profesor!

– Ese es el problema de tener una tutora como doña Modesta – los tres se rieron ante la provocación.

– Qué bueno que llegó, profesor. Ya me estaba retirando a otras tareas y nuestro paciente realmente necesita sus palabras de consuelo. Me conoces bien y sabes que a menudo mi lengua sale de mi boca como un látigo educativo. Tu presencia llega en un buen momento. Volveré cuando pueda, amiga. Cultiva el optimismo, porque la vida te espera con mucho trabajo.

– Gracias, doña Modesta. Que quede claro cuánto amaba sus "latigazos..." ¡Aunque no fueron suficientes para expulsar mi soberbia!

– ¡Oh! ¡Casi se me olvida algo importante! – Doña Modesta regresó como plasmando en las "olas del universo" algo de valor para la ocasión.

– ¿Más latigazos? – Bromeó Selena.

– Solo un recordatorio para que tus meditaciones tengan mayor alcance. Nunca, en ningún momento, a Angélica se le pasó por el corazón o por la mente apoderarse de tu espacio de trabajo. Ella te brinda un enorme cariño y reconocimiento.

– Nuevamente, no sé si me siento aliviada o si me culpo por saber esto.

---

[31] *El Evangelio según el Espiritismo*, capítulo III, ítem 10

– ¡Solo medita, hija mía! Y con respecto a personas similares, ten presente esta enseñanza: salvo rarísimas y honrosas excepciones, solemos traer aquí los juicios que hicimos sobre ellas, los cuales, inevitablemente, se construyen a partir de nuestras propias imperfecciones y de la natural incapacidad para evaluar fielmente a las intenciones de las personas y su particular historia de evolución.

– Sinceramente creo que me equivoqué en gran medida en relación a Angélica.

– No olvidemos que la peor actitud de arrogancia es recoger certezas sobre la vida, sin reciclarlas según el ritmo evolutivo de nuestra humanización. La solución pasa por la capacidad de servir. El que se hace servidor de todos será el más grande en la obra de Cristo.

17

Horizontes mentales

"La creencia en Dios y en la vida futura es; por tanto, la primera condición para moderar el orgullo; sin embargo, no es suficiente. Junto con el futuro, es necesario ver el pasado, tener una idea precisa del presente."

Obras póstumas, egoísmo y orgullo,
Estudio de Allan Kardec.

Tan pronto como la servidora de Cristo se fue, fue la paciente, algo renovada, inició el diálogo.

– Me sorprenden mucho los temas de la mediumnidad. ¿Está al tanto de mi caso?

– Trabajamos en equipo, Selena. El Doctor Inácio, Rosângela, doña Modesta y algunos otros trabajadores estudiaron diligentemente tu expediente incluso antes de llegar aquí. Sabiendo que vendrías aquí, todos nos preparamos para la tarea de guiarte.

– Profesor, una pregunta tonta, ¿no hay nadie que esté bien en este hospital?

– ¿Qué significa estar bien? Quizás aquellos que trabajan por amor entren dentro de esta definición. Nosotros, los demás, los que necesitamos del servicio para crecer y liberarnos en el camino de la experiencia del amor, estamos tratando de estar bien. Será muy bueno que el trabajo sea nuestro principal activo. ¿Estás de acuerdo?

— Es correcto. El Doctor Inácio ya me dijo que debía estar agradecida a Dios por estar en esta casa de amor, considerando la magnitud de mis faltas. Ahora, después de las aclaraciones que recibí, entiendo mejor esta advertencia.

— No consideres tu actitud como una quiebra. Ciertamente podrías haber ido en otra dirección. Esto no corrompió tu conciencia. Fracasaste en la mediumnidad, triunfaste en muchos otros frentes del amor.

— ¿Por qué se le da tanta importancia a la mediumnidad, profesor? ¿No es como cualquier otra tarea?

— ¡No, Selena, no lo es! La mediumnidad, por así decirlo, es el mayor propósito que propone la Doctrina en su aspecto práctico; es decir, romper las líneas de demarcación entre dimensiones, conducir al hombre a la verdad y darle las condiciones para superar el materialismo, este antiguo camino seguido en cinco direcciones.

— A través de él, creamos un vínculo con nuestro destino, ¿es eso?

— ¿De dónde venimos? ¿A dónde vamos? ¿Qué hacemos en la Tierra? Cuestiones famosas que es necesario reconsiderar en sus matices. ¡¿Qué saben los propios espiritistas reencarnados sobre ellos, sino alguna información periférica?! ¿Qué compañero será suficientemente instruido sobre las raíces espirituales de su regreso a la carne? ¿De dónde partieron? ¿Con qué programa? ¿Cuál era su verdadera condición moral y mental antes de su regreso? ¿Qué causas previas les llevaron a pasar por tal o cual estado de erraticidad? ¿Qué información tienen los amigos inscritos en las filas doctrinarias sobre el futuro que les espera en la inmortalidad? ¿Qué pensamientos o probabilidades pueden plantearse sobre su llegada a la vida inmortal? ¿Qué vínculos tienen con el mundo de los espíritus? ¿Quiénes son sus guías, sus espíritus familiares, sus afinidades y sus adversarios? Y, sobre todo, ¿tienen la conciencia tranquila sobre lo que hacen en la Tierra o simplemente imaginan que lo saben?

— Pero ¿la codificación nos dice claramente todo eso?

— Informa principios generales, pero no puede ofrecer las particularidades que son pertinentes a la historia de cada alma, según la trayectoria individual. Esto hace que, en muchos casos, la información obtenida no supere los límites de una inteligencia acostumbrada a apropiarse de nuevas ideas, con sentimiento de presunción. Conocer el pasado, buscar la comprensión espiritual de todos los hechos del presente y hacer proyecciones para el futuro es la lúcida tarea de superar la rutina de la mente, todavía esclava de estrechos horizontes intelectuales, sin el beneficio de la contextualización. Estar informado no garantiza el acto de transformación. Es necesario ir más allá y entender cómo utilizar la cultura espiritual para adquirir conciencia. Tener nociones más verdaderas sobre el pasado comprometedor, que lleva a la gran mayoría de los hombres a vestir la túnica de carne en su experiencia terrenal, es un factor de crecimiento y reeducación, siempre y cuando dicha información tenga como objetivo ampliar la evaluación personal en la dirección de la autoeducación.

— ¡Pero lo que me intriga, profesor, es que los médiums no nos ayudan tanto como deberían...!

— ¡Es verdad! Muchos, teóricamente maduros para el contacto con revelaciones de esta magnitud, no han encontrado la bendita oportunidad de medir ningún hecho concreto sobre su pasado y el alcance de sus necesidades. Se permiten imaginar que son misioneros virtuosos y con grandes compromisos con la santificación de la comunidad. Esto da lugar al sentimiento de superioridad con el que confunden responsabilidades y compromisos con iluminación y elevación espiritual, generando ilusiones que han perjudicado mucho sus tareas y a ellos mismos.

— Y con graves consecuencias para la comunidad...

– Con pocas excepciones, la comunidad espírita absorbe el mal ejemplo de sus líderes, comenzando a crear ídolos con pies de barro. Las tareas para ellos ya no son tan agradables y fructíferas debido al establecimiento de una rigidez jerárquica, distanciando a las personas y desterrando la atmósfera de familiaridad. No en vano encontramos climas hostiles en muchas asociaciones en la que sus líderes asumen la posición de dueños de la verdad y de los hogares, comportándose como excelentes misioneros. Sin embargo, la pérdida más lamentable se produce en el ámbito íntimo, pues se elabora un complejo mecanismo emocional bajo la influencia del orgullo.

Al darse cuenta claramente que Selena no había entendido este tema del orgullo, el profesor explicó:

– Muchas almas, en la tarea de orientación espírita, cuando son sinceras y verdaderamente comprometidas con su deseo de superación, llevan en su interior angustias desgarradoras, por lealtad de conciencia. Luchan por reprimir los impulsos de vanidad y tratan de comprometerse, haciendo lo mejor que pueden. Sin embargo, la lucha interna con sus males les causa innumerables tormentos, porque, ante la comunidad que dirigen, tienen mayor número de deberes y responsabilidades, y es justo esperar el ennoblecimiento de su conducta. En este contexto, ante sus fracasos personales, se instala un proceso despiadado de continuas exigencias, cargando su campo mental con excesivas exigencias para mantener las apariencias. Entonces nacen defensas inconscientes bajo la acción sutil del orgullo. Se imaginan dotados de una grandeza espiritual que les obliga a mantener "posturas directivas." A su dramatismo íntimo se suman todavía los numerosos problemas inherentes a la tarea y, en este torbellino de presiones internas y externas, la criatura es llevada, poco a poco, a desanimarse consigo misma y con la actividad, abriéndose a oportunidad para exploraciones mentales obsesivas que le hagan creer aun más en su supuesta grandeza, o a hundirse en el desánimo. Surge un fuerte campo emocional de dolor y decepción con el que muchos líderes abandonan todo, eligiendo la lamentable postura de los críticos del movimiento espírita para el resto de sus vidas.

– ¿Y cómo podrían ayudarles las revelaciones que surgen de las actividades mediúmnicas?

– Dándoles respuestas satisfactorias a sus angustias. Aclarándoles quiénes son realmente, de dónde vienen, qué misión les incumbe y cuáles son sus necesidades más emergentes. Ampliando sus horizontes mentales para que sus pasos sean más precisos.

El preciso discurso del profesor hizo volar la mente de Selena. Recordó la Casa que regentaba, sus problemas íntimos, Angélica... Comenzó a darse cuenta que nunca intentó comprender, desde esta perspectiva más amplia, los acontecimientos que marcaron su experiencia carnal. Luego se dio cuenta que sus nociones de la vida eran frágiles y egoístas. Visiones superficiales de la mente humana, esclava de la rutina, las convenciones y la adicción al orgullo de pensar que sabemos todo sobre lo que nos rodea.

Al notar la introspección de su compañera, el instructor continuó:

– A medida que el hombre madura espiritualmente, asume, proporcionalmente, su antiguo bagaje. En muchos casos y en ciertos niveles, mantener nociones más avanzadas sobre la trayectoria espiritual favorece el progreso del espíritu. No se trata de defender una actitud frívola e irrazonable; consultar el pasado por pura curiosidad. Es importante ampliar las concepciones sobre sus necesidades y valores para poder juzgar más eficazmente los orígenes de muchos males y utilizar mejor sus capacidades desde una perspectiva más amplia y consciente. El codificador dejó clara esta cuestión en una de sus sabias palabras cuando afirmó: "La creencia en Dios y en la vida futura es, por tanto, la primera condición para moderar el orgullo; sin embargo, no es suficiente. Junto con el futuro, es necesario ver el pasado para tener una idea precisa del presente."[32]

– Sin embargo, me parece que esta no es la realidad de nuestra comunidad... – se lamentó Selena.

– El movimiento humano, en torno a ideas espíritas, ha alcanzado grandes logros y victorias, aunque esté en sus inicios... Su mayoría de edad se alcanzará después del tercer período de setenta años de su existencia. En el inicio del siglo XXI tendremos cambios rápidos protagonizados por la tercera generación de espíritas, llamada por Bezerra de Menezes como la generación solidaria. Tenemos mucho trabajo que hacer en materia doctrinaria. Necesitamos urgentemente lanzar un proceso de formación de frentes de servicios productivos basados en relaciones inter mundiales. Solo entonces resonaremos en el corazón del servidor espírita para que sus horizontes se llenen de entusiasmo. Necesitas ver más allá de ti misma para evitar el contagio del desánimo o el atractivo de la acomodación. Debido a estas medidas que exigirán mucho de nuestro plan, Selena, vine a extenderte una invitación.

– ¡¿Invitación?!

– Mañana tendremos otra de nuestras habituales reuniones de preparación para los servicios de intercesión. Tu presencia sería muy valiosa. Tu bagaje de conocimientos sobre las cuestiones espirituales de la existencia carnal se amplió enormemente. La información sin trabajo es un camino hacia la enfermedad.

– ¡Tienes una habilidad extrema para leer el mundo íntimo! No veo la hora de hacer algo más concreto para esta casa o para "Paulo y Esteban." ¿Podré hacerlo?

---

[32] Kardec, Allan. *Obras Póstumas*. Egoísmo y orgullo

– No tengas dudas, hija mía. ¡No tengas dudas! Te estaré esperando para nuestra reunión. Allí conocerás a algunos amigos. Dios te bendiga y nos vemos mañana.

– ¡Gracias profesor! Que él también lo bendiga.

Solo una pregunta: ¿qué estudiaremos mañana?

– Haremos algunas aclaraciones sobre el Hospital Esperanza.

– ¡Que bueno! Tengo mucha curiosidad sobre el tema. Voy a estar allí.

18

Trabajo de amor

"¿Por qué signos se puede reconocer una civilización completa? La reconocerán por su desarrollo moral."

El Libro de los Espíritus, número 793.

En la mañana del día siguiente, Selena, respondiendo a la invitación del profesor, se preparó para la ocasión. Su rostro todavía demacrado mostraba signos de tristeza por las recientes decepciones.

Al llegar a la puerta de la sala de reuniones, una grata sorpresa para su corazón sufriente: Marcondes le devuelve el ramo de azucenas a nombre de Eurípides.

– ¡Marcondes! ¡Qué bendición inmerecida! – Dijo con los ojos llorosos.

– Me alegro de haber sido el transportista. Correspondo a tu generosidad de antaño.

– ¡Dios mío! ¡Yo no lo merezco! ¿Y cómo estás? – Preguntó con la voz entrecortada por la emoción.

– Todavía siento algo de dolor abdominal. A pesar de ello, en lo privado, mejoro cada día.

Pronto, todos fueron convocados por cariñosos asistentes para comenzar la actividad. Había medio centenar de internos en condiciones razonables de recuperación. Todos los espiritistas dispuestos en forma circular, el profesor inició su explicación con una amplia sonrisa:

– Amigos, Dios nos guarde en paz. Nuestro encuentro tiene como objetivo aportar más detalles sobre esta Casa. Después de semanas de hospitalización, sus registros informan mejoras auspiciosas en su condición. Aunque muchos están alojados en pabellones diferentes, comparten algunas predisposiciones a la colaboración. Estamos contentos con esta actitud considerando la magnitud de nuestras tareas. Hagamos una oración y comencemos.

Después de una oración, realizada con incomparable ternura por uno de los servidores presentes, el profesor comenzó su explicación:

– El Hospital Esperanza es una obra de amor, construida en el plano espiritual por Eurípedes Barsanulfo, cuyo objetivo es brindar refugio y orientación a los seguidores de Cristo, que no pudieron o no quisieron comprometerse a vivir su mensaje de amor. Son las almas más fácilmente atraídas a las profundidades del mal debido a la disputa entre el genio del mal y Cristo. Los mentores de lo más Alto que respaldaron el proyecto fueron Agustín de Hipona y Juan Evangelista, entre otros miembros del Equipo del Espíritu de la Verdad. Bajo un llamado directo de Cristo, Eurípides fue llamado, de antemano, en su gloriosa reencarnación, a construir este puerto de pacificación para las almas atormentadas por el arrepentimiento tardío ante las aclaraciones del Evangelio.

Al activar un control remoto, apareció un proyector holográfico que se ubicó justo en el centro de la habitación. Un toque más y produjo una imagen global del Hospital, inclinado en un ángulo de cuarenta y cinco grados, que giraba lentamente. Parecía un modelo de cuatro dimensiones con un nivel de realidad sorprendente, ya que había movimiento, color, perspectiva perfecta y exponía los límites entre la atmósfera física y espiritual.

– ¡Miren esta imagen! Es la forma del Hospital, visto desde arriba. Se parece a una veleta con cinco hélices. Es un homenaje de Eurípides a nuestra galaxia. Cada hélice es un pabellón. En el centro tenemos este vitral en forma de cúpula, similar a las mezquitas, que es la parte más noble y en la que nos comunicamos con las esferas más altas. Los pabellones se dividen según la naturaleza de las necesidades de sus internos. Todos los aquí presentes estamos vinculados al pabellón de Judas Iscariote, coordinado por doña María Modesto Cravo, a quien ya conocen bien. Bajo la tutela de Judas Iscariote, el Doctor Bezerra de Menezes inició las actividades de este pabellón en la década de los cuarenta. Judas es el protector de los cristianos visionarios, como nosotros, que ven demasiado las necesidades del mundo, pero casi siempre retrasan nuestra propia liberación.

Los presentes observaron con profunda atención. Manteniendo el mismo ángulo y abriendo un poco más el diámetro de la imagen, empezaron a aparecer nuevas dependencias. Jardines colgantes, zonas naturales alrededor del edificio... Ahora parecía una pequeña ciudad que se extendía hasta las colmenas o los barrios vecinos. Una vista aérea y panorámica.

– Nótese que, concretamente, entre dos de estos cinco pabellones, dos pasillos parten del centro del sótano. Tengan en cuenta que la forma ahora nos recuerda a un molino con sus aspas girando y sus varillas de soporte como estos dos corredores. Pronto les mostraré más detalles, en otra imagen, desde una nueva perspectiva. Estos corredores son los portales de entrada y salida a otras dimensiones. Alcanzan ciento veinte metros de longitud cada uno. El pasillo de entrada es el Portal de Acceso – El profesor Cícero resaltó esta parte del edificio con una luz amarilla -. El otro corredor, la salida, es el Portal Dimensional. Las salas restringidas, las salas para espíritus en estado grave y pacientes circunstanciales, las prisiones, están en ese Portal de Acceso. Estos pasillos, que son los "pies del molino", se sitúan en las dos plantas sótano.

El profesor colocó la imagen en la posición que querían los alumnos. Algunos se levantaron de sus sillas y se acercaron a la exuberancia de la proyección. En la holografía se podía percibir claramente a las personas que se movían, como si en realidad la imagen se estuviera filmando simultáneamente con la presentación. Cambiando el ángulo de enfoque, continuó diciendo:

– Ahora miremos en línea horizontal como si estuviéramos ingresando por la entrada. Tengan en cuenta que hay cinco pisos en los cinco pabellones - y la holografía giró como si diera una vuelta completa, yendo horizontalmente alrededor del Hospital -. Debajo de este nivel tenemos el Sótano 01 y el Sótano 02, totalizando siete pisos en cada uno de los cinco brazos. En los subsuelos existe una mayor conexión con las regiones abisales y con la propia Tierra. Una cortina vibrante, que por ahora dejaremos de explicar, separa estos niveles dimensionales sin por ello dejar de ser parte de una misma obra. Observen aquí en el vestíbulo de entrada: la proporción de la imagen enfocada ha aumentado. Esta es una réplica a tamaño real de la Casa del Camino. Tenemos a Pedro, Pablo y otros apóstoles reproducidos en sus imágenes naturales y reales, recopiladas de archivos en dimensiones superiores y esculpidas por artistas de nuestra Casa. Además de la réplica, quien visite el lugar podrá escuchar, mediante clariaudiencia en el tiempo, los diálogos de los primeros aprendices de Cristo. Es un verdadero templo de meditación y recogimiento. Ahora, presten atención al versículo grabado en la entrada, narrado en Juan, capítulo trece, versículo treinta y cinco que dice: *"En esto conocerán todos que sois mis discípulos, si os amáis unos a otros."*

Cuanto más se mostraba, más encantados quedaban los participantes en completo silencio, aunque sus mentes estaban llenas de preguntas. La exposición duró casi cincuenta minutos. Muchas otras dependencias formaron parte de la muestra. Una vez finalizado el discurso, el profesor se puso a disposición del diálogo y el debate durante otros cuarenta minutos. Fue Marcondes quien se sobresaltó preguntando:

– ¿Es posible ubicar el Hospital en relación con la geografía de la Tierra?

– La "Casa de Eurípides", en sus orígenes, está íntimamente ligada a la historia del Sanatorio Espírita Uberabense, fundado por la familia de María Modesto Cravo. El Hospital Esperanza forma parte de la planificación del Espíritu de la Verdad para transportar el árbol del Evangelio a Brasil. Poco después de sentar las bases de la Doctrina en el corazón de la Francia positivista, el Espíritu de la Verdad trajo las semillas doctrinarias a este rincón que, en aquel momento, ya estaba predestinado, hace casi cuatrocientos años, a convertirse en el granero del mensaje cristiano a la luz de la inmortalidad. Eurípides reencarnó en 1880, dejando un proyecto en marcha en su vida espiritual, que incluía a doña Modesta y a un inmenso número de almas. En 1899, doña Modesta volvió al cuerpo. En su juventud conoce al apóstol de Sacramento. Ella es curada por él y recupera el compromiso asumido. Eurípedes volvió a la vida espiritual en 1918 para continuar su proyecto, y doña Modesta se comprometió a construir el polo de conexión terrenal con el trabajo ya iniciado en el mundo espiritual y, temporalmente, bajo la tutela del Doctor Bezerra de Menezes, desencarnado el once Abril de 1900. El Sanatorio Espírita Uberabense fue inaugurado el 31 de diciembre de 1933. En la errática situación, Eurípedes sembró las semillas del Hospital Esperanza en la década de 1930. El entrelazamiento de estos centros de amor y redención fue cada día más estrecho, hasta el punto de convertirse en el primer centro avanzado de conexión entre el Hospital Esperanza y la Tierra.

– Profesor – pidió la palabra un trabajador del estado de Amazonas: ¿por qué el nombre Hospital Esperanza?

– Por el momento expiatorio de la Tierra. Quien sufre, enferma psíquicamente, los sueños se desvanecen, las emociones se congelan. Solo la esperanza es capaz de encender en el alma el deseo de subir los peldaños del camino humanizador, ante los crueles golpes del dolor. La transposición de los ciclos expiatorio y probatorio para la regeneración significa, evolutivamente, una "escisión de reinos." Y la saga del hombre, asumiendo su etapa humanizadora, dejando atrás el viejo bagaje enfermizo del instinto y el egoísmo. Es imposible realizar tal cambio sin sufrimiento y desolación. El razonamiento es solo una faceta del logro humano. Mientras el hombre no sea educado para amar, no podrá ser considerado un "ser humano." En este sentido, Allan Kardec recibió una lección incomparable de las huestes celestiales con estas palabras:

"Sin embargo, no tendrás realmente derecho a llamarte civilizado a menos que hayas desterrado de tu sociedad los vicios que deshonra y cuando vivís como hermanos, practicando la caridad cristiana. Hasta entonces, solo seréis personas iluminadas, que habéis pasado por la primera fase de la civilización."[33]

— ¿Estás diciendo que todavía no nos hemos humanizado? — Replicó el mismo participante.

— Desde la perspectiva de la evolución universal, humanizar significa aprender a vivir integrados en la obra del Creador. Y, para miles de millones de almas, en este momento de dolor en las sociedades terrestres, vivir es lo mismo que llevar una pesada carga; la carga de ser consciente de uno mismo. Si vivir ya es un tormento para muchos, imagínense hasta dónde tendremos que avanzar para integrarnos con las Leyes Naturales.

— Tal como lo dices, parece que la Tierra está más atrás de lo que podemos imaginar. ¿Podríamos estar en el reino animal?

— ¡Casi eso, hermano mío! Solo perdiendo el cuerpo se puede evaluar con precisión la naturaleza de los problemas

---

[33] *El Libro de los Espíritus*, pregunta 793.

terrenales. Esta es la razón por la que nosotros, los desencarnados, llevamos el corazón lleno de gratitud en situaciones donde el hombre encarnado solo ve desgracia.

— Profesor — pidió la palabra un trabajador de Londrina — ¿por qué los seguidores de Cristo son las almas más atraídas por las falanges? ¿No debería ser al revés; es decir, deberían ser los más protegidos del esfuerzo y la devoción en las filas de la caridad?

— Son los más seducidos porque, salvo raras excepciones, emergen con una culpa inconfesable. Los espíritus reencarnados necesitan rectificar mucho sus conceptos sobre lo que significa ser cristiano. En las comunidades doctrinarias se está difundiendo una cultura peligrosa, cuyo núcleo es la idea falsa de lo que significa ser espírita. Casi siempre, este concepto exige espectáculos de grandeza moral que son inaccesibles a la abrumadora mayoría de los discípulos de la doctrina. Para satisfacer esta expectativa estimulada por la cultura espírita, hombres y mujeres adoptan comportamientos mojigatos y artificiales, cuando lo que más necesitamos en este momento es sinceridad para mostrarnos tal como somos y humildad para iniciar el auténtico servicio de renovación. El hombre se engaña a sí mismo y luego la muerte lo devuelve a su conciencia. Es así como, al salir del cuerpo con el plomo de la culpa, éste es arrastrado hacia abajo y se hunde en tormentas que constituyen tapones automáticos con las sociedades inferiores.

— ¿Y dónde está el apoyo?

— Esta es la pregunta más común que escuchamos por aquí. Sin menospreciar su formulación, refleja la puerilidad de la visión de quienes desconocen el alcance de los servicios de la divina providencia. La bondad del Altísimo nunca deja de extender bendiciones incluso a los esclavos de la perversidad, y mucho menos a los devotos del bien. Sin embargo, mucha ilusión impregna la visión de nuestros correligionarios espíritas a este respecto. Se imaginan exentos de luchas después de la muerte, únicamente debido a la extensa hoja de servicio proporcionada en las tareas. Incluso el amor celestial, para ser bien recibido, requiere educación interior, de lo contrario puede ser una interferencia desafortunada en las necesidades de aprendizaje de muchas almas. Ya rescatamos a compañeros espíritas en lamentables estados de locura fuera del cuerpo, nos ocupamos de sus necesidades inmediatas y, cuando fueron llamados a servir y mejorar, huyeron como locos hacia los Portales de Salida, hacia sus plantaciones. Tenían el Espiritismo en el cerebro y el corazón detrás de ellos. Para nosotros, que nos hemos acostumbrado al autoconocimiento fuera de los cinco sentidos, el concepto de ser espírita involucra este parámetro: el corazón que late ininterrumpidamente en busca de la luz. Esto es suficiente para que el apoyo, en cualquier instancia, sea efectivo sin ser cómplice.

– ¿Cómo define usted esto, profesor: "un corazón que late sin parar en busca de luz"? – Insistió el mismo hermano con curiosidad.

– Son aquellos que nunca renuncian a mejorar.

– ¡¿Solo eso?!

– Hermano mío, para las almas que hacen un "reino dividido" como nosotros, eso es todo, siempre y cuando sea sincero; proveniente de lo más profundo del alma. El deseo de superación es quizás la cualidad más evidente en nuestra etapa evolutiva, pues significa que estamos cansados del mal, del estancamiento. De ahí vendrá todo lo demás; es decir, el progreso, el abandono de las adicciones y, en definitiva, la victoria interior. Mientras tanto, nuestros hermanos de cosecha, casi siempre llenos de poca tolerancia y compasión, esperan más de los demás de lo que pueden ofrecer, creando desaliento y puritanismo totalmente innecesarios. El deseo de superación es el efecto de un largo camino de maduración espiritual.

Quien lo tiene sin artificialidad va al Padre, nadie lo improvisa de un momento a otro.

La reunión continuó como una oportunidad invaluable para la clarificación y la introspección. Un caballero se paró cerca de la imagen proyectada y señaló, preguntando:

– Noté que estos pasillos debajo del nivel del suelo son más oscuros. ¿Cuál es la razón?

– Como dije antes, son eslabones de dimensiones inferiores. Hay instalaciones para casos más graves, incluidas celdas. Hay algunas historias de rescate en las que sería imprudente colocar a algunos pacientes en la intimidad de los pabellones. En los llamados Portales de Acceso – y volvió a manejar la imagen proyectada que comenzaba a mostrar en detalle la narrativa –, como pueden ver, tenemos estas salas, justo en la entrada, en el límite entre las regiones inferiores y los límites del hospital. Bajo intensa vigilancia y cuidados muy especiales, son alojamientos adecuados para valorar la posibilidad real de hospitalización, o esperar a que los enfermos se recuperen para su posterior traslado a otras organizaciones dentro de nuestro plano.

– ¿Se producen abandonos? ¿No querer ser internado?

– No siempre es rendirse, sino magnetizar. Leyes que gobiernan quedan por encima de nuestras posibilidades de acción. Leyes que determinan la posición de cada uno de nosotros en la Obra de la Creación. Son historias tristes; sin embargo, aunque estén regadas por la misericordia, no conocemos ninguna que escape a la Ley que determina: *a cada uno según sus obras*.[34]

– Cuando mostraste los portales, dijiste que allí se atienden pacientes circunstanciales. ¿Quiénes son ellos?

– Son los indefensos los que piden ayuda. Personas desafortunadas que quedaron atrapadas en trampas o peleas.

---

[34] Apocalipsis, 20:12.

Corazones caídos por adicción. Madres angustiadas. Niños desconcertados. Padres preocupados. Criaturas heridas, accidentadas o maltratadas. En definitiva, no hay forma de describir tanta penuria y agitación en las zonas de interacción con las regiones inferiores. En los portales tenemos un verdadero centro público de caridad muy similar a la sala de emergencias de la Tierra. Allí llegan casos graves. Gran parte de esto es temporal. Algunos vienen en busca de una barra de pan, sienten hambre, frío y están locos. Algunos resultaron heridos; inconsciente, otros. La sangre, el dolor y la carencia se mezclan con las peticiones de ayuda para otros que están atrapados en trampas, atrapados entre la multitud en el camino. Allí recibimos todo tipo de tormentas humanas. Sin embargo, muy pocos recibirán toda la atención que piden, dadas sus intenciones de mirar hacia abajo. No quieren quedarse en el hospital, pero les gustaría que vayamos donde hacen sus prácticas. Así, como entre los encarnados, hay aquí mucha inmediatez y un interés particular.

– ¿No hay defensas en esa parte?

– Es una huella espiritual de innumerables luchas que, por ahora, me abstendré de exponerlas. Hay quienes imaginan a los benefactores del Más Allá, dirigiendo un hospital como éste detrás de un escritorio, dictando reglas y opiniones. Es en este lugar único del hospital donde encontramos a nuestro director, Eurípedes Barsanulfo, durante la mayor parte de su jornada laboral. Cuando el amor del venerado apóstol no es absorbido por los verdugos y atormentados, entran en juego las defensas de la justicia, que determinan acciones valientes para extinguir el mal que azota. La bondad no excluye el orden. Nuestra Casa cuenta con excelentes estrategas en este sentido para que el mal calculado no invalide los planes de rescate del amor.

– ¿Puedo preguntar? – Preguntó un cooperante del Triángulo Mineiro.

– Todavía tenemos unos minutos para dos preguntas más.

– Había oído hablar de este hospital a través de Chico Xavier en 1980, pero no imaginaba la magnitud de esta obra. Me gustaría saber cuántos internos tiene el hospital y si todos son espiritistas.

– Cada brazo - o pabellón -, alberga aproximadamente dos mil camas, totalizando un flujo de diez mil hospitalizaciones rotativas en los cinco pabellones. Además, tenemos casos clandestinos que, en tiempos de aglomeración, suman casi cinco mil historias diferentes, que no siempre resultan en hospitalizaciones. El Hospital Esperanza, después de setenta años de actividad, se ha convertido en una referencia mundial como puesto avanzado de ayuda en condiciones erráticas. Las comunidades de todo el mundo, guiadas o no por el mensaje de Jesús, confían en sus oficios. Hoy contamos con miles de camas indirectas distribuidas en pabellones y centros improvisados, junto con innumerables entidades de amor en la Tierra, bajo la guía y apoyo de esta Casa. Muchos Centros Espíritas forman parte de este conglomerado de ayuda y recuperación, aunque contamos, en este campo, con diversas organizaciones cristianas de otras denominaciones en actividad ejemplar. Cada pabellón atiende necesidades específicas e intentamos agrupar a los pacientes según afinidad de pensamientos y necesidades. Inicialmente, esto nos facilita la prestación de asistencia. Hay pabellones para evangélicos, católicos, etc. Así como tenemos este pabellón de Judas Iscariote, destinado a los líderes cristianos, especialmente a los espiritistas, tenemos sectores para la Umbanda y algunas otras denominaciones cristianas.

– ¿Por qué terminé aquí? – Preguntó finalmente Selena a quemarropa, dando a entender que estaba divagando en profundas reflexiones personales -. Por mi edad, cuando estaba en el cuerpo, el hospital ni siquiera había sido fundado o estaba en sus inicios. Entonces, ¿sabré de dónde vengo realmente? ¿Están programadas reencarnaciones aquí en el hospital?

– Aunque no es un servicio prioritario en el hospital, ya se han diseñado y ejecutado íntegramente alrededor de mil quinientas reencarnaciones en un sector adecuado; sin olvidar los miles de casos en los que hubo participación en derivaciones a otros centros especializados en el renacimiento carnal. Todos ustedes, que ya han tenido selección previa por parte de los técnicos para conocer en el momento oportuno la información relevante a sus necesidades actuales, tendrán libre acceso a sus archivos de reencarnación. En nuestra biblioteca existe un departamento dedicado a este fin. Será en este lugar, Selena, donde obtendrás muchas respuestas a viejas preguntas formuladas en el silencio del alma. El Hospital Esperanza, se puede decir, es una gran sala de urgencias y un centro preparatorio para casos específicos de seguidores del mensaje cristiano.

– ¿Puedo hacerle una última pregunta, profesor? – Preguntó Marcondes.

– Que sea el último para mantener nuestro horario.

– ¿Qué razones habría para un pabellón únicamente para líderes cristianos como en el que nos encontramos?

– El pabellón de dirigentes es una de las tareas más exigentes de toda esta labor de amor. Las necesidades de los líderes cristianos exigieron una mayor proporción de servicios especializados, estableciendo actividades singulares. Somos los intérpretes del mensaje cristiano, los que más lo comprendemos a través del razonamiento, al mismo tiempo que somos los que menos lo sentimos en el pulso de las actitudes. Esta condición determinó nosologías muy diferentes para quienes se inspiran en las palabras de Cristo. De hecho, nuestra historia refleja un camino particular, de un grupo espiritual con personajes psíquicos pertenecientes a ciertas clases de exiliados de Capela. Un tema complejo que, en su momento, será objeto de estudio de cada persona, según sus aspiraciones. En rigor, nosotros, líderes cristianos de cualquier denominación religiosa, somos espíritus con necesidades complejas en el campo del sentimiento. Amamos el mensaje cristiano, nos toca profundamente, sin embargo todavía estamos dominados por viejos trucos de la vida mental, cuyos registros se pierden en la noche de los tiempos...

El profesor interrumpió la actividad puntualmente a la hora prevista. Oró en agradecimiento y salió brevemente para hacer otras cosas, dejando a todos los presentes con un deseo incontrolable de indagar y conocer otros matices. Como educador, sabía que esta curiosidad sería sumamente beneficiosa en los próximos días de ese grupo de aprendices. El resultado se pudo percibir de inmediato, pues todos permanecieron en la sala intercambiando impresiones entre sí sobre lo que cada uno sabía además de lo que había sido expuesto.

19

Ala restringida

"Se levantarán falsos cristos y falsos profetas y harán grandes maravillas y cosas asombrosas; hasta el punto de seducir a los elegidos."

El Evangelio según el Espiritismo, capítulo XXI, ítem 5.

En un tiempo comparativo al de la Tierra, Marcondes y Selena vivieron todas las experiencias narradas hasta ahora, en menos de sesenta días. Aprendieron más sobre la vida espiritual en unas pocas semanas que en toda su vida física. Manteniendo una alegría espontánea en la convivencia con sus supervisores, todavía no mostraban la misma disposición con sus compañeros de barrio. A pesar de ser corteses, sus diálogos no dejaban de ser superficiales y albergaban disgusto hacia los internos, hecho que intentaban ocultar como si estuvieran en un lugar inadecuado. Buscaron a alguien que compartiera sus puntos de vista como siempre. El líder de Goiás y el líder de Minas Gerais todavía traían en su conducta arrogancia e impetuosidad, calumnias y competencia: paja mental cultivada en décadas de descuido en los servicios doctrinarios, bajo ilusiones de orgullo, que reflejaban milenios de perdición.

A pesar de las imperfecciones, nuestros amigos iniciaron el doloroso proceso de desilusión y búsqueda de la realidad. Marcondes comenzó a evaluar el alcance de su conducta arrogante en su recién terminada existencia. Selena empezó a conectar el dolor de una "depresión soportable" con sus actitudes controladoras. Los horizontes mentales se ampliaron. Nuevos sentimientos brotaban como flores que querían embellecer la creación.

El tesoro más valioso que puede tener un alma después de la muerte es saber medir los reflejos de sus actitudes en la intimidad. Nuestros hermanos son ejemplo de trabajadores de última hora que se desempeñaron satisfactoriamente. Sin embargo, por descuidos propios de un viaje lleno de luchas por ganar, ambos se rindieron a la prueba de la negligencia.

La bondad que sembraron les quitó el dolor de su caída consciente. Las intenciones que cultivaron los liberaron de las cadenas del infierno. Para el siervo de Jesús, victorias similares son expresiones claras del deber que debe cumplir. El Señor de la Viña; sin embargo, propuso una contribución que iba más allá de nuestra obligación. *"Al que te pida el vestido, dale también el manto, al que quiera mil millas, camine dos mil, al que te golpee en la mejilla, ofrécele la otra."*[35] Además de la obligación, nos espera el sacrificio. Además de la justicia, nos espera el amor.

Ningún bien disperso deja de bendecir nuestro camino. Solo el amor aplicado apacigua al alma en los caminos de la perfección, iluminando a la criatura desde dentro. Servir, servir y servir. Trabaja sin cesar. Éstas son indicaciones seguras de equilibrio, liberación y paz después de la muerte.

Marcondes y Selena cosecharon los frutos de la merecida oportunidad de apoyo y orientación. Sin embargo, sus corazones sangraron de angustia al experimentar el efecto más lamentable de la negligencia; es decir, la sensación de tiempo perdido o mal utilizado. Las primeras decepciones narradas hasta ahora constituyeron una demostración tácita que la vida nos devuelve, a nosotros mismos, después de la muerte física.

---

[35] Mateo, 5:39-40.

Que el trabajador de Jesús repiense sus caminos, sus hábitos y sus propuestas de vida. Un gran desafío de desapego y disciplina se presenta a quienes desean seguir al Maestro.

No basta con evitar el mal del que apenas ahora empezamos a desprendernos. Es fundamental ir más allá y crear todo el bien posible en el camino. ¿Cómo podemos establecer una conducta similar sin revisar nuestra participación personal en la obra de Cristo?

Después de este período de adaptación, nuestros dos personajes iniciaron un nuevo esfuerzo moral. En el servicio redentor les esperaban mayores vuelos de espiritualización. Los diálogos instructivos con el personal del hospital, además de los contactos fructíferos con varios internos de las salas en las que se encontraban, espiritistas y cristianos de diferentes tendencias, les brindaron una enorme cantidad de perspectivas.

Estaba claro: la erraticidad es tiempo de cosecha. Después de sembrar la vida corporal, es hora de evaluar la realidad de las elecciones. El regreso de Selena al ambiente de las tareas doctrinarias y la cirugía de Marcondes atestiguaron los impecables resultados de sus actitudes durante la reencarnación. Ambos necesitaban la misericordia celestial.

Había llegado el momento de profundizar en sus dramas, de ampliar la visión de los efectos de su trayectoria en quienes compartieron su camino.

Para evitar dolores mayores, la enseñanza del amor prescribe el trabajo edificante como medida insustituible. Nuestros amigos fueron invitados a conocer de cerca a los seguidores de Jesús, sumidos en desvíos lamentables. Ante la tormenta de los demás, medirían con mayor precisión sus propios logros. Conociendo los graves casos de arrepentimiento tardío, percibirían horizontes más amplios en cuanto al camino humano en la incesante superación de sí mismos.

Selena fue invitada a pasar unas semanas fuera del Hospital Esperanza, en un magnífico centro educativo coordinado por Odilón Fernandes.[36] Un lugar donde retomaría su tema olvidado, la mediumnidad con Jesús.

Marcondes, a su vez, trasladó su estancia a otras alas del pabellón de Judas Iscariote. En cumplimiento del pedido de Eurípedes, quedaría totalmente bajo el cuidado de doña Modesta y de don Inácio, como asistente directo de ambos.

– ¿Satisfecho con tu nuevo hogar? – Preguntó, irónicamente, el Doctor Inácio.

– Satisfecho, no tanto. Yo diría que me siento como en casa.

– ¡Te sobrarán motivos para estar satisfecho, puede que estés bien!

– ¿Cuándo comenzarán las visitas? ¿Tendré que hacer algún curso?

– Empezarás ahora. El curso serán visitas. Comenzaremos visitando a Jandira, bajo tierra.

– ¿Doña Modesta no vendrá con nosotros?

– Modesta está muy ocupada en este momento. ¡Vamos!

En la planta baja se encontraba Marcondes, donde se ubicaba la administración general de ese pabellón. Fueron al ascensor, bajaron.

Se dirigieron al sótano 01, ubicación solo permitida con autorización de los responsables debido a la gravedad de los casos. Al pasar por los puestos de enfermería fraternos, el Doctor Inácio y el asistente fueron recibidos con alegría. Los pasillos tenían una luz más tenue. Al llegar al ala de destino, un letrero encima de la puerta

---

[36] Odilón Fernandes fue un trabajador ejemplar en la ciudad de Uberaba, Minas Gerais. La entidad bajo su supervisión en la vida espiritual se llama "Liceo de Mediumnidad."

decía ala restringida. Veinte habitaciones, diez a cada lado, y una enfermería colectiva al final del pasillo. Algunos pacientes caminaban mudos y con los ojos en blanco. Muchas enfermeras, en plena tarea, pasaban junto a los dos con pacientes en camillas. En algunas habitaciones se escuchaban gritos estridentes. Marcondes parecía tenso.

– ¿Asustado, Marcondes?

– Nunca me gustaron mucho los hospitales psiquiátricos.

– No es un hospital psiquiátrico. Es una sala de recuperación mental.

– ¿Y cuál es la diferencia?

– Pasé mi vida en un hospital psiquiátrico y nunca había visto un ritmo de recuperación como el que ocurre aquí.

– ¿Por el método?

– ¡Sin duda! Ahí radica la diferencia.

– ¿Qué método se utiliza?

– La terapia de amor.

Los dos caminaron, hasta que una mujer bajita se les acercó. Bien peinada y con la mirada fija, se acercó a Marcondes con los brazos cruzados. De vez en cuando se ponía el dedo índice en los labios como si estuviera esparciendo una sustancia y nuevamente se cruzaba de brazos. Acercándose, dijo:

– Sé tu nombre.

– ¡¿Es cierto?! – Dijo Marcondes en tono de lástima por el estado del paciente.

– ¡Habla con ella! – Lo animó el Doctor Inácio.

– ¿Cuál es tu nombre?

– Jandira. Jandira Alves de Assumpção. Encantada de conocerte, señor Marcondes de Faria.

– ¿Cómo sabe mi nombre, Doctor?

- Pregúntale a ella - respondió el médico.

– ¿Me conoces de algún lado, Jandira?

– Conozco el tiempo universal y el espacio que lo separa.

– ¡Creo que no entendí! – Exclamó el líder, algo avergonzado.

– Marcondes – interrumpió el Doctor Inácio – quédate con ella unos minutos. Estaré allí mismo – y señaló el poste cercano.

– Ven a mi cuarto. Te contaré algunas historias – invitó Jandira.

– ¿Puedo, Doctor? – Preguntó el visitante.

– Ve con ella. No tengas miedo.

La habitación de Jandira era la número seis. La puerta abierta era señal que hacía un buen día. La sala confinó a los pacientes en condiciones severas y no todos podían tener toda la libertad deseada. Mirando a través de la puerta para comprobar si nadie escucharía la conversación, susurró:

– Leo pensamientos y necesito advertirte sobre lo que sucede en este lugar.

– ¡Puedes hablar!

– Quedé atrapada en cuevas y descubrí cosas absurdas. Bezerra de Menezes y que doña Modesta están atrapados allí. Son emisarios de la ilusión. Los que aparecen aquí, en este hospital, son falsos. Son clones – dijo Jandira con ansiedad y una mezcla de miedo a ser escuchada -. Este lugar es una réplica de la mistificación. Todos estamos siendo engañados por el diablo. De hecho, también fui espiritista y descubrí cosas fantásticas.

– Sí, habla de estas cosas absurdas. Tengo curiosidad – dijo Marcondes con evidente interés.

– El Espiritismo es un engaño. Fuimos engañados.

– ¡¿Qué es esto?! – Se burló el líder.

– Compruébalo tú mismo – y agarró a Marcondes de los brazos –, si no tenías dudas sobre la existencia de los espíritus y la mediumnidad. ¡Apuesto a que te arrepentiste de no haber hecho muchas de las cosas que querías hacer después de tu muerte...!

– ¡No! Estás equivocada.

– Entonces ¿por qué no creíste en las comunicaciones de tus médiums?

– ¿Como sabes eso?

– Está en tu mente. No tiene sentido ocultarlo, puedo leerlo. Si creyeras en los problemas después de la muerte, ¿tendrías una amante?

– Estás siendo un inconveniente. Detengámonos con eso. Disculpe, tengo que llamar al Doctor Inácio.

– ¡No! Este es tu momento de la verdad – Jandira corrió hacia la puerta y la cerró con llave.

– Abre esta puerta, discúlpame – preguntó Marcondes asustado.

– No te irás hasta que me escuches. ¡Escucha la verdad!

– ¿Qué quieres de mí? ¿Qué verdad es esta?

– Salvarlo de la farsa. Estamos siendo engañados. Eurípides es el consejero de Lucifer, quien transfiguró y creó este lugar para esclavizarnos. Cuando nuestras mentes estén claras, nos brindarán servicios turbios junto a los hombres en la Tierra.

– Perdóname, pero estás loca.

– Eso es lo que quieren que pensemos. ¿Por qué crees que viniste a esta sala? Puedes estar seguro que aquí hay un lugar para ti. Me eligieron para ser mensajera encubierta. Aquí me entero de todo. Sé, por ejemplo, la aventura de tu mujer y puedo contarte lo que quieras.

– ¿Cómo lo supiste? – Preguntó con visible curiosidad.

– Lo sé todo. Tengo poder. ¿Quieres saber?

– ¡¿Saber?!

– ¿Quién fue el traidor...? – Esta vez fue Marcondes quien miró a su alrededor para ver si nadie escuchaba.

– Dime lo que sabes.

– Era José, tu amigo doctrinario.

– ¡Dios mío! ¡Lo sospeché! – Se expresó completamente involucrado y sorprendido.

– Él sabía de tu romance con Eulália y pensó que ya no estabas interesado en su esposa, así que se acercó a ti y...

– Jandira, abre la puerta, tengo que salir. Si no abres, tomaré la llave de tu mano.

– ¡Ni lo intentes! Conocí al monstruo de la mentira de cerca. Domino las técnicas. ¡Es horrible! Parece cubierto de baba y huele a azufre. Es enorme y aterrador. Ahora soy su esclava; sin embargo, ¿qué?

Quiero formar un equipo para escapar de este lugar y... necesito destruir el Centro Espírita que fundé. ¡Ayúdame!

– ¡Jandira! ¡Jandira! – El Doctor Inácio entró en la habitación con la llave de repuesto – ¡¿Otra vez diciendo mentiras?!

– ¡No, Doctor! ¡Nada de eso! ¡¿No es así Sr. Marcondes?! – dijo la paciente pidiendo consentimiento con expresión intimidante.

– ¡Vamos, Marcondes! Continuemos la visita – dijo el Doctor.

– Hasta pronto, Jandira – se despidió el dirigente.

– Te estaré esperando para... ¡Ya sabes! – todavía –, yo soy el paciente.

Al salir del salón, Marcondes lucía diferente. La psicósfera de la paciente lo afectó mucho.

– Doctor Inácio, ¡me siento mal!

– Vamos a la estación.

– No sé si podré soportarlo.

– Vamos, te ayudaré – y lo tomó del brazo. Sentándolo, le preguntó:

– ¿Qué pasó, Marcondes?

– Parece que no tengo control sobre mis pensamientos. Recuerdo a los médiums que pasaban por mis tareas y un fuerte sentimiento de culpa... ¡Qué extraño! ¡Muy extraño! Estoy enojado con mi esposa y...

– Habla de tus sensaciones.

– Siento como si algo me estuviera asfixiando. Esa mujer habló de un monstruo, y es como si viera una serpiente enorme con piernas humanas mirándome, frente a mí. ¿Qué pasa, Doctor? Es tan fuerte que lo oigo decirme algo.

– ¿Qué dice ella?

– ¡Soy la reina de la verdad! ¡Soy la reina de la verdad! Estoy perdiendo el conocimiento, yo... – Marcondes perdió el conocimiento por completo.

Solo después de una hora recuperó el conocimiento. La visita fue interrumpida y regresó a su habitación con la recomendación de no permitir escenas mentales.

A la mañana siguiente, el Doctor Inácio fue llamado a la habitación de Marcondes. Rechazó la comida y no quiso levantarse.

– ¿Cómo te sientes, Marcondes?

– Revuelto. Mucha revuelta. ¿Por qué será? Estoy realmente irritado...
No dormí bien.

– ¿Qué te pasó durante la noche?

– No sé lo que pasó. Me desperté enojado.

– ¿Revuelta por qué?

– Después que hablé con esa mujer…

– ¿Qué pasó?

– Empecé a tener una revuelta por ser espírita.

– ¿O ser quien eres?

– ¡Tal vez eso! Solo sé que un asco terrible se apoderó de mi alma, como por arte de magia. ¿Podrían ser sus vibraciones?

- ¡Quizás estés escuchando lo que no quieres escuchar!

El Doctor Inácio alzó los hombros en un gesto de duda.

– Me siento como un gusano, Doctor.

– Es la ruptura de máscaras, Marcondes.

– Incluso me da asco creerlo... – dijo con resentimiento.

– ¿Creer...?

– Creer que valía la pena ser espírita. ¿Por qué eso no me dio paz, tranquilidad?

– Es el lado oculto el que emerge.

– ¿Dónde está la misericordia así predicada en esta casa?

– El Padre ama a todos sin distinción. A pesar de esto, ve la Tierra tal como es. Dolor, cansancio, enfermedad... Es de la Ley que somos sostenidos incondicionalmente; sin embargo, la misma Ley también estipula que respondemos de lo que ya tenemos los medios para hacer. Si la misericordia fuera a proporcionar responsabilidad, sería connivencia con nuestros errores y un "agujero" en la evolución.

– No me daré cuenta.

– A la luz de tu revuelta, ¿qué acción tomarías ahora si tuvieras la libertad de elegir?

– Detenerme con la vida. Salir de aquí corriendo hacia un lugar que no sé dónde está... Rindiéndome. Deseo de no existir.

– ¡¿Rendirse?!

– Renunciar a vivir.

– ¡Habla más! ¡Habla de personas!

– Ojalá, por ejemplo, no existieras. Que este hospital nunca se hubiese creado. Me gustaría llamar a Jesucristo y abofetearlo sin piedad. Si pudiera, lo clavaría en la cruz con gran odio. Hice mucho y, de repente, la sensación que me invade es la de tiempo perdido. Incompetencia. Me parece que nada valió ni merece la pena. Hace...

– ¿Qué...?

– ¿Estoy deprimido? ¿Por qué estoy así, Doctor? ¿Cuánta sorpresa y sufrimiento me esperan todavía?

– Estás perdiendo terreno, querido.

– ¿Terreno...?

– Éstas son las convicciones que colocamos como punto de apoyo de nuestra vida terrena. Las boyas de seguridad psicológica se están hundiendo. Surgen miedos, dudas y cuestiones emocionales no resueltas que quedaron sepultadas bajo el peso de las mentiras que elegimos como nuestras verdades.

– ¿Estoy enojado conmigo mismo entonces?

– La revuelta es la etapa en la que los arrogantes se detienen cuando se dan cuenta que son impotentes.

– ¿Cómo así?

– Detrás de la soberbia, en la mayoría de los casos, se esconde un rebelde. Alguien que no aceptó los preceptos de la realidad. Para no caer en la depresión, asume la arrogancia y la locura de la insolencia.

– En el fondo, mi revuelta tiene un poco de miedo. Me encuentro muy inseguro y empiezo a preguntarme si realmente morí, o si todo lo que me pasa aquí es hipnosis...

– Mucha gente pasa por ese drama mental. Yo mismo he experimentado una locura temporal similar en esta Casa. Y, de vez en cuando, todavía tengo *lapsus* ocasionales...

– Usted también es bastante arrogante, ¿no, Doctor?

– Soy arrogante y ya no me miento. Una persona arrogante, auténtica y leal conmigo misma. Hay una buena diferencia entre nosotros en este sentido.

– Quieres decir que sigo siendo un arrogante engañado...

– Como ambos somos arrogantes, no está de más confirmar tu tesis...

– ¿Y qué definición le darías a mi tipo de soberbia?

– Una persona arrogante es aquella que cree en las ilusiones de sobrevalorarse. En cuanto a ti, defínete por ti mismo.

– Mi arrogancia me vuelve inseguro, ¿entiendes?

– Al contrario, Marcondes, somos arrogantes porque nos sentimos inseguros, miedosos y débiles. Dime algo que te brinde seguridad en este momento.

– Me invade el temor de violar la pureza doctrinaria. De aceptar algo contra el Espiritismo. Incluso se me pasa por la cabeza que estoy siendo víctima de una "perfecta mistificación" en este lugar... Creí lo que dijo Jandira...

– Así es, Marcondes. Este es el reflejo inevitable de las semillas que cultivamos en el lecho de la vida mental, mientras estamos en el cuerpo. En mi caso fue mucho peor. Ya desencarnado, soñé durante años con los cigarrillos. Tuve sueños en los que ponía los pies sobre la mesa del sanatorio y respiraba agradablemente. Era un cigarrillo enorme y, cuando recuperaba la lucidez del sueño, le invadía un terrible ataque de irritación e incluso alucinaba. En estas crisis, perdí la fe en todo.

— Si esta es la verdad, ¿por qué fuimos engañados los espíritas? ¿Por qué André Luiz no dio más detalles? ¿Por qué Emanuel no escribió sobre los fracasos de los espiritistas después de la muerte?

— Deja de exigir a los demás, amigo mío, y mírate a ti mismo. Parece que olvidaste todo lo que aprendiste en las últimas semanas.

— Realmente me gustaría olvidar todo lo que vi y oí por aquí. Si puedo, quiero volver a la pureza doctrinaria. Me siento muy amenazado por lo que veo en este plan.

— Entonces, solo hay una solución...

— ¿Cuál?

— Vuelve al tema y empieza de nuevo.

— De ninguna manera. Quiero alejarme de la carne por ahora. ¿No hay alguien aquí en el hospital como yo? ¿Alguien que extraña lo que es el verdadero Espiritismo, las tareas?

— Marcondes, para tu decepción, lo que estás viviendo es la realidad. Eso ya lo sabes.

— No la acepto.

— ¡Entonces deprímete! Ésta es la salida para quienes se rebelan contra la verdad.

— Solo desearía la pureza del Espiritismo. ¿Por qué tiene que ser diferente en este plano?

— Te equivocas. Fueron los hombres en el plano físico quienes crearon ideas desconectadas de la verdad.

— Pero, ¿aquí no hay nadie que cultive la pureza?

— Sí existe. Y los conocerás con el tiempo. Sin embargo, ten en cuenta, amigo, que fueron pocas las veces que esta expresión fue utilizada a favor de la preservación absoluta de los principios doctrinarios. Debido a nuestras luchas morales, la verdadera aplicación de este término es refrendar el límite de verdad que podemos comprender y asimilar. Ha desaparecido de eso, es perturbación. Los espiritistas que intentan retenerla en esta casa terminan desesperados y llevados a pabellones restringidos con lamentables ataques de confusión mental.

– Jandira dijo que vio a Bezerra y a María Modesta encarcelados en las cuevas...

– ¡Y realmente los vio!

– ¿Cómo es posible?

– Son clones. Aunque ella sostiene que los clones son los que están aquí con nosotros. Incluso hay Centros Espíritas completamente invadidos por ellos mediante la mistificación mediúmnica. Otros son engañados por criaturas como Jandira bajo hipnosis y explotando a sus oponentes. En algunos lugares, ¡sorpresa! – espíritus como ella son bienvenidos como mentores. Los médiums creen fácilmente en sus teorías. Como tiene un enorme conocimiento de la Doctrina, engaña magistralmente a las mentes incautas.

– ¿Con qué propósito?

– Los sagaces opositores a la causa son plenamente conscientes de la imposibilidad de exterminar los Centros. El propósito es simplemente retrasar y fomentar la lentitud y la pereza. Innumerables asociaciones quedan completamente dominadas por este tipo de obsesión colectiva e inteligente.

– ¡¿Cuál es la historia de esta mujer, Dios mío?!

– Jandira tiene una historia complicada. Todo empezó con una mentira. Ayudada y guiada en un Centro Espírita, comenzó a frecuentarlo. En poco tiempo, fue guiada mediúmnicamente en la misión de fundar un Centro Espírita. Lo hizo con mucha lucha. Después de años de actividad, sucumbió al peso de una terrible obsesión que la llevó al suicidio. Nadie descubrió que se trataba de un suicidio. Arrojó su propio vehículo a una pendiente pronunciada. Todos asumieron un accidente. Prisionera de las cuevas de la mentira, sufrió años en diferentes exploraciones, formándose un grave cuadro psicótico.

– ¿Se estaba utilizando para dañar al Centro?

– Sus amigos encarnados la tomaron como benefactora para la fundación del Centro. A través de la mente la llamaron y la veneraron. Nadie; sin embargo, conoció sus dramas íntimos y menos aun la trayectoria de responsabilidades atribuidas a quienes no supieron ejercerlas con equilibrio. Grandes responsabilidades sobre hombros frágiles. Esta es una vieja técnica para desmoralizar públicamente la Doctrina. Tras su desencarnación, fue portadora de siniestros propósitos para el colapso total del Centro. Si lo lograba, sería ascendida a la jerarquía en la sombra.

– ¡Padre Santo! ¿Y quién la rescató?

– Doña Modesta, a petición de Eurípedes. Fue rescatada dentro del Centro Espiritista que ella fundó, en una noche descuidada por sus encargados de la sombra.

– ¿Por qué Eurípides se interesaría por una persona así, arruinada como espírita?

– Porque la misericordia tiene por madre la compasión. Jandira es un ejemplo del lirio del pantano. Un enorme potencial aprovechado por las cuevas del mal. Esta alma lleva sobre sus hombros el peso de ser exponente de la historia de la Francia revolucionaria. Un calumniador de los girondinos. Jandira, cuando fue rescatada, ya "gobernaba" con sus mentiras tres Casas espíritas, bajo el yugo de una de las falanges más enfermizas del mal en la errática, el valle de la mentira...

– Y ahora, ¿qué pasó con el Centro que la veneraba? ¿Sin mentor?

– Jandira fue utilizada por las sombras. Aunque eran auténticas sus comunicaciones a través de los médiums de la casa, articuló, bajo hipnosis, una tremenda trampa con ideas y pautas inteligentes, por infundadas que sean. Ahora que se ha ido y después de limpiar la zona, las cosas van encajando.

– ¿Limpiar la zona...?

– Es el término que utilizamos cuando nos referimos a eliminar las causas de la obsesión.

– Luego lograron sacar a los espíritus que la estaban usando y también al grupo.

- ¿Es eso?

– Logramos sacar a los mantenedores de la situación en el plano físico.

– ¿Quieres decir que el problema vino de allá para acá?

– Casi siempre es así. Los oponentes dan el empujón inicial y el río baja a los encarnados.

– ¿Y cómo resolviste esta historia?

– Separar a las personas.

– ¿Como? ¡Separando a la gente...!

– ¿No sabías que, en algunos casos, se convierte en la única solución?

– Nunca imaginé mentores separando a las personas. La propuesta espírita es de unión.

– Sin embargo, ante esta delicada situación, en muchos casos, nos vemos obligados a pactar con las sombras. Cuando estas posturas fascinantes ponen en riesgo el progreso de la mayoría, optamos por el mal menor a través de la diplomacia al manejar el incidente.

– Y en estos acuerdos...

– Estos "negocios", entre otras medidas, incluyen la destitución de personas en los más diversos cargos. Cada caso es diferente.

– ¡Doctor Inácio! Mi cabeza va a explotar. Creo que me desencarné fuera del tiempo. ¡No puede ser! ¡No puede ser, Dios mío! ¿Así son las cosas por aquí? ¡Oh...! Necesito aliento. Cuanto más sé sobre la vida espiritual, más arruinado, incompetente y vacío me siento. Ya que eres mi mentor, respóndeme, por amor de Dios, ¿valió la pena ser espírita? - Pregunto nuevamente.

– Es la trayectoria de todos nosotros cuando no hicimos todo lo que pudimos. Por cierto, ¿me llamaste mentor?

– Eso fue lo que dije, Doctor.

- No me digas eso...

– ¡Digo sí! ¿No recuerdas una conversación que tuvimos una vez? ¿El del "diablo bueno..."?

– La recuerdo.

– ¡Pues entonces!

- Llámame como quieras. Menos mentor.

Mentor en este Hospital es Jesucristo.

– Doctor, ¿cómo sabe tanto de mí? – Se refirió a Jandira.

– Jandira es una médium dotada de fortalezas excepcionales. Los genios de la perversidad lo sabían. Como tenía fuertes vínculos con el comportamiento de la mentira, fue engañada durante casi toda su existencia carnal. A causa de esta criatura, una nación entera sufrió sus mentiras, suicidándose por primera vez en el siglo XVI, en la Corte francesa.

– ¿Qué pasa con lo que ella me dijo?

– ¡¿Acerca de...?!

– El Hospital... La farsa del Espiritismo y...

– Y...

— ¡Sobre mi esposa!

— Sabía que lo preguntarías.

— ¿Es verdad, Doctor?

— ¡Una paradoja, Marcondes! De una boca tan mentirosa, Dios revela algo de verdad.

— ¿Entonces es verdad?

— En parte.

— Ese es otro motivo de mi enojo - dijo Marcondes, golpeando la cama con irritación -. ¿Crees que me siento celoso porque llego tarde? Como no estaba seguro de cuándo estaba en la carne, ahora siento anhelo, celos y repugnancia. Mucha revuelta.

— Bueno, debes saber que lo que crees no sucedió. José realmente hizo lo mejor que pudo, pero tu amada esposa, Josefa, se mantuvo firme en su puesto de deber.

— Aun así, me siento asqueado...

— ¡Se acabó el teatro, amigo!

— ¿Teatro...?

— La vida terrenal ha sido un escenario para la gran mayoría de las personas. Se comportan mal el uno por el otro, ocultando lo que sienten y hacen.

— Me estás llamando...

— ¡Tonto! ¡Sí, es eso mismo! Somos demasiado tontos. ¿Qué mejor definición puede dar alguien que dice creer en el Más Allá y sigue teatralizando la reencarnación? Incluso si Josefa te hubiera traicionado, ¿qué autoridad tendrías para exigir homenajes de honor, manteniendo un romance con Eulália?

— ¡ ! – Marcondes permaneció en silencio, avergonzado.

— Perdón por ser franco, pero no se puede bromear con este tema.

– ¡Prefiero verlo jugar!

– Yo también lo prefiero así. Digamos que hoy estoy tan deprimido como tú.

– ¡Se puso a jugar!

– Lo digo en serio. Yo también tengo mis crisis. Desafortunadamente para ti, ambos estamos tristes este día. Lo mejor que hacemos es rezar y respirar un poco de aire en los jardines. Levántate de esa cama y salgamos de aquí, antes que ambos seamos admitidos en las salas restringidas.

Marcondes se levantó de la cama, se cambió de ropa, se limpió y se fue él y el Doctor Inácio. En los jardines del hospital había mucho movimiento esa mañana. El astro rey tenía sus rayos enfocados en la sublime obra de Barsanulfo. Luego de cruzar algunas cuadras, los dos amigos se detuvieron en la Plaza de los Lirios, lugar preferido por Eurípides. Una hermosa plaza arbolada y limpia. Se sentaron en cómodos bancos y reanudaron el diálogo:

– Cuando vengo aquí, siempre extraño la Tierra y sigo pensando que debería haber perdido más tiempo allí.

– Por mi parte, solo puedo decir lo contrario. ¿Trabajaba mucho, Doctor Inácio?

– ¡La vida entera! Cuidando locos, creo que me volví loco y no me di cuenta. Terminé siendo útil, incluso cuando estaba enfermo.

– Confieso que a veces siento una rabia tremenda ante tus declaraciones, pero tengo que confesar que nunca nadie ha logrado penetrar tan profundamente en mi alma. ¡Te lo agradezco amigo! – Y tomó las manos del Doctor Inácio en gesto de agradecimiento.

– Ten por seguro que todavía tengo la intención de causarte mucho enfado.

- Veo que los jardines nos han hecho bien.

– ¡Siempre lo hacen, siempre lo hacen! El espíritu de Eurípides, y por qué no decir, Jesús, está en esta plaza. ¿Ves este extravagante?

– Sí.

– Abrázalo y piensa en Jesús.

Marcondes instintivamente siguió la orden. Abrazó el árbol y cerró los ojos. Una dulce paz invadió su corazón.

– ¿Cómo te sientes, hombre?

– ¡La revuelta ha pasado! Desaparecido por encantamiento. Me siento ligero. En calma. Por primera vez me siento así después de mi desencarnación.

– ¡Entonces estás listo para escuchar! - Jandira dijo la verdad.

Fue encarcelada en el valle de las mentiras y vio al "monstruo."

– ¿Existe tal lugar?

– También está el "monstruo" al que te refieres.

– ¿Esa misma imagen que vi?

– ¡Muy similar! La falange de mentiras crece alarmantemente, en la humanidad, sus tentáculos de dominación y manipulación. Hoy, la gran táctica de esta falange es decir la verdad. Dado que todas nuestras vidas, en algún aspecto, se han convertido en una mentira, decir la verdad significa atroz y derrota. Además, el foco de esta falange es la incredulidad.

– ¡¿Sabías que ella me diría esas cosas, por eso me dejaste allí?!

– Sabía que ella te diría algo.

– ¿Por qué no lo dijiste tú mismo?

– Porque Dios tiene mecanismos más sabios que mi impulsividad. Por boca de Jandira, muchas verdades necesarias se dicen a su manera. Incluso en el torbellino de la locura emergen rayos de lucidez que expresan la sabiduría del Padre en su obra magnánima. Mira que ya no eres el mismo después de este contacto. ¿Quién hubiera pensado que un paciente psiquiátrico sería un médium para tus necesidades?

– ¡Es verdad! ¡Magnífico!

– Un medio equilibrado te diría lo mismo. Naturalmente, de otra forma.

– ¿Y no tendrías uno de esos para guiarme?

– Sí, pero están demasiado ocupados para eso. Por tanto, nada más justo que buscar a los necesitados. Jandira realmente necesita que alguien camine por los jardines, le hable y le lea el Evangelio.

– Yo...

– Si, podrías. La pregunta es: ¿lo quieres?

– Tengo miedo.

– ¡Excelente! Es una señal de responsabilidad, al menos en este caso. Empiezas hoy, por la tarde.

– ¡Así! ¿Ya?

– Llevamos un tiempo esperando que alguien haga esto. Jandira lleva aquí casi un año y ha recibido un gran apoyo. Sin embargo, si le damos tiempo, atención...

– Está bien. ¡Cuente conmigo! Por cierto Doctor, solo una pregunta: ¿tendré que recogerla en esa sala?

– ¿Esta con miedo?

– Fue traumático para mí. Nunca pensé que hubiera una casa de Cristo como esa.

– Haré que alguien te la traiga aquí.

– ¡Estoy muy dispuesto!

– Excelente. Sentí su sinceridad. ¡Solo espero que no te conviertas en Pinocho!

– ¡¿Pinocho?!

– Espero que no te empiecen a encantar las mentiras de Jandira.

– ¡Qué bueno verlo así, Doctor! ¿Se está sintiendo mejor?

– Aquí soy el médico. Deja de preguntar y manos a la obra. Vas a visitar a Jandira y le dices que crees en todo...

Entonces, al comienzo de la noche, busca al profesor en el segundo piso. Él te espera con otras lecciones. Me alegro de verte con un nuevo humor; sin embargo, mantente atento a tus emociones.

– Está bien, Doctor. Hare eso.

20

Segundo piso

"No será así entre vosotros; Pero el que quiera ser grande entre vosotros debe ser vuestro servidor. Y el que quiera ser el primero entre vosotros, será vuestro servidor."

Mateo, 20:26

Ese mismo día, a las 6, el ex dirigente de Goiás llegó al segundo piso. Era una sala colectiva. Todo traducido al orden. El profesor ya esperaba a Marcondes y lo saludó:

– ¡Hace muchos días que no veo a mi amable amigo!

– Me acordé mucho de usted, profesor. Realmente no lo he visto en semanas. ¡El tamaño de este hospital es increíble!

– El hospital no es tan grande, es el trabajo. Ven, vamos a mi oficina. Hablaremos un poco.

Una vez instalados, comenzaron un esclarecedor debate sobre las barreras del segundo piso.

– Aquí encontramos, en su mayor parte, imágenes de arrepentimiento tardío.

– ¿La conciencia exige acciones?

– No siempre, Marcondes. Conversando con nuestros hermanos, te darás cuenta que la queja generalizada se refiere a lo que no hicieron.

– Perdón, ¿arrepentidos por lo que no hicieron?

– Exactamente. En otras palabras, fueron negligentes.

– Entonces veo que una vez más me encuentro donde necesito estar.

– Todos estamos aquí por necesidad, hijo mío, y no por mérito. El camino hacia la frustración comienza con la aceptación gradual del abandono. Es un proceso psicológico, estimulado en la mente del buen trabajador, que se excede en concesiones para su propio beneficio. Al alegar necesidades personales, se relaja y se ocupa excesivamente de sí mismo, convirtiéndose en un desperdiciador de los recursos celestiales de tiempo y beneficios materiales. Pocas personas saben cómo utilizar esas bendiciones como oportunidades para trabajar y servir, aprender y amar más intensamente. Realizaremos una visita educativa con el objetivo de evaluar este camino sutil del aprendizaje humano.

– ¿Por qué hay habitaciones separadas?

– Lo que define la división entre las alas es el deseo constante de cooperar. La gran mayoría, en este lugar, habla de méritos personales y quiere ser atendido. A algunos les resulta difícil hacer exigencias, por eso los invitan a su propia habitación... Quieren ventajas, las obtendrán... Al cabo de unos días, se deprimen y son trasladados al sector competente.

– ¡Interesante!

– Lamentable, diría yo, porque lo reciben todo y; sin embargo, la gran mayoría no ha perdido la costumbre de mandar y exigir.

– ¿Son todos espiritistas?

– La mayoría. Tenemos algunos líderes protestantes y otros cristianos. Sin duda, los espíritas dan más trabajo.

– El Doctor Inácio pidió buscarlo. ¿Alguna razón en especial?

– Antes de incursiones más amplias, me gustaría dejar en claro información que podría ser de utilidad. Visitaremos una sala cuyos pacientes se recuperan muy lentamente de dramas muy recientes. Son líderes con fuertes episodios depresivos, llegando algunos de ellos a estados psicóticos. En general, padecen enfermedades mentales graves bajo el control de medicamentos y terapias muy específicas.

– ¿Y por qué no están en las alas restringidas del sótano?

– Son historias más suaves. Muchos, de hecho, ya estuvieron allí y continúan recibiendo tratamiento en ese piso.

– En estos casos, ¿la psicosis ocurre después de la muerte o ya se había manifestado estando aun en el cuerpo físico?

– Se trata de psicosis tardías; es decir, que ya estaban en estado latente, activándose como resultado de experiencias desafortunadas, vividas en las regiones inferiores en las que permanecieron durante un largo período. Todos fueron rescatados en condiciones mentales dolorosas y ahora, después de poco más de un año de tratamiento, parecen más de buen humor y dispuestos a hablar.

– ¿Les resultará fácil hablar de sus dramas?

– Es lo que más necesitan ahora mismo para desahogarse. Suelen repetir la misma historia tantas veces como pueden. Puedes preguntar libremente.

– ¿Eran todos líderes?

– No. Todos eran líderes espíritas, considerando que líder es quien influye en un grupo, tenga o no una posición jerárquica. En común, traen fracaso en sus proyectos de reencarnación. No fueron malos, fueron negligentes.

– Por lo que aprendí de ti, no existe el fracaso...

– En el sentido de irremediable, no hay fracaso. La conciencia; sin embargo, nunca deja de cumplir su función de guía y nos recuerda continuamente lo que acordamos con nosotros mismos antes del renacimiento. Cuando no queremos escucharlo...

– ¡Otra vez negligencia! Nunca pensé en este tema a la luz de los principios espíritas. ¡Nunca imaginé que posponer el bien que podemos hacer nos crearía tanta vergüenza! Pero ¿cómo puede la negligencia llevar a alguien a esta situación?

– Algunos, por actitudes de falta de complicidad con el objetivo esencial de la propuesta espírita, asumieron una fe superficial. Otros se dedicaron a compromisos doctrinarios, pero, mediante trucos del personalismo, llegaron a posiciones de supremacía de la verdad, alardeando de sus largos antecedentes de servicio. Bajo la fascinación del orgullo, establecieron conductas preciosas en las que pretendían ser referentes para la comunidad. Las mayores ilusiones se dan entre estos últimos. Quedaron fascinados con las creencias y puntos de vista personales, estableciendo un apego excesivo a sus convicciones.

– ¿Cómo puedes identificar más claramente el acto de negligencia en tus experiencias?

– En ambas situaciones detectamos negligencia en deberes profundos hacia los demás y hacia ellos mismos, en detrimento de un prestigio excesivo a los valores institucionales y a los movimientos de culto externo... Eran esclavos de la Casa y de las prácticas. En casa se adoraban a sí mismos; en la práctica, se suponía que los patrones debían copiarse. En ambos demostraron un valor exclusivo en su forma de entender e interpretar, consolidando una creencia individual, arrogante e incuestionable. Y, cuando tal situación iba acompañada de alguna posición significativa en la comunidad, aumentaban aun más las posibilidades de personalismo y austeridad en sus formas de concebir el Espiritismo. Son los nuevos "Doctores de la Ley", que impregnan el cerebro de conocimientos con los que pretenden ser autoridades en inmortalidad...

– ¿Y eran trabajadores dispuestos?

– Todos, sin excepción.

– ¡No puedo entender, profesor!

– La buena voluntad y el conocimiento no son suficientes como requisitos de equilibrio. Sin ellos, obviamente, no tendremos las condiciones necesarias en el campo exterior para mantener nuestras tareas; sin embargo, solo con ellos no realizaremos servicios profundos del alma en las escaladas de la renovación interior. Además de la buena voluntad y la información, es imperativo adquirir conciencia sobre nuestras necesidades espirituales y los respectivos caminos de superación a seguir. De lo contrario, seremos laboriosos en el bien de los demás, defendiéndonos de las horas vacías y de la obsesión, sin construir, en privado, las defensas morales y las experiencias indispensables para lograr la victoria sobre males seculares. Problemas, por cierto, que nunca se superarán solo con movimientos rutinarios en las benditas tareas en las que participamos. Más que voluntariado, urge un compromiso persistente y diario de elevación en cada momento de la existencia, superando el ámbito de las donaciones espontáneas en momentos determinados.

– Para entender mejor me gustaría saber si todo este piso está dedicado a directivos.

– De hecho, la mayor superficie está reservada a los directivos. Consideremos como dirigente a cualquier líder en nombre del mensaje cristiano. Así tenemos dos plantas subterráneas para los casos más graves y cinco plantas sobre rasante para la continuidad de los tratamientos. Las siete plantas conforman uno de los brazos del hospital. En total, contamos con treinta y cinco plantas distribuidas en cinco brazos similares a una veleta. ¿Recuerdas el ejemplo que utilicé en la conferencia? Cada "aspa del molino" es un pabellón visto desde arriba, y las bases – dos columnas de soporte – son los pasillos de entrada y salida del hospital, en la planta sótano 02, la más cercana a las vibraciones terrestres. Aquí es donde están los portales.

– ¿Y por qué un pabellón, específicamente, para líderes?

– Para facilitar los servicios y beneficiar mejor a los propios pacientes que tienen experiencias similares.

– Aunque fracasaron en sus planes, ¿obtendrán algún mérito por el servicio que prestaron?

– Sin duda. El bien siempre ofrece algún tipo de fruto. Trabajaron duro y no perdieron sus méritos, pero por no haber ajustado sus cuentas con su conciencia, descuidando el compromiso primario de la transformación interior, no hicieron todo el bien que podían y debían... Ésta es la mayor negligencia.

La referencia conmovió profundamente a Marcondes, quien guardó silencio. El profesor Cicerón añadió:

– Los casos aquí presentes son los de quienes siempre han permanecido alejados, o incluso se han distanciado, de los deberes esenciales que pide el Evangelio: el amor a Dios, al prójimo y a sí mismo. Se enriquecieron con la caridad y el deseo de superación junto con las tareas amorosas del Centro Espírita, de las que nunca debieron alejarse del todo. Después de las oportunidades de ascenso que recibieron para gestionar intereses colectivos, solo tuvieron tiempo y atención para cuestiones y problemas relacionados con acontecimientos, relaciones convenientes, ceremonias y planes de hegemonía, que asumieron como misiones encomendadas por el Altísimo...

Las claras explicaciones del benefactor no dejaron dudas. Marcondes comenzó a reflexionar sobre las tareas del amor en el Centro Espírita donde trabajó durante años en la ciudad de Goiás. Sus actividades se revelaban ahora, en su mente, como un sublime garante de su relativo estado de tranquilidad y equilibrio. Queriendo continuar la entrevista sobre los sabios conceptos del profesor, preguntó:

– ¿Qué papel primordial tienen los líderes para el progreso del movimiento espírita?

— Son las vanguardias, determinan líneas de pensamiento, por lo tanto se convierten en referentes para la acción a menor o mayor escala. Cualquier movimiento humano que se precie debe preparar bien a sus líderes. La función de su participación en las comunidades bajo su liderazgo es de vital importancia para el progreso y el orden. En todo momento de la humanidad, los líderes construyen la historia, marcan caminos y definen el futuro. El movimiento en torno a las ideas espíritas necesita urgentemente hacer algo por sus líderes, aunque, sinceramente, no hemos visto muchas manifestaciones hasta ahora. Teníamos esperanzas que los líderes, agrupados en torno al Pacto Áureo, serían sensibles y valientes en inversiones sólidas en este sentido; sin embargo, algunos años después del compromiso solemne de unificación, firmado el 5 de octubre de 1949, observamos muchas iniciativas valiosas sin priorizar la formación de mentalidades coherentes y fuertes entre quienes, de hecho, configuran el movimiento espírita...

— ¿Hermano tuviste experiencias desagradables con las direcciones de unificación, cuando estabas en la carne?

— Dejé el cuerpo físico aproximadamente un año antes de la formalización del Pacto Áureo, siendo testigo de episodios de hegemonía que me preocuparon mucho en ese momento. Siempre he estado en contra del concepto institucional de unificación, incluso teniendo severos episodios de desacuerdo con los líderes nacionales y regionales, con el objetivo de operar en el campo de la cohesión de las almas y no de las instituciones. Hoy, algunas décadas después de mi regreso al mundo espiritual, ya he repensado algunas iniciativas que tomé en la vida física, en términos de cómo deberían implementarse. Sin embargo, la esencia de las ideas que defendí se vuelve cada día más necesaria y urgente para la cosecha...

— ¿Cuáles serían esas iniciativas?

– Como afirma Jesús, *"el sábado fue hecho para el hombre y no el hombre para el sábado."*[37] Los líderes espíritas deben priorizar, lo antes posible, en el plano físico, una campaña para humanizar la cosecha. Sin cercanía y respeto humanos, sin fraternidad y sana convivencia, nunca tendremos unidad y concordia, alma de cualquier movimiento cristiano.

Los apuntes del profesor despertaron la curiosidad; sin embargo, considerando la época, invitó a Marcondes a los deberes del amor. Dijeron una oración contrita y fueron al pabellón en cuestión para pasar esa noche de aprendizaje. El aprendiz quedó consternado al ver las situaciones mentales en las que se encontraban aquellos hombres, mujeres y jóvenes. Tuvieron la oportunidad de tener en sus manos el "Talento del Espiritismo"; sin embargo, lo enterraron por miedo a asumir mayores responsabilidades en la victoria sobre sí mismos. Cicerón lo dejó tranquilo y observó sus movimientos con mucha atención. En un momento dijo:

– El tratamiento espiritual de toda alma frustrada en sus proyectos de reencarnación debe ser la esperanza. En la Tierra se dice con razón que la esperanza es lo último que muere. Aquí nuestro lema es que la esperanza debe ser la primera en renacer. Después de eso, pasamos a conquistar otros niveles emocionales. Sin esperanza, el alma está "muerta." La esperanza es la línea divisoria entre el cumplimiento de la justicia y la acción de la misericordia divina según las elecciones de cada uno. Cuando volvemos a ver la sonrisa en los rostros de aquellos corazones que han sucumbido bajo el peso de la ilusión, comprendemos que aun queda el deseo de empezar de nuevo, ¡gran síntoma de recuperación!

---

[37] Marcos, 2:27

– ¿Entonces la enfermedad más grave en este sector sería la desesperación?

– No es así. Donde florece la misericordia, brota la esperanza. Las almas angustiadas y sin rumbo encuentran en la compasión la excelente oportunidad de empezar de nuevo. Es necesario hacer frente al sentimiento de culpa y de fracaso, de inferioridad y de abandono ampliando la tolerancia. Sin esto, el mundo será una fuente eterna de demandas e impiedad. La bondad es la semilla de la paz. ¿Quién de nosotros no necesita el "regazo paterno"? ¿Quién de nosotros, bajo la luz de la oración, no pide un poco de piedad por nuestras luchas y caídas? La enfermedad más grave de las almas en estos barrios se llama adicción al prestigio.

– ¡¿Adicción al prestigio?!

– Sí. Una antigua enfermedad que afecta a la inmensa mayoría de las almas vinculadas a la sublime escuela de la Tierra. Su principio básico es la necesidad de ser amado, algo divino y natural en las leyes de la vida. Sin embargo, aparece como una adicción y una enfermedad a partir del momento en que la voluntad se vuelve impotente para dominar este sentimiento con el tiempo, transformándose en una exigencia y pasión que esclaviza la mente en diversos procesos de egocentrismo. Su origen es el egoísmo. El imperioso deseo de ser amado se manifiesta, en este caso, en una necesidad impulsiva de admiración, protagonismo, reputación personal, notoriedad y cumplimiento de caprichos personales. Se forma entonces una psiquis propensa a generar corrientes mentales centrípetas en régimen de circuito cerrado sobre sí misma, desarmonizando paulatinamente el sistema afectivo del ser. Desde esta perspectiva, nuestros profesionales de las ciencias psíquicas aquí adoptan una clasificación que va más allá de los estándares científicos de la Tierra, considerando como principales expresiones psicopatológicas el personalismo, la envidia, los celos, la inseguridad, la indiferencia, la apatía, el resentimiento, la rebelión y otras manifestaciones con las que actúan los egoístas, los entornos en los que escenifican su viaje espiritual.

– ¿Este vicio se manifiesta entre los dirigentes espíritas?

El profesor simplemente abrió los brazos, juntó las manos en un movimiento de respeto y piedad, exclamando:

– ¡Mira el resultado! ¡La cosecha hecha según la plantación! En los pacientes de este pabellón encontramos un tipo de trastorno afectivo no catalogado por la psiquiatría humana.

El ex dirigente miró con lástima aquellos corazones postrados en cama. No parecieron darse cuenta de su estado de distanciamiento. El asesor continuó afirmando:

– Son casos tramitados en base a una insuficiencia de sentimientos, debido al alto nivel de indiferencia de quienes optan por un extraño amor institucional. Aman las posiciones y la Doctrina más que a sus vecinos. Un estado de ánimo que podría ser llamado delirio de grandeza destaca a nuestra audiencia. Esta adicción es alimentada por un orgullo que afecta la imaginación de la criatura, llevándola a formarse una imagen idealizada de sí misma, un autoconcepto falso y exacerbado con el que queda fascinada. Tales estados de desorden favorecen fijaciones mentales en el monoideísmo, llevando a la criatura a diversas situaciones de angustia y perturbación después de la muerte. Apoyando este estado psíquico están las reminiscencias de otras existencias corporales, en las que el alma se acostumbró a ser reverenciada y aplaudida gracias a su destacada posición social o cultural. A esto se suman muchas compañías espirituales sedientas de los efluvios de las alabanzas y de las sensaciones provocadas por las frivolidades del engrandecimiento, o incluso del placer del reconocimiento personal, intensificando la dependencia del prestigio. A menudo, estos compañeros espirituales son feroces opositores de la causa doctrinaria, lo que deteriora al máximo la autoestima del encarnado e infunde frustración, de modo que la víctima busca compensación en experiencias de placer fugaz, o en la posesión de alguna forma de ventaja personal, cayendo finalmente en sus artimañas...

– ¿Y por qué los líderes espíritas traen aquí estos cuadros de enfermos graves?

– Por suponerse demasiado grandes, cuando deberían sentirse simplemente quienes tienen sobre sus hombros una mayor parte de responsabilidad, con el deber de ser ejemplo para todos. Olvidaron la sabia recomendación del Maestro que pretendían seguir: *"No será así entre vosotros; pero el que quiera ser grande entre vosotros será vuestro servidor. Y el que quiera ser el primero entre vosotros será vuestro servidor."*[38] El conocimiento espírita no les ha bastado para renovar su forma de vida, y sin humildad nunca nos transformaremos. Si los hermanos de ideales no comienzan a aceptarse a sí mismos como pacientes que buscan ser dados de alta, manteniendo dentro de sí el gozo del simple acto de servir, inevitablemente sucumbirán a estas sutiles trampas del orgullo. La santidad superficial es un engaño en detrimento propio. Aquellos que no pueden renovarse tanto como deberían necesitan hacerlo.

Es cuestión de aceptar humildemente su condición, pedir ayuda, adaptar tus esfuerzos y seguir adelante. Deshacerse del mal hábito de hacer un escándalo y actuar ante su conciencia.

---

[38] Mateo, 20:26

21

Lección de oro

"Me siento demasiado abrumado por la compasión por vuestras miserias, por vuestra inmensa debilidad, como para no extender una mano amiga a los infortunados transeúntes que, al caer el cielo, caen en el abismo del error."

El Espíritu de la Verdad. (París, 1860.)
El Evangelio según el Espiritismo, capítulo VI, punto 5.

La visita al segundo piso siguió siendo rica en lecciones. Ya eran más de las nueve y el ambiente estaba tranquilo. Los pacientes se preparaban para retirarse y descansar. El profesor, luego de brindarle la información a Marcondes, lo invitó a conocer a un valioso cooperador que se encontraba de paso esa noche.

– ¡No lo puedo creer...! ¡Dios mío! Doctor H.?![39] ¡Usted aquí!

– A sus órdenes. Soy yo mismo. ¿Y tú...?

– Soy Marcondes, un admirador de tu trabajo. Gracias a usted, el movimiento espírita recibió los magníficos libros de literatura mediúmnica de Francisco Cândido Xavier. Nunca imaginé que algún día nos encontraríamos.

– No hice más que editarlos. Nada especial – habló con espontánea humildad.

---

[39] Identidad del espíritu protegido en función de familiares aun reencarnados.

– ¡Su modestia, Doctor H.!

– ¿Puedo pedirte un favor? – Dijo el valiente trabajador.

– ¡Claro!

– No me llames Doctor. Esto me pone muy enfermo.

– Como quiera. Perdóname por la ofensa.

– Esto no es una ofensa. No hay nada que perdonar. Semejante referencia evoca recuerdos que me he esforzado por olvidar. Me hace sentir incómodo.

– ¡Entiendo perfectamente!

– Prefiero el nombre H., y eso es suficiente.

– Me imagino cuántos dividendos de paz lleva tu alma debido a la tarea.

— ¡No tanto, señor Marcondes! Ni tanto...

– ¿Cuál es el motivo de su acusación? Se le puede llamar el "padre" de la literatura mediúmnica espiritista. El movimiento le debe el homenaje de construir el mayor parque de imprenta espírita del mundo.

– El movimiento no me debe nada. Al contrario, sí, soy un deudor insolvente.

– ¡¿Tan exitoso en tu tarea?!

– Te equivocas, amigo mío. ¡Pura ilusión! Solo después de abandonar el mundo físico evaluamos claramente las expresiones de arrogancia y grandeza a las que, en muchas ocasiones, nos entregamos en nombre del servicio cristiano.

–¡¿Arrogancia?!

– Tendemos a operar mucho fuera de nosotros mismos, olvidando voluntariamente el trabajo de calmar nuestra conciencia y construir la paz interior. La tarea del libro ciertamente benefició y continúa beneficiando a millones de corazones; sin embargo, yo tuve mis desviaciones obvias... Por mi cuenta, hice poco. Como intérprete del pensamiento cristiano, durante siglos sucesivos he cargado con la culpa de la adulteración en las cartas evangélicas. La tarea del libro espírita sería mi libertad...

– ¿Y no fue así? – Interrumpió Marcondes.

– ¡No!

– ¿Por qué razón?

– No sobreviví la prueba y cometí los mismos errores. Nosotros, los espíritas, necesitamos revisar algunas concepciones sobre lo que nos espera después de la muerte. Cuando imaginamos que el número de logros es sinónimo de victoria, cometemos un grave error conceptual.

En nombre de las creencias que albergaba, sembré cizaña en varias ocasiones. Para fortalecer la imagen y el alcance de la organización unificadora a la que serví durante décadas, lleno de sincera honestidad de ideales, terminé una vez más descuidando los mensajes celestiales entregados por el Padre a mis decisiones... Aunque acogidos y apoyados por amorosos benefactores que me alentaron a pensar en el éxito, no pude quitarme el desagradable sentimiento de angustia al recordar el mal que podría haber evitado si hubiera construido un bien sin fronteras sobre las duras líneas del sacrificio... Me encantó. Me encantó mucho, es verdad. Sin embargo, dirigí mi amor hacia casas y valores perecederos. Incluso el libro espírita, ese tesoro inestimable, es solo un recurso para el crecimiento. En la intimidad solo permanece el bien eterno. Me alegro de saber que, incluso en estas condiciones, soy reverenciado por los tutores mayores con créditos eternos. Pero aquí estoy, Marcondes... Libre para empezar de nuevo... Y, no lo dudes, a pesar de los dolores de conciencia, soy objeto de una misericordia infinita.

– ¡No lo puedo creer! ¡Quién hubiera pensado que los trabajadores de la unificación también tendrían sus tropiezos!

– ¿Por qué no? ¿No somos falibles como todos los demás?

– Sí, pero...

– Sé lo que quieres decir: quienes ocupamos las filas unificadoras transmitimos una imagen de gran capacidad.

– Lo siento señor, porque empezamos a hablar y, cuando lo veo, ¡ya me pasé de la raya! Si lo prefieres, puedo evitar el tema.

– No te preocupes por mí. Después de casi tres décadas en este ámbito, ya he tocado todo lo que me tenía que preocupar.

– ¡De hecho, eso era exactamente lo que quería expresar! Esta imagen perfecta fue la que me formé de las organizaciones y dirigentes de la unificación.

– Acostúmbrate, amigo. Pocos pasan la prueba de autenticidad.

– ¿El problema de la hipocresía?

– No se trata de hipocresía, sino de orgullo. A través de los roles sociales que representamos ante la comunidad, nos enredamos nosotros mismos en un complejo proceso psicológico y emocional. Muy pocos hombres públicos son capaces de expresarse con honestidad emocional ante su propia conciencia. Casi siempre ocultamos nuestro sentimiento de inferioridad e impotencia detrás de posiciones que impresionan a la multitud, con ideas de grandeza y valor espiritual. Por mi parte, esta actitud me cargó con terribles conflictos que hasta el día de hoy perturban mi progreso.

– ¿Cómo ganar una prueba así, H.? ¡Yo también tuve mis derrotas en este ámbito!

– Aprender el amor propio. Cuando nos amamos a nosotros mismos tal como somos, no encontramos ninguna razón para dejarnos encantar por las externalidades. La vida espiritual se revela como una caja de sorpresas para nuestra comprensión. Por muy extensa que sea la información doctrinaria, siempre tendremos que revisar y ampliar muchos conceptos a este nivel.

– ¿Podría darme una idea clara de este tema?

– En mi caso, por ejemplo, se esperaría evidentemente la continuación del trabajo activo en las filas unificadoras, después de la decadencia carnal; sin embargo, eso no fue lo que pasó...

En los primeros años llegué a colaborar más estrechamente con la dirección de la organización que dirigía. Sin embargo, las luchas internas y los aspectos íntimos de mis compañeros pesaron mucho en mi psiquis, provocando un estado emocional dañino. En verdad, el problema, en primer lugar, era mío, no de ellos. Después de la muerte, empezamos a ver "demasiado" y...

– ¡¿Y llegamos a comprender el lado subjetivo de las actitudes humanas?!

– Exactamente. Comencé a presenciar diálogos, ideas, propuestas y hasta manipulaciones lamentables que me provocaron un terrible desajuste. Lo repito: los problemas no fueron ellos, sino mis propios recuerdos. En muchas ocasiones actué de la misma manera o incluso peor. Pero ahora percibo de forma más clara y realista los efectos indeseables de nuestras acciones. Pude evaluar más claramente el alcance del sentimiento de posesión y la fascinante sensación de poder. ¡Pobres de nosotros, servidores de Cristo, si no iniciamos una feroz campaña a favor de la diversidad y del desprendimiento de las ilusorias hojas de servicio...! Frente a la semejanza con estos hechos, no tenía opción; me trasladaron a otras actividades para aprender a servir, cultivando la alegría de lograr cosas sin controlar, de hacer cosas sin sentirme el más grande.

– Y normalmente no tienes...

– ¿Recaídas?

– No quiero avergonzarte, solo aprendo.

– No te avergüences. Al contrario, me gratifica hablar de mi aprendizaje. Hoy me siento mucho mejor, aunque a veces solicito permanecer en ambientes administrativos para evaluar mis propias reacciones. Soy más resiliente y consciente de lo que me espera. A pesar de esto, estoy aprendiendo otro tipo de servicio, por el que me siento profundamente atraído, reemplazando mi interés por las cuestiones organizativas del campo.

– ¿Puedo saber qué tarea ha llenado tu corazón?

– Estoy cooperando con varios benefactores en la tarea de ayudar a los médiums en psicografía, en diferentes partes de Brasil. El amor por el libro espírita sigue siendo la tónica de mis aspiraciones, aunque ahora intento analizar el valor de las cartas doctrinarias desde un aspecto diferente. Mi tarea es hacer que una simple página pueda brotar, en el mundo físico, cubierta de sentimientos ennoblecedores. Médiums anónimos, amantes del bien o incluso inadaptados, han sido el objetivo de nuestros modestos esfuerzos.

– Perdóname por decirlo, pero un hombre con tu experiencia, ¿qué puede aprender de esta iniciativa?

– El valor del desinterés y el desapego. Algo que no formó parte de mis experiencias en los guiones de Cristo, hasta el día de hoy.

– ¡Confieso mi incomprensión! ¿Cuál es el propósito de este aprendizaje?

– Es sencillo, Marcondes... ¡Muy sencillo! Pronto renaceré como médium, para restaurar mi propia conciencia... A través de la propia psicografía, revisaré mis dramas internos adquiridos en momentos de locura y egoísmo personal e institucional. Necesito superar al viejo que vive en mi campo intelectual. Aprenderé así la fidelidad y el desapego total de las obras personalistas. Vengo a esta sala semanalmente. Intento seguir las pautas de no involucrarme demasiado.

– Los pacientes alojados aquí en este sector...

– Son líderes de la unificación. Salvo raras excepciones, los amigos de la unificación que llegan aquí llegan cansados por el peso de sus dolores. Sus historias, como la mía, casi siempre se ven agravadas por la angustia, cuando descubren que no son tan esenciales como imaginaban para los oficios de Jesús.

El profesor, que hasta entonces había permanecido en silencio, dijo:

– Por eso Inácio lo envió aquí esta noche, Marcondes. Las palabras de H. son tu entrada a nuevas experiencias con líderes cristianos.

– ¡¿Una buena manera de empezar, verdad profesor?!

– ¡Diría que es una excelente manera de continuar! Observar el movimiento de los pacientes hacia y desde el pasillo y traspasando las puertas del dormitorio - le preguntó a Marcondes:

– ¿Y cuál es el estado de nuestros correligionarios?

– Por la fisonomía ya se nota... – fue H. quien respondió.

– Parecen atónitos.

– Enfurruñados, diría yo.

– ¿"Enfurruñado"?

– No se llevaban bien en la Tierra, todavía no se llevan bien aquí. Se pelean durante el día y, ahora por la noche, están deprimidos y débiles.

– Pero, ¿nadie toma ninguna iniciativa?

– Si lo hacen, pronto se buscarán entre sí para "tejer."

– ¡¿"Tejer"?! ¿Quieres decir que sus tonterías continúan?

– ¡Seamos claros...! Tramas, no. ¡Política detrás de escena!

– ¿Siguen presentes estos comportamientos?

– ¿Y por qué no? La mente enferma trae aquí sus dolencias.

– ¡Sorprendente! Como dije, estaba muy consciente de este comportamiento en el campo, pero no tenía idea que los unificadores continuarían actuando así...

– Yo mismo, cuando fallecí, formaba parte de un grupo similar en erratismo. ¡Extraño el ambiente de unificación! ¡Del movimiento espírita con todas sus rencillas!

– ¿Como pudiste perderlo?

– ¿Se ha olvidado del tiempo que pasé presidiendo una entidad unificadora? ¡Más de dos décadas! Había sido un largo viaje antes de esta etapa en los rincones del liderazgo.

– A veces sigo intentando entender historias como la tuya, H. Nunca imaginé que décadas de elogios a una institución tan honorable, más aun como presidente, pudieran llevarte a este punto.

– Estoy mejor de lo que merezco y relativamente feliz considerando lo que no hice, porque el daño que hice me afectó principalmente a mí. El movimiento espírita, los libros y la institución unificadora no sufrieron daños irreparables por mis decisiones. Por lo tanto, la vida me dejó a mí mismo medir mi desempeño. Y aquí estoy repasando conceptos y liberándome de posiciones. Listo para el nuevo comienzo donde fallé.

– ¡Parece que tenemos una ilusión colectiva en el campo con relación a las figuras del Espiritismo! No esperaba que estuviera en esa condición.

– No lo dudes, Marcondes. Para tu reflexión, te compartiré lo que aprendí al respecto. Las figuras del Espiritismo cuyos servicios merecieron biografías honorables no siempre estuvieron al servicio de Cristo.

– No entendí la afirmación.

– Las verdaderas figuras de Cristo, además de servir a la doctrina, sirvieron a los demás mediante el amor y el sacrificio. Fueron almas que aprendieron a salir de detrás de las mesas para un cálido abrazo de cariño, o para extender la solidaridad con manos fraternas. Pocas biografías acumulan verdaderamente, en sus datos, este rasgo indiscutible que eleva al servidor de la causa espírita a la condición de apóstol incansable de la Buena Nueva entre los hombres. Incluso verás que aquí algunos inolvidables reductos de la cosecha, acreedores de los homenajes y biografías creadas por el movimiento doctrinario en la Tierra, sufren atroces sufrimientos en los más convulsos abismos del dolor...

– ¿Cuándo estamos al servicio de Cristo?

– Cuando vamos más allá del hogar y servimos a la causa.

– ¡Pero la Casa es también de Cristo!

– Cuando excluimos a nuestro prójimo de la Casa de Cristo, ésta se convierte en el campo estéril de nuestras vanidades.

– Sea más claro, por favor.

– El espíritu pionero de acción unificadora representa el coraje y el deseo sincero de mantener intactos los principios luminosos de la Doctrina. Históricamente cumplió el rol que se propuso: coordinar y aglutinar esfuerzos dispersos. El precio pagado por esto fue la creación de una fuerte referencia de autoridad que sirviera de ancla. Sin embargo, el sistema se ha vuelto tan fuerte que se ha tragado las sinceras aspiraciones de fraternidad. La firma del *Pacto Áureo*, el 5 de octubre de 1949, debería significar el compromiso de unificación para ser ejemplo de una mentalidad promotora de la unidad, cuya tarea principal sería difundir la cosecha de alegría y comprensión. El orgullo enloqueció los pensamientos, y los privilegios se vieron en un documento que constituyó un grito al sacrificio de servir con humildad, disminuyendo para que la obra de Cristo brillara exuberantemente. La propuesta que supuestamente debía guiar la fraternidad legítima, de hecho, provocó un colapso en el sistema. Para defendernos y mantener la Casa, fuimos infieles a la causa... Siempre con la mejor de las intenciones... En este punto fracasé amargamente... Pude asumir la posición de polo de aspiraciones de nuestros tutores mayores, Sin embargo, preferí la ilusión del momento...

— ¿Qué medidas podría haber tomado y no tomó?

— Luchar por el espíritu de legítima concertación respecto de las diferencias, tratar mejor a los que no están afiliados, escuchar más a mi conciencia, alentar y apoyar la creación de nuevas editoriales, no alejarnos de las bases del amor a las Casas espíritas, más bondad con los médiums... En definitiva, cuidar más las relaciones, ser afectuoso e inclusivo. Si me hubiera atrevido, podría haber colocado la tarea unificadora como socia en la siembra. Sin embargo, como dije, el sistema se ha vuelto más grande que nuestras fuerzas...

— Creo que, si hicieras eso, literalmente serías excluido del equipo...

— ¡Lo cual sería genial para mí! Sin embargo, tuve que enfrentarme a la muerte, que tiene el poder de colocarnos, inexorablemente, en el lugar que deberíamos haber ocupado durante nuestra vida terrenal, destruyendo nuestras ilusiones.

— Pero... ¿qué pasa con los libros?

— Si no lo hice yo, lo haría otro. La obra no necesita trabajadores cuando se trata de misiones de carácter colectivo. Siempre habrá alguien necesitado, porque Jesús no pone sobre la cabeza de un solo hombre las ideas que interesan a todos. Quizás, en mi caso, fui el hombre adecuado en el momento adecuado.

— Me alegro que no hayas elegido ese camino. Los libros han salvado y guiado millones de vidas. ¿Cómo puedes decir que no fue un trabajo de amor? Hoy, la cosecha le debe mucho por su parte de devoción.

— Marcondes, en el campo de Cristo nadie le debe nada a nadie. Si ese fuera el caso, como acreedor, supuestamente podría hacer cobros. La Ley es de cooperación desinteresada e incondicional. Jesús no nos debía nada y pasó por el testimonio de la cruz para guiar nuestros pasos. Quien lo sigue debe estar siempre dispuesto a servir y pasar, servir y pasar sin cesar.

– Pero, si no hubiera representación social digna en la sociedad, ¿cómo sería el Espiritismo?

– Ésta es una cuestión que hay que debatir. Por mi parte, me pregunto: ¿de qué servirá un Espiritismo con representación social sin hombres que honren su mensaje ético...? La Iglesia acumuló el mayor poder social con su influencia, pero muy pocos dignificaron sus propuestas morales.

– ¿Entonces usted estaría en contra de la organización del movimiento?

– No estoy en contra de nada. Estoy a favor del amor que despreciaba. No critico la dirección social del Espiritismo, solo considero el alcance de la omisión en relación a su mensaje. La cuestión es humanizar nuestra cosecha.

– En varias ocasiones he oído esta terminología sin entender su significado.

– Cuando recibimos el llamado del Altísimo a la humanización es porque necesitamos mirar al hombre antes que a las prácticas, al hombre hacia el amor.

– Pero ¿qué pasa con las prácticas espíritas desde esta perspectiva? ¿Cómo se ven? ¿Se someterán a injertos? Cualquiera puede llegar con su diversidad, ¿seguirá siendo Espiritismo?

– No, Marcondes. Cuando hablamos de diversidad en relación a los principios doctrinarios, hablamos, sobre todo, llamando a quienes ya han formulado conceptos claros sobre cuestiones espirituales, a ampliar sus límites en el campo de la "actitud de amor"; es decir, la postura de amor a los que son diferentes y sus diferencias. La consigna es alteridad, convivencia armoniosa con la diversidad de la vida, particularmente con la diversidad de los seres humanos.

– Si es así, ¿por qué no escribe a tus compañeros dirigentes advirtiéndoles sobre estos temas?

– Tu consideración es justa. Sin embargo, cuando estamos encarnados, preferimos las opiniones personales. Leerían mis palabras y luego acusarían al médium de filtrado impreciso o mistificación. Además, la institución en la que viví está alejada del Espiritismo con espíritus, de la mediumnidad libre y espontánea...

– ¿A qué lecciones te dedicas actualmente?

– Estoy perfeccionando lo que Bezerra de Menezes llama la lección de oro: la compasión. Cambié el escritorio por manos. A través de visitas semanales a este sector, reviso mis acciones y amplié mi rango afectivo hacia las luchas humanas, comunes a todos en superación, especialmente a los hermanos de Doctrina. En un mundo de sufrimiento como el de la Tierra, la medicación más solicitada es la misericordia hacia nuestras debilidades. Sin compasión y tolerancia ilimitada, nunca nos entenderemos.

– ¿Y cuál ha sido su aprendizaje al respecto?

– Me estoy dando cuenta que es imperativo que nos sintamos responsables unos de otros. Sin compasión, no seremos misericordiosos. Sin piedad no podremos apoyarnos unos a otros en la continuación de la tarea. Hay una gran distancia entre el amor con los demás y el amor por los demás. Yo era fanático del segundo. Los próximos setenta años de la comunidad espírita serán un período decisivo. Prevalecerá el carácter humanitario. El hombre que ama el Espiritismo no siempre ha aprendido a amar al prójimo. La experiencia institucional es una escuela para almas cuyas luchas convergen hacia la victoria sobre el interés personal. Como no sabemos afrontar las diferencias, nos asentamos en la indiferencia, base de diversos trastornos mentales, defensa psíquica para dejar de sentir lo que no queremos. Es un mecanismo emocional, seguido de la actitud de evitar la visibilidad de los sentimientos. La compasión es vivir lo que sientes sin miedo. El punto de equilibrio de las emociones hacia el amor aplicado.

Marcondes guardó silencio. Al notar su expresión de tristeza, el hermano H. preguntó:

– ¿Qué pasó? ¿Dije algo que no debería haber dicho?

– Son los recuerdos. Como adoctrinador, fracasé terriblemente en este aspecto. Los médiums, para mí, eran "máquinas espirituales." Para mí la indisciplina era motivo de abandono y rechazo. ¡Extraño...!

– ¿Qué pasó, Marcondes?

– Por primera vez, desde que llegué a este plano, sentí curiosidad por saber cómo son mis compañeros en persona.

– La compasión nos lleva a la ecuanimidad, a la diversidad. Luché duro por el amor de la causa, ahora trato de servir a la causa del amor. Nos exigimos demasiado unos a otros y olvidamos la indulgencia, uno de los pilares de la caridad, hacia nuestros hermanos. Nuestras expectativas están inspiradas en el versículo que dice: "*A quien mucho se le ha dado, mucho se pedirá.*"[40] Solo aquí, en la vida espiritual, interpreté este discurso evangélico de manera más amplia. El texto dice "Se pedirá mucho" y no "Se exigirá mucho. En convivencia con los bondadosos emisarios de esta casa de amor, me di cuenta que la única expectativa que el Altísimo tiene en relación con cada uno de nosotros, durante la inmersión en el cuerpo físico, es que nunca renunciemos a perfeccionarnos. ¡Nunca nos rindamos ante nosotros mismos! En cuanto al resto...

– Fui descuidado en esta área. Las tareas que realicé no fueron más que un espacio para la manifestación de mi

---

[40] Lucas, 12:48.

individualismo. A pesar de esto, Nuestro Señor me bendijo con extrema compasión.

– No te preocupes tanto, Marcondes. Muy pocos de nosotros salimos victoriosos en este asunto.

– Al menos no dejé de hacerlos. ¡Menos mal!

– Las tareas no constituyen un objetivo en sí mismas. Lo que importa son las lecciones educativas, los ejercicios afectivos para consolidar la voluntad de hacer el bien. Las tareas son campos sagrados para la educación en valores de nuestra especie.

– ¡Confieso que todavía no creo que alguien con tu trayectoria destaque un malestar tan íntimo! Si ese fuera tu caso, ¡no quiero ni saber lo que me espera!

– No pienses así. Con el tiempo, la experiencia ampliará tu rango de observaciones.

– ¿Y la protección, H.? ¿Están bien protegidos los trabajadores de la unificación? ¿Existe protección especial?

– Claro que sí. De lo contrario, no podríamos resistir las amenazas del aprendizaje. Ocupar el cargo que ocupé, especialmente durante tantos años, requiere mucha asistencia espiritual. Es fundamental estar de acuerdo, el apoyo existe por el trabajo y no por méritos personales o de la institución. La honrosa misión de la propuesta unificadora en su contexto histórico fue cuidar el patrimonio espiritual más valioso de la humanidad, la Doctrina de los Espíritus, y no de los hombres.

– Entonces, ¿por qué tus benefactores no te advirtieron sobre los peligros de la ilusión, reclamándote los fracasos que hoy lamentas?

– Nunca se quedaron en silencio. Advirtieron con compasión. A mi llegada al mundo espiritual, generé muchas quejas al respecto, por no comprender el carácter compasivo de la participación de amigos espirituales en mi trabajo educativo hacia la unificación. El tiempo me ha demostrado los inconvenientes de esta postura. Basta mencionar la obra "Paulo y Esteban", cuya publicación en los años cuarenta, cuando yo daba mis primeros pasos en tareas para la comunidad, contenía un mensaje completo sobre los riesgos de institucionalizar el Espiritismo, como sucedió con la Casa del Camino. Esta perla siempre estuvo en mi escritorio, pero lejos de mi atención e interés.

Al darse cuenta de la falta de tiempo, el profesor, con evidente humildad, sugirió a Marcondes hacer la última pregunta, para no interrumpir el programa de trabajo del servidor.

– He vivido un enorme drama en relación a la pureza doctrinaria a este nivel. ¿Cuál es tu orientación?

– Buscar la pureza de sentimientos, la honestidad emocional. Y, si realmente quieres saber lo que pienso, creo, por razones bien fundadas, adquiridas después de la muerte física, que nuestra necesidad de fidelidad a los textos doctrinarios es más un problema de conciencia que de amor.

– ¿En qué aspecto?

– Ya hemos adulterado demasiado la palabra de Cristo y hoy tenemos una "neurosis de lealtad filosófica" – respondió con humor el viejo capataz.

– Nunca olvidaré nuestro encuentro. Su palabra me libró de terribles conflictos.

– No es mi palabra. Es el magnetismo de la verdad la que se apodera de tu corazón.

La conversación, inesperadamente, tuvo un momento de suspenso.

H. miró por la ventana como si viera algo muy valioso a lo lejos. Cerró los ojos por unos segundos, miró a Marcondes y dijo:

– No tienes dudas sobre la historia. Todo tenía que suceder como sucedió. Solo comprendiendo lo que significa el transporte del árbol evangélico tendremos compasión por los acontecimientos que configuraron el Espiritismo en tierras brasileñas. Ten la certeza, querido hermano, que millones de almas, si no existiera un ambiente con una fuerte dosis de formalismo e institucionalidad, ciertamente no volverían a interesarse por el mensaje de Cristo. Fuera de este contexto, nunca producirían nada útil en favor de su espiritualización. El Altísimo lo sabe, por eso son tan compasivos con hombres como yo... El Espiritismo, sin duda, trajo luz a los caminos humanos. Paneles que nunca fueron abiertos al hombre terrenal pasaron a formar parte de la imaginación y las acciones de millones de almas que adhirieron a sus principios lógicos y reconfortantes. Sin embargo, cualquier arrebato de vanidad respecto a nuestra condición espiritual es mera vigilancia y descuido, que puede compararse a una luciérnaga crédula en su condición de campeona de la luz, solo porque destella aquí y allá en lugares sin luz. Nuestra condición, aun con la aceptación incondicional de la Doctrina, es la de incipientes aprendices en los temas de la vida inmortal y la evolución, aunque debemos señalar que esto no debe eximirnos de la responsabilidad de ser esa luciérnaga dispuesta a ofrecer su aporte sin pretensiones y, persistentemente, hacia las llamadas a las que todos estamos llamados a estar en primera línea.

Al final del día, luego del encuentro con Jandira, la visita al segundo piso y el diálogo con H., Marcondes se encontró agotado, aunque de buen humor. Había llegado el momento del descanso. Al día siguiente, la rutina le esperaba con mucho por hacer. Esa noche todavía tuvo tiempo para reflexionar. En medio de las intensas lecciones, recordó nuevamente su deseo de conocer a su mentor. ¿Quién sería él? ¿Por qué no se había pronunciado hasta ese momento? Bailando en estas preguntas, el discípulo se quedó dormido con el pensamiento del bien.

22

Sótano 02

¡Quien cree en mí, aunque muera, vivirá!

Juan, 11:25

Las historias del segundo piso impresionaron al nuevo aprendiz. Unas horas de visita, seguidas de un diálogo instructivo con H., despertaron su curiosidad. La vida; sin embargo, lo llamó a ampliar las concepciones de sus propias vivencias. Luego fue invitado por el Dr. Inácio a visitar el Sótano 02.

– Nadie puede venir aquí sin una preparación interior.

– ¿Podré, Doctor Inácio?

– Es hora de medir tus resistencias. Además, aquí tienes buena parte de tu último viaje carnal...?

El entorno demostraba la naturaleza de los casos graves que albergaba. En los pasillos, muchas habitaciones parecían celdas de prisión. No había enfermería colectiva. Luces tenues y gritos terroríficos. Varios quirófanos y algunas salas con una enorme cantidad de máquinas similares a incubadoras terrestres. Muchos pacientes son monitoreados por una amplia gama de dispositivos. El Doctor Inácio y Marcondes vestían ropa antiséptica adecuada.

Gorras, mascarillas, zapatos, camisas y pantalones celestes. Cuando entraron, el médico de Uberaba dijo:

– ¡Ven! Nos espera Modesta.

– ¿Es aquí donde trabaja?

– Aquí es donde "vive", diría yo. A pesar de dirigir el pabellón, pasa la mayor parte de sus horas en este torbellino de dolor.

Cuando vieron a doña Modesta entre unas pantallas de la estación, la saludaron:

– ¿Cómo está, doña Modesta?

- Con mucha esperanza - respondió expresando claro cansancio -. ¿Y tú, Marcondes?

– Aprendiendo mucho.

– Modesta, ¿cómo estuvo la noche? – Preguntó el médico.

– Logramos algunos pasos significativos. Rescatamos el eje de la historia. Ahora será menos doloroso liberar a Marina de las garras de los vigilantes.

Cambiando de tema - dijo doña Modesta.

– Me alegro que hayas llegado al sótano con Marcondes.

– Modesta, será que... – El Doctor Inácio señaló la pantalla, queriendo abrirla.

– Creo que será una manera muy trágica de empezar sus experiencias, pero ¡ven, Marcondes, mira!

El líder miró a la criatura que yacía sobre la camilla y quedó impactado por lo que vio. Consternado, pero confiando en la experiencia de los dos servidores, dijo:

– Perdón, doña Modesta... voy a vomitar... – y se fue a un rincón, completamente indispuesto.

– ¡Respira hondo, amigo! Piensa en Jesucristo...

– Doctor Inácio, ¿qué es eso? Me siento débil y...

– Cierra los ojos y piensa en Jesús, siente al Cristo. Recuerda que es tu momento de desarrollar defensas en nombre del amor.

– Inácio, ¿no sería mejor que Marcondes tuviera más tiempo?

– No. La solución de Marcondes está aquí, ¿recuerdas...?

– ¡Oh! – Y se llevó la mano a la frente, en un gesto típico –, ¡sí, me acordé! Luego llévalo a la cámara ovoide.

– ¿Estás mejor? – Preguntó doña Modesta, sosteniéndole la frente.

– Doña Modesta, perdone mi debilidad. Una cosa es leer sobre ello. Otra es vivirlo.

– No hace falta que pidas perdón, amigo. Sigue con Inácio. Te llevará a tu destino.

– Se lo agradezco, doña Modesta – y se fue, todavía mirando asustado la pantalla.

Caminando por los largos pasillos, fue el psiquiatra de Uberaba quien inició la conversación:

– Antes que me preguntes, te explicaré quién es esa criatura.

– ¿Es humano, Doctor?

– ¡Completamente no! Solo en metamorfosis temporal. En la literatura espiritista habrás leído algo sobre dragones.

– ¿Es un dragón?

– Exactamente.

– Pero esa apariencia...[41]

– ¡Para que tengas una idea de hasta dónde puede llegar la mente! Ahora intenta desconectarte. Vamos a visitar un lugar muy delicado que nos invita a sentir el ambiente de oración y sentimiento puro.

– ¿A dónde vamos?

---

[41] Nota del autor espiritual: nos abstenemos de detalles ya que no son el objetivo de este trabajo.

– A la cámara ovoide.– ¿Captaste mi deseo?

– Digamos que me estoy convirtiendo en médium...

– Tenía muchas ganas de visitar eso...

– ¿Aquél...?

– El ovoide que me quitaron mediante cirugía.

– Él está allá.

A la entrada, un enorme cartel que decía: "*El que cree en mí, aunque muera, vivirá.*"[42] A petición del médico, Marcondes se quedó en una antesala que servía de lugar de reunión. El ex director estaba investigando los detalles del lugar. Mientras hojeaba un pequeño libro de reflexiones, se llevó una sorpresa que cambiaría su errática vida:

– ¡Marcondes, mira quién está aquí!

Aun sentado, se levantó lentamente con los ojos en blanco, su corazón se aceleró, sus ojos llorosos se dirigieron al médico como pidiendo autorización y el médico le dijo:

– ¡¿No vas a abrazarla?!

– ¡Eulália! Querida... – se abrazaron tiernamente.

– ¡Marcondes, te extrañé! ¡Te extrañé...! – lloró profusamente.

– Estás más joven y hermosa – y pasó la mano por el cabello de su compañera –. Me informaron que estaba en el hospital, pero aprendí a esperar.

– Yo también sigo tus pasos. Gracias a doña Modesta y a este médico irreverente – apareció muy cerca del médico, señalándolo y agitando dos veces el dedo índice – me han aconsejado esperar pacientemente este momento.

– Te dejaré en paz por un momento. Preséntale tu tarea, Eulália. Volveré pronto. Y sé sensata...

---

[42] Juan, 11:25

– Puede dejarlo, Doctor. Deja a Marcondes a mi cuidado.

– Eulália, yo...

Eulália pidió cariñosamente silencio.

– No hablemos aquí de nosotros. Tendremos tiempo y lugar para esto. Ven, quiero mostrarte lo que hago en el hospital –y tomó de la mano a su compañero.

– ¡Mira!

Marcondes no sabía si mirarla a ella o lo que ella le mostraba.

– Son ovoides. Lo vi en la película de mi cirugía.

El interés del aprendiz se repartía entre aquellas almas castigadas por la locura extrema y la mirada de Eulália. Los mantenían en pequeñas incubadoras del tamaño de una caja de zapatos, similar a la que usaba en su consulta. Algunas más grandes, otras diminutas. En total, fueron más de tres mil historias. Nadie podría haber imaginado que esa antesala se abriría a una habitación que ocupaba casi la mitad del corredor del sótano 02. Los médicos y asistentes estaban ocupados trabajando intensamente. En los casos en que se abrieron las incubadoras para su análisis, se pudieron escuchar algunos silbidos extraños e incomparables emitidos por esas criaturas. Marcondes, muy atento a todo, experimentó una emoción sin precedentes, dividido entre el dolor de ver aquellos cuadros y la alegría de reencontrarse con Eulália. De repente, algo muy fuerte, como si fuera una energía de atracción, hizo que Marcondes soltara la mano de Eulália, se volviera hacia el lado opuesto por donde caminaban y dijera:

– ¡Allí están! – Señalando unas incubadoras cerca de la pared.

– ¿Quiénes?

– ¡Nuestros hijos!

Eulália no pudo soportar la emoción y dejó que las lágrimas brotaran espontáneamente sin decir una palabra por unos instantes.

– ¿Cómo lo sabes?

– No puedo explicar. ¿Son ellos?

– Sí, son ellos. Ocho ovoides que llevé en mi vientre. Mis amados hijos.

– ¡Por eso estás aquí...!

– Tengo la intención de recibirlos nuevamente en la carne. Primero; sin embargo, trabajo para recomponer sus formas. Mira, mira este. Su apellido era Mareei Pyrré. Mira como se empieza a formar una patita de este lado.

– ¡Jesús mío! ¿Cuánto tiempo lleva esto?

– En estas casi dos décadas de servicio, es la primera forma más parecida a los miembros humanos entre todas.

– Cuál es... ¿Sabes...?

– Éste estaba contigo – señaló al más pequeño de todos.

– Es diferente al del vídeo.

– Con el tiempo pierden su color violáceo y la materia viscosa que los rodeaba.

– ¿Eso es bueno?

– ¡Excelente!

– ¡Puedo...!

– ¡Claro! Tócalo así.

Tomando la mano de Marcondes, Eulália juntó sus dedos índice y medio, ubicando lo que sería la cabeza, guiando los dos dedos para que pasaran con mucha ligereza y cuidado.

Después de unos tiernos toques, el ovoide parecía haber despertado. Vibró como el corazón humano. Se hinchó y se desinfló. Se escuchó un fuerte zumbido y Marcondes se asustó. Inmediatamente notó un intenso dolor en la región genital y rápidamente fue llevado de regreso a la antesala.

– ¿Te sientes mejor? – Le preguntó Eulália.

– ¿Que pasó?

– Frecuencia vibratoria.

– ¿Sabe quién soy?

– No. Pero siente.

– ¡Jesús! Lo que lees en los libros ni siquiera se compara con la realidad.
Están fríos y húmedos. Y...

– Asquerosos... No tengas miedo de expresarte – intervino Eulália.

– Es verdad – confirmó Marcondes.

– Solo a la luz del amor se pueden amar a estas criaturas.

– A pesar de eso, me siento atraído por ellos.

– Estos son nuestros compromisos...

– Estoy de acuerdo. Incluso si no sé qué puedo hacer por ellos.

– ¿El dolor está desapareciendo?

– Está disminuyendo.

– Pasará.

– ¿Has estado aquí todo este tiempo, desde tu desencarnación?

– La cámara se convirtió en mi hogar, Marcondes. Al poco tiempo de ser rescatada, después de morir, fui sometida a complejas cirugías hasta que me quitaron el último ovoide. Incluso diagnosticaron que, solo volviendo a la carne, dos de ellos podrían separarse. Sin embargo, gracias a los hábiles servidores de Cristo, del Altísimo, fui enviada a la Colonia específica de ovoides, donde recibí el tratamiento adecuado.

– ¡Me siento renovado!

– Llamemos al Doctor Inácio y...

– No. Ahora no – interrumpió el caballero, tomándola del brazo y mirándola fijamente.

– Marcondes, conozco tus sentimientos. También soy como un caldero de anhelo y alegría. Pero, debido a nuestros impulsos que no siempre son dignos, pediría que todo nuestro encanto emocional sea vivido en compañía de nuestros tutores a favor de nosotros mismos. ¿Lo entiendes?

– ¡Sí, Eulália! Perdóname.

– No hay nada que lamentar, amor mío – y estrechó con desenfrenado cariño las manos de su compañero, besando su rostro con respeto.

– ¡Es que soy como un niño cuando te vuelvo a ver!

– ¡Yo también! Sin embargo, esta vez, nuestro encuentro se produce en la ocasión incomparable de nuevos comienzos y aprendizajes. Nos corresponde a nosotros actuar como niños bajo la tutela de nuestros asesores respecto al futuro. Si se nos permitió reunirnos después de escapar de nuestros deberes, es para que podamos recomponer el pasado y construir nuestra felicidad eterna.

– Ten por seguro que es mi deseo, Eulália. ¡Lo que sea necesario! Estoy feliz de abrazarte sin culpa. Aunque te amaba tanto, todavía no había experimentado una emoción tan sublime.

– A mí me pasa lo mismo.

– Quiero pedirte perdón, Eulália.

– ¿Perdón? ¿Por lo que?

– Por involucrarte en pruebas innecesarias.

– Prueba voluntaria, sería el término adecuado. Nada es innecesario Marcondes. Ya he pospuesto demasiado el compromiso que me espera de cooperación con estas almas. No tengo más tiempo y necesito tu apoyo.

– Llamemos al Doctor Inácio. Que de su boca salga lo mejor para nosotros – dijo sinceramente Marcondes.

La afectuosa pareja estuvo dispuesta a contener sus impulsos amorosos, dedicando sus emociones de afinidad al servicio del amor universal. Consultaron a su amigo médico quien les respondió:

– Se acerca un nuevo momento para ustedes dos. Eulália prepara su regreso y tú, Marcondes, entras en experiencias esenciales para tu adaptación. Además, tenemos buenas noticias para ambos... – y fue de suspenso.

– Hable rápido, Doctor, usted quiere matarnos de corazón.

– Los muertos no mueren, hija mía... – se burló.

– Ya pasamos un momento tan lindo en nuestro reencuentro, ¿qué buenas noticias podemos tener?

– Selena regresa esta tarde, después del largo curso con Odilón Fernandes.

- ¡¿Selena?! ¡Mi vieja madre! No puedo esperar para abrazarla. Es demasiado para mi corazón en un día.

Por ello, dentro de unos días sostendremos una reunión con Modesta para delinear objetivos de trabajo y crecimiento. Mientras tanto, ambos nos acompañarán a Modesta y a mí a las citas en el segundo piso. Hay varios casos que te brindarán lecciones valiosas para tus nuevas experiencias. ¡Vamos al trabajo!

El encuentro entre Selena, Marcondes y Eulália se vio coronado por el éxito. Los vínculos se restablecieron sobre la base de la esperanza de compromisos futuros para el bien de todos.

23

Tribuna de la Humildad

"¿El Espiritismo se convertirá en una creencia común, o será compartida, como creencia, solo por algunas personas?

Seguramente se convertirá en una creencia general y marcará una nueva era en la historia de la humanidad, porque está en la naturaleza, y ha llegado el momento en que ocupará un lugar entre el conocimiento humano."

El Libro de los Espíritus, número 798.

El aprendizaje nunca se detuvo. Marcondes y Selena se renovaban cada día. Cada historia les reveló un nuevo mundo de reflexiones sobre la inmortalidad.

Acercándose el momento en que trazarían planes para el futuro bajo el auspicio de doña Modesta, fueron invitados a conocer una de las tareas de recuperación más publicitadas del Hospital Esperanza, la tribuna de la humildad.

Esa tarde, el grupo estaba formado por veinticinco participantes. Entre ellos, diez evangélicos, cinco espiritistas, cinco terapeutas que guiaron la técnica y algunos invitados y colaboradores.

Por los pasillos del pabellón de Judas Iscariote siguió doña Modesta, matrona, acompañada de Marcondes y Selena que se dirigieron hacia la tribuna.

Una pequeña sala para cincuenta personas, dispuestas en círculo, con un pequeño púlpito. La disposición didáctica fue interesante porque, contrariamente a lo habitual, el orador se colocó por debajo del nivel del público, pareciéndose más a una construcción de teatro al aire libre que a un ambiente de exposición.

Antes de empezar, Selena preguntó:

– ¿Cuál es el objetivo de la técnica?

– Promoción para trabajadores que completen alguna jornada laboral en el pabellón de Judas Iscariote. El objetivo es superar las escaramuzas acumuladas durante 1 última reencarnación, y que todavía se reflejan desfavorablemente sus tareas.

– ¿Quién hablará hoy?

– El pastor Jânio.

– ¿Es realmente un pastor o solo un apodo?

– Un evangélico.

– Pero...

– Selena, es hora de empezar, luego tendremos tiempo para dialogar. Sentémonos – concluyó doña Modesta.

Un terapeuta llamado Carlos abrió la reunión e invitó a nuestro hermano a hacerse cargo. Jânio es un hombre de mediana edad. Dedicado a ramas protestantes, fundó y trabajó, durante décadas, en iglesias evangélicas en el noreste de Brasil, en el estado de Ceará. Como no tuvo dificultades con el público, subió al estrado, nos miró a todos un momento y pareció emocionarse al decir mirando a doña Modesta. Luego pronunció:

– Amigos, perdonen mi emoción. Es extraño que un hombre acostumbrado a grandes audiencias se ahogue literalmente al mirar a esta pequeña audiencia. Quiero contar, inicialmente, cómo me guio mi terapeuta: me consultaron previamente y acepté arriesgar mi vida. Si estuviera en la Tierra, tendría muchas razones para ocultar lo que voy a decir. Sin embargo, aquí, en la vida espiritual, perdí todas las razones para una vida de mentiras.

Tuve una juventud detestable, sumida en la adicción, hasta que conocí a Marisa, la madre de mis tres hijos y responsable de mi camino religioso. Hija de devotos evangélicos, Marisa se ganó mi corazón y animó la atención cristiana a la luz de la religión. Fundé una iglesia uniéndome a un grupo enorme ya establecido en el evangelismo social. Cuando me di cuenta de lo fácil que es reunir multitudes y convencerlas, perdí de una vez por todas el sentido de mi conexión con el Evangelio. Planes nefastos, tildados de iniciativas loables para la causa, prendieron fuego a mis pensamientos. Pastores experimentados me llevaron a creer en un camino inevitable para quienes sirven al Señor: la riqueza y la ostentación.

Con el argumento que somos poderosos instrumentos de persuasión, comencé a consumir ideas estratégicas sin ataduras al corazón.

Marisa, madre concienzuda y acostumbrada a las discusiones de sus padres, nunca cuestionó mis decisiones, siendo parte de todo con el alma. Yo; sin embargo, comencé a tener objetivos de comodidad y lujo.

Solo mi madre, una mujer espiritista, dedicada a ayudar a los pobres, se preocupaba por mi destino. Sin embargo, entre el vicio de otros tiempos y el hombre de hoy, mi madre prefería al hombre religioso al que me convertí. Nunca se lo dije a nadie... Odiaba mirar la Biblia... Siempre encontré los textos aburridos... Cuando leía algo que tocaba mis sentimientos, abría un canal para una culpa infinita; después de todo, ¿quién era Jânio sino un joven ex adicto y ahora un pastor codicioso? Me sentí pequeño, inferior. A pesar de ser agraciado por la multitud, tenía ganas de desperdiciar su cerebro. Los conflictos aumentaron. La ansiedad me tomó por asalto. Cuando tuve el coraje de consultar a uno de los grandes pastores, me llegó el consejo: "¡Tu problema es uno solo, Jânio! Mujer... mujer.... Entonces el último rastro de honestidad se desvaneció de una vez por todas.

Preferí el error, pues me gustaba la idea que una "autoridad" mayor avalara mi conducta con el siguiente argumento: "las personas dedicadas como nosotros tenemos algunos descuentos ante Dios..." La iglesia estaba repleta de creyentes hipnotizados. Mujeres bellas y sufridas que buscan hombres nobles y atentos. Fue fácil, una vez más, fue fácil...

Mi madre, una vez más, fue llamada a actuar, ya que uno de las creyentes de las que abusé comenzó a asistir a su Centro Espiritista. Siempre tuvo una buena discusión, y todo quedó como estaba, camino a la caída. El placer durante mucho tiempo me hizo sentir mejor, pero luego... Entonces vino lo peor... ¡Depresión! No podía ocultar la tristeza, el aburrimiento, la locura en mi interior. No me quedó otra alternativa, ante el cruel volumen de obligaciones, que pretextar un largo viaje con mi familia. Los trucos políticos finalmente me alejaron del púlpito. Una noche de dolor, no pude soportarlo y acabé con mi vida...

Miren esta marca.

Y sorprendiendo a todos, se abrió la camisa dejando ver su pecho con una gran cicatriz, luciendo como una vieja cáscara de maracuyá toda arrugada.

– En el cuerpo físico nadie vería jamás una cicatriz de esta naturaleza. Solo en la vida espiritual se pueden evaluar los efectos del suicidio en el periespíritu. Aquí; sin embargo, todos los días me miro en el espejo... – rompió en lágrimas convulsivas, siendo ayudado por su terapeuta con un pañuelo -. Me miro y pienso en la vida, pienso en todo lo que he hecho, pienso en la parte buena de toda mi historia que decidí olvidar: los queridos hijos que aun eran pequeños, la esposa sincera, la bendición de la religión, la amable madre que no sabía dónde estaba...

Jânio se detuvo por un momento bajo la influencia de la emoción.

El público presente permaneció atento al discurso de su acompañante. Los más sensibles, incluida doña Modesta, se dejan bañar por las lágrimas. Y el pastor continuó:

– ¿Qué hice para merecer ayuda? No puedo imaginarlo. Pero esta mujer que está aquí – y señaló a doña Modesta – se convirtió en mi nueva madre, sacándome del fondo del dolor y de la locura. Después de cinco meses en esta casa de amor y misericordia, todavía cargando en mi pecho el peso de la culpa y el dolor cruel, solo puedo decir gracias y ofrecerme a hacer algo por alguien. Realmente me gustaría pedir perdón a algunas personas. Como no sé si los veré, pido permiso a los presentes para que me permitan un acto de amor a favor de mi paz.

Jânio miró atentamente a los presentes y, como si sondeara las profundidades de cada uno con su capacidad de percepción magnética, de pronto se arrodilló ante uno de los presentes y le besó los pies. No conocía a la persona, ni siquiera sabía su nombre y dijo en voz alta:

– Hermano mío, ¿cómo te llamas?

– Célio

– Entonces, Célio, en el nombre de Nuestro Señor Jesucristo, a quien glorifico, te pido perdón, hermano mío, porque incluso al no haberlo ofendido directamente, ni conocerlo, veo dolor en tus ojos, veo tristeza en su rostro. Perdóname, Célio, no cometí un error intencionalmente. Me equivoqué, me engañé a mí mismo. Amo a Jesús y quiero seguirlo. Perdóname, querido hermano – y rompió nuevamente a llorar, siendo abrazado efusivamente por Célio, quien demostró aceptar plenamente la actitud del pastor.

Todos quedaron muy conmovidos por la sinceridad de Jânio. Al no resistirse al acto de perdón, su terapeuta lo abrazó fraternalmente y le pidió a Célio que subiera al estrado para decir lo que quisiera. Jânio había calmado su alma. Su rostro cambió, se volvió luminoso, se formó una sonrisa y, desde su pecho, ahora se podía percibir una tenue luminosidad. Desde arriba, un hilo de luz plateada, pero con un altísimo potencial de amor, penetró en su centro gástrico en una profusión de bondad y ternura.

El trabajo continuó. Después de la sensible declaración de Célio, Jânio volvió al estrado para responder a varias preguntas de los evangélicos presentes. En verdad, la tribuna creó una catarsis para el grupo, aliviando sus propias luchas. Luego de los discursos que duraron sesenta minutos, los grupos se dispersaron, quedando doña Modesta, Marcondes y Selena.

– Doña Modesta, ¿qué será de él ahora? – Preguntó Selena.

– Se sentirá más aliviado y tendrá nuevos amigos. ¿Viste cómo los evangélicos lo rodearon?

– ¡Qué bueno que los espiritistas no cometamos errores tan flagrantes! – Expresó Marcondes.

– ¡Solo alguien que no tenga un conocimiento profundo de los posibles dramas podría decir algo así, mi querido Marcondes!

– Al menos nunca he oído hablar del suicidio entre los espiritistas. O sea, con excepción de Jandira que está en las salas restringidas.

– ¡Hijo mío! ¡ Hijo mío! No querrás oír hablar del sufrimiento de muchos amigos que trabajan en las sombras. En nuestra sala de suicidas tenemos innumerables casos de espiritistas.

– ¡Doña Modesta! ¡¿Será posible?! ¿Ni siquiera los espíritas escapan? – Preguntó Selena con curiosidad.

– Ni siquiera los espíritas escapan. Vieron la narración de Jânio. La depresión es una enfermedad sutil que viene azotando a muchos amigos de ideal, que no reconocen, con humildad, su enfermedad. Tenemos casos de suicidios de espiritistas que nunca admitieron la posibilidad de acudir a un psiquiatra.

– ¡Lo cual sería una tontería!

– ¿Por qué es una tontería, Marcondes?

– ¿Dónde has visto alguna vez a un espiritista necesitar un psiquiatra? Esto sería admitir que no estamos viviendo el Evangelio, o peor aun, que la Doctrina no es suficiente para nuestro equilibrio y guía.

– ¡Te equivocas! La cuestión no está en la Doctrina, ni en el Evangelio, sino en nosotros, los espíritas. Solo ignorando la naturaleza de nuestras necesidades, o tratando de ignorar el alcance de nuestra inferioridad, se puede hacer una afirmación como ésta, porque, en verdad, la importancia personal superlativa ha sido una dolencia común entre amigos en los negocios. ¿Recuerdas las lecciones aprendidas con H. en el ala de los unificadores?

– Lo recuerdo.

– Bueno, debes saber que muchos de los que ya están en el segundo piso, en mejores condiciones, optaron por suicidarse.

– No puedo imaginar cómo un espírita, especialmente un líder espírita, puede llegar a tal punto.

– Es más fácil de lo que imaginas, Marcondes. El caso de Jânio ilustra bien esta trayectoria.

– ¿Quieres decir que algunos espíritas siguen el mismo camino que él?

– Algunos tienen un camino peor.

– ¡Entonces no son espíritas!

– ¡Marcondes! Piensa en tu experiencia personal, querido amigo, y dime si podrías considerarte espírita.

– ¿Sabe algo, doña Modesta?

– Dime.

– Ya no creo en los espíritas.

– Si puedo ser honesta, creo que nunca lo creíste.

– ¡Tal vez! ¡Tal vez!

– Y diré más: casi dejó de creer en la Doctrina.

– ¡¿Eso también, doña Modesta?!

– Bueno, tengo razones para creerlo.

– ¿Cuál?

– Por el interés con el que asistió a la conferencia de Jânio.

– No entiendo del todo... Quieres decir...

– Quiero decir – interrumpió la matrona – que te hubiera encantado hacer algunas preguntas y no tuviste el valor, porque se referían a tus creencias más íntimas. Si estuviera en la Tierra, en un momento como este, lo abandonaría todo y seguiría otra denominación religiosa, rodeado de la sinceridad de Jânio.

– ¡Doña Modesta! No seas indiscreta, ¿has estado leyendo mis pensamientos?

– Más que eso...

– No hice las preguntas, porque el grupo de evangélicos debió haber tenido sus propios problemas y ahogaron al hombre después que habló. No quería involucrarme en cosas protestantes...

– ¿De verdad crees que fuiste colocado en este grupo a merced del final?

– ¡¿No existe el azar, verdad, doña Modesta?!

– La Doctrina Espírita es una bendición de alivio y paz para quien la busca y absorbe sus lecciones. Sin embargo, para aquellos que se detienen en la superficie de sus enseñanzas, se convierte en una carga de conciencia. Por este motivo, algunos cohermanos recurren a alternativas. ¡Cansados del Espiritismo!

– ¿Estás cansado del Espiritismo? ¡Nunca había pensado en esto! Les confieso que si pudiera hacer o experimentar algo aquí que no involucrara Doctrina, sería una experiencia interesante. ¿Quién sabe estudiar filosofía?

– ¿Estudiar filosofía y seguir engañándose? Este cansancio, Marcondes, proviene del desajuste que creamos en la internalización de los principios doctrinarios. El Espiritismo brilla solo para quien le ofrece un espejo traslúcido en el corazón capaz de reflejar una claridad infinita y benéfica.

– Doña Modesta, ¿puedo preguntar? – Preguntó Selena.

– Ya preguntaste.

– ¿Qué hace Jânio en este hospital?

– Prepararse para trabajar por el bien de las iglesias reformadas. Tiene estrechos vínculos con el hospital, pues fue un pedido de su madre quien, al final de su existencia, se hizo espírita. Hará un trabajo específico y arduo de convencer y cambiar conceptos entre los evangélicos aquí presentes, para adaptarlos a la realidad que quieren negar.

– ¿Tenemos aquí alas evangélicas específicas?

– Todos los seguidores y amantes del mensaje cristiano encuentran refugio en esta casa.

– ¿Cómo se les trata, considerando que los asesores del hospital son espiritistas?

– Con cariño y respeto incondicionales. Esta fue la guía de Eurípides y del mismo Cristo cuando afirmó: *"En esto conocerán todos que sois mis discípulos, si os amáis unos a otros."*[43] Hay almas en esta casa que extrañan los entretenimientos terrenales. Contamos con un centro cultural que reproduce parte de estos eventos, con fines de entretenimiento educativo a través del teatro, la música y el cine. También contamos con una capilla con fines terapéuticos para aquellas almas que ni siquiera encuentran motivos para seguir

---

[43] Juan 13:35.

viviendo. Carecen de manifestaciones externas. A pesar de esto, no es raro encontrar algunos espíritas que asisten a ella con oraciones sentidas y auténticas. Nuestro hospital es un centro de recuperación que reproduce muchos escenarios terrenales con fines motivacionales y reparadores. Por supuesto, en Colonias más adaptadas a los propósitos elevados del espíritu, tales manifestaciones ciertamente están abolidas, apuntando a la conciencia. Aquí en el Hospital Esperanza, a pesar de su carácter educativo, no podemos, por ahora, escapar de su característica eminentemente salvavidas, ligada al mundo terrenal.

Al observar la expresión absorta de Marcondes, doña Modesta provocó:

– ¿Te intriga la capilla, Marcondes?

– Como le dije, doña Modesta, creo que dejaré de sorprenderme. Ya no dudo de nada. Intentaré verlo todo con naturalidad.

– Tu discurso merece un aplauso – dijo con alegría la consejera – porque ese es el espíritu de la vida: la naturalidad. Vivirlo como es. Celebrando la existencia con fraternidad al diferente, al contrario, al opositor. Felices los que pueden caminar por este camino. Lejos de la terrible enfermedad del prejuicio y la indiferencia.

– ¿Por qué nos trajiste aquí? – Volvió a interceder Selena, quien se mostró muy reflexiva ante la nueva información en ese momento.

– ¡Esta es la plataforma de la humildad! Por aquí ya pasaron algunos espiritistas de renombre, haciendo de sus más simples "pecados" un verdadero homenaje a la autenticidad. Otros, en situaciones más graves, tuvieron el coraje de revelar flagrantes desviaciones de su vida corporal.

– ¡¿Exponerte así, en público?!

– Tarde o temprano, todos tendremos que lidiar con nuestras amarguras y heridas más secretas. Es el precio de la libertad. Tendremos que señalar nuestras heridas para que el Médico Divino pueda sanarlas. Y señalar significa mirarlos en el espejo de la conciencia. Solo quienes adoptan la postura mental de la humildad son capaces de operar con dignidad en este sentido. La humildad es el acto de amarnos a nosotros mismos tal como somos. Para ellos, la tribuna no es más que una técnica auxiliar.

– Me parece muy cruel tener que exponerse así. ¿Cómo se utilizará esta información más adelante? No sé en qué mundo me encuentro, pero, en el plano físico, si actuamos así, ciertamente quedaríamos macerados. Nuestra información sería utilizada en nuestra contra y ¡ay de aquellos que se exponen!

– No puedo estar en desacuerdo con tal verdad. Aquí; sin embargo, tenemos objetivos bien definidos y solo participan en la plataforma pacientes a los que se les ha analizado exhaustivamente su historial. El acto de exponerse en nuestro plano es sinónimo de alguien que, primero, se expuso. Así como en algunos casos se recomienda la regresión a vidas pasadas, la "plataforma psicológica" solo será beneficioso para ciertas almas con rasgos peculiares de autoconocimiento.

– En definitiva, ¿cuál es la función de la tribuna?

– Sobre todo, animar a otros a salir del armario. Ampliar u lento trabajo de desilusión, quitar las máscaras. Se cuenta con el apoyo de especialistas terapéuticos de diferentes modalidades, cuyas cualidades morales son el resultado de un largo servicio de amar el dolor ajeno. Cinco de los veinticinco miembros del grupo actual son psicólogos y admirables estetas de las ciencias del alma. Terapeutas psíquicos.

– ¿Solo asisten los novatos?

– Solo aquellos que quieren superarse a sí mismos. Tenemos sesiones más profundas en las que algunos corazones más conscientes, en posesión de mucha información de sus vidas pasadas, explican los defectos de la existencia recién terminada desde la perspectiva de su trayectoria milenaria. Algo maravilloso y profundo, capaz de hacer nacer la sublime virtud de la compasión cuando entendemos que lo que parece una caída, en la mayoría de los casos, es avance y crecimiento, considerando las existencias carnales pasadas.

— ¡Dios mío!

— ¿Qué pasó, Marcondes?

— Algunas tonterías pasaron por mi cabeza.

— No es una tontería. Antes era como pensabas.

— ¿Estás leyendo mis pensamientos?

— Más que eso, repito...

— ¡¿Más?!

— Leo tus sentimientos.

— ¿Qué sentí?

— Deseas sinceramente que ésta fuera la realidad de los Centros Espíritas.

— ¿Es posible que algún día sea así, doña Modesta?

— No tengas duda.

— ¿Cuándo?

— Cuando los espíritas abandonen los estereotipos y trabajen hacia la edad adulta. Según el Doctor Bezerra, tenemos setenta años para establecer este plazo; el período de mayoría.[44]

— Es mucho tiempo...

— Es un abrir y cerrar de ojos...

---

[44] *Cosecha Bendita*, mensaje "Actitud de Amor."

– Permítame una pregunta un tanto grosera, dadas tus declaraciones, ¿sería creíble admitir que los espíritas estaban teatralizando la moral?

– Inconscientemente.

– Explícate mejor, por favor.

– No lo hacen de forma deliberada, intencionada. Simplemente se defienden de lo que no quieren exponer...

– Luego teatralizan.

– Teatralizamos.

– No me incluyo en esa postura.

– No se incluye por pura falta de lucidez respecto a su mundo subjetivo.

–¿Qué quieres decir? – Dijo el viejo líder Marcondes, algo irritado.

– Casi nadie escapa a la práctica de la virtud entre nosotros, querido amigo. Es parte de las etapas de avance. En primer lugar, las semillas de la reforma íntima fermentan durante mucho tiempo en los calderos hirvientes de la intelectualidad. Solo más tarde, mucho más tarde, comienza una metamorfosis en los rincones del corazón, en la que, definitivamente, se produce la auténtica reforma, la conquista de uno mismo. Para todos, esta vez es diferente. Teniendo en cuenta lo anterior, ¡podríamos llamar al hermano Jânio un protestante espiritista!

– ¿Pastor espírita?

– ¿Te asusta la nomenclatura?

– Otra vez es pureza, ¿no, Marcondes?

– Para mí solo existe un tipo de espiritista.

– ¿Y los otros...?

– Los demás podrán llamarse espíritas, pero no lo son.

– ¿Cuál es su concepto de un verdadero espírita?

– Kardec. El que se esfuerza por domar sus malas tendencias.[45]

– ¿Qué pasa si el pastor Jânio cae en esta condición?

– Pero, ¿no es evangélico?

– Evangélico y verdadero espírita, según la concepción kardeciana. ¿Cómo nos quedamos?

– ¡Todavía así! ¿Qué cree o sabe sobre la mediumnidad, la reencarnación y las fundaciones espíritas?

– Kardec no dice que un verdadero espírita se reconoce por creer en fundamentos espíritas.

– Evidentemente se entiende en el discurso del codificador que se refiere a los que creen.

– Marcondes, ¿qué crees en relación al futuro? ¿Tendremos hombres espirituales u hombres buenos?

– El Espiritismo es la revelación de la verdad. El hombre inevitablemente tendrá que adoptarlo.

– Eso no significa que todos tendrán que hacerse espíritas. ¿No lo crees?

– No estoy de acuerdo. Tarde o temprano tendrán que hacerse espíritas.

– ¿No cree que sería más razonable pensar que cada uno adoptará los fundamentos de la Doctrina, pero cada uno según su cultura y denominación religiosa?

– ¿Sería eso desfigurar el Espiritismo en su pureza?

– ¿Y cuál es la pureza del Espiritismo?

– La dada por Kardec.

---

[45] *El Evangelio según el Espiritismo*, capítulo XVII, ítem 4

– Kardec hizo posible el Espiritismo en su época. Sin quitarle su condición de misionero de la Nueva Era, el codificador fue un hombre de su tiempo, sujeto a la cultura de su nación. Ten en cuenta que los propios libros de la codificación contienen una gran influencia de la corriente positivista e incluso de la iglesia. Aunque fue un investigador incomparable, estuvo sujeto, como no podía ser de otra manera, al "caldo cultural" de su época. Al llegar a Brasil, la doctrina asimiló, a su vez, los rasgos religiosos y sociales de nuestro país.

– ¿Qué quieres decir con eso?

– Que el llamado Espiritismo puro es una creación de la cabeza humana, tomada por prejuicios, y que los espíritas de hoy son un "culebrón cultural católico", un fenómeno social e histórico. Las prácticas y conceptos doctrinarios fueron moldeados por el antiguo marco del hombre religioso.

– ¡No, doña Modesta! ¡Perdón por la interferencia! Estás exagerando y mezclando las cosas. Si todos piensan así, ¿dónde terminará el Espiritismo?

– Acabará en un lugar al que nadie, en ningún momento, podrá impedirle llegar.

– ¿Dónde?

– En terreno neutral. Se convertirá en una creencia general según lo afirma la sabiduría del Espíritu de la Verdad, pero no en una religión general....?

– Leamos aquí un extracto del Génesis XVII, punto 3 2: "Para llegar a esto, las religiones deberán encontrarse en un terreno neutral, aunque común a todas; para ello, todas deberán tomar decisiones más o menos importantes. concesiones y sacrificios, de acuerdo con la multiplicidad de sus dogmas particulares, pero, debido al proceso de inmutabilidad que todos profesan, la iniciativa de las concesiones no puede venir del campo oficial; en lugar de tomar el punto desde arriba desde el principio, lo derribará por iniciativa individual. Desde hace algún tiempo está en marcha un movimiento de descentralización que tiende a adquirir una fuerza irresistible. El principio de inmutabilidad, que las religiones siempre han considerado una égida conservadora, se convertirá en un elemento de destrucción, dado que, inmovilizándose, a medida que la sociedad avanza, las sectas serán superadas y luego absorbidas por la corriente de ideas de progresión."

– ¿Cómo interpretar este pasaje?

– El Espiritismo no crea renovación social ni infunde espiritualidad en el pueblo. La Tierra avanza paulatinamente hacia la edad adulta en la búsqueda de la noción integral de civilización. Esta mayoría humana requiere una Doctrina tan clara como el Espiritismo. Las personas se vuelven espirituales con o sin Espiritismo.

– Supongamos que es como dices. ¿Qué pasa si quiero seguir siendo espírita según el concepto que tengo del verdadero Espiritismo?

– Es tu derecho. Sin embargo, comprende que no es cierto para todos. No será el camino adoptado por la mayoría ante el inviable fenómeno global de la espiritualización. Tu concepto de pureza es parte de esta diversidad. Merece ser aceptado como parte de un todo.

– Hablando así, siento un enorme desánimo hacia la labor de los unificadores, el esfuerzo que miles de hombres hacen por el bien de la Doctrina.

– ¡Ese es el punto! El bien de la Doctrina. El hombre hace lo mejor que puede en su concepto por la causa, por la Doctrina. Sin embargo, se olvida que ella defiende y predica el amor incondicional por los demás. Amamos la Doctrina y amamos su propio objetivo central. Una incoherencia que es necesario corregir.

– Esto me provoca una inseguridad terrible.

– ¿En relación a qué?

– ¡A las exageraciones doctrinarias, por ejemplo...!

– En este sentido, pronto tendremos "espíritas católicos", "espíritas de Umbanda...

– ¡No lo haremos! ¡Ya los tenemos! Además de ellos, comienzan a aparecer "psicólogos espíritas", "artistas espíritas", "administradores espíritas", "espíritas ocasionales" y muchos otros.

– ¿Y cómo es esta situación? Como espíritas, solo tienen el nombre. Como dijiste, son ocasionales. Son espíritas "en parte"; es decir, en lo que les concierne.

– Explícate mejor.

– En el caso del psicólogo que se autodenomina espírita, porque utiliza algunos conceptos espíritas en su trabajo, ¿podemos considerarlo espírita?

– Sin duda.

– ¡Ah, doña Modesta! – Se burló el líder – ¡Nunca podré aceptar eso! ¡¿Solo porque un psicólogo o un practicante de Umbanda utiliza algunos conceptos espíritas, se llaman a sí mismos espíritas?! ¡Es demasiado!

– ¿Por qué tanto?

– ¿Y dónde está la experiencia de los principios? ¡Qué lejos están de lo que propone el Espiritismo!

– ¿Y qué propone el Espiritismo?

– Reforma, mejora, ética del bien.

– Analizado de esta manera, cabe plantearse una pregunta: ¿cómo se encuentran quienes se dicen verdaderos espíritas en relación con esta reforma, esta mejora, esta ética del bien?

– Hacer lo mejor que puedan para homenajearla dentro de los Centros Espíritas, firmes en la tarea.

– Pero con las mismas luchas que todo ser humano, ¿estás de acuerdo?

– Estoy de acuerdo. ¿Y esto qué tiene que ver con eso?

– Se trata que cada uno dé el paso posible hacia esa mejora, y no se sorprenda de encontrar aquí algunos hombres como el pastor Jânio, que nunca han oído hablar del Espiritismo y ofrecen testimonios como el que escuchaste y que; sin embargo, son mejores que muchos espíritas en este concepto defendido por ti. El mayor problema del cristianismo primitivo fue que prohibía el amor en sus relaciones. Si usaras jerarquía y ritual, pero amaras...

– ¿Predica el Espiritismo ritualizado en nombre del amor?

– Soy partidaria del amor por encima de cualquier connotación filosófica y religiosa.

– ¿Y qué pasa con los conceptos doctrinarios, cómo serán en este caso?

– Son impecables, siempre que las vivamos en espíritu y en verdad. El amor es el centro de convergencia de todas las fundaciones espíritas. Si defendemos principios sin ejemplos de amor legítimo, estaremos experimentando el proceso llamado institucionalización; es decir, el aprisionamiento de los sentimientos en detrimento de las convicciones. Esta actitud conduce al desamor. Y una de sus manifestaciones más viriles se llama indiferencia; es decir, la acción emocional de quien no pretende interactuar con quien es diferente y sus diferencias.

– ¿Y el modelo creado por los unificadores, a través del esfuerzo de Bezerra de Menezes, cuya historia se entrelaza con las fuentes del Espiritismo brasileño?

– El modelo inicial era necesario. El problema es convertirlo en un modelo definitivo. El propio Doctor Bezerra tiene una visión clara de las necesidades del momento, siendo él mismo el mentor de esta nueva etapa del pensamiento espírita para el mundo.

Acuerdos e iniciativas constantemente se celebran encuentros conjuntos con guías espirituales de diferentes naciones. Hay un grito de estos corazones que apoyan a las naciones de la Tierra para que los aspectos filosóficos del Espiritismo lleguen al territorio bajo sus auspicios.

– ¿Puedo hacer una pregunta más descarada?

– ¡Me encantan las preguntas atrevidas!

– Acabas de leer un extracto de la codificación. Aquí mismo en el hospital los he visto en pleno uso en las distintas mesas de estudio; ¿Qué opinas de los libros de Kardec?

– Son como una boya.

– ¿Una boya...?

– ¿Para qué sirve una boya? – Preguntó doña Modesta con tono profesoral -. ¡Una boya es un apoyo para quienes no saben nadar!

– En este caso, desde el aspecto espiritual, toda la humanidad lo necesita.

– Incluso necesitan aprender a nadar y surcar mares desconocidos con esfuerzo personal.

– Quiere decir...

– Quiero decir que hay mucho por desentrañar. La codificación abrió el velo de la inmortalidad, para que el hombre pudiera penetrar en el mundo desconocido del Más Allá. Sin embargo, el texto de Kardec no dijo la última palabra. En lugar de ser tan textuales en relación al codificador, deberíamos estudiar su postura coherente, su sabiduría, su prudencia y su capacidad investigativa. El propio codificador ya ha renovado su atención sobre el trabajo que él mismo realizó, monitoreando el progreso...

– El Espiritismo es la tercera revelación. Esa es la verdad.

– Camino a la verdad y a la vida.

– ¿Camino?

– Sin duda, el camino más claro que Dios ofrece al hombre para su espiritualización en la Tierra.

– ¡El mejor, diría yo!

– Prefiero no pensar así.

– ¿No? ¿Por qué?

– Lo mejor para cada persona tiene connotaciones diferentes. Volvemos al origen de nuestra conversación. Es más interesante convertirse en un buen hombre que en un espiritista dentro de este concepto de actuación estereotipada. El Espiritismo diseccionó la inmortalidad. Abrió panoramas para analizar la continuidad de la vida. Reveló la "anatomía del cielo" y dio orientación sobre cómo alcanzarlo. Pero no dijo todo. Una pequeña punta del inmenso velo es abierta por la sabiduría de las enseñanzas espíritas. El mérito de la Doctrina es dar lógica a los principios religiosos de todos los tiempos y conectarlos con la ética de la benevolencia aplicada. Sin duda, sin ningún reduccionismo, el triunfo de la Doctrina no fue solo reafirmar la inmortalidad, principio ya consagrado en varias culturas, sino más bien diseccionar este tema, escudriñando la "anatomía de la muerte", dándole un carácter conductual. La lógica surgió de la experimentación y de ahí surgió la ética como alma de las ideas espíritas. La lógica ilumina la razón para alcanzar una fe racional, y la ética nos anima a adoptar caminos liberadores hacia la conciencia divina de nosotros mismos.

– Confieso que tu argumento hace temblar mis conceptos. Sin embargo, no puedo aceptar, de todo corazón, tus declaraciones. Para mí, el verdadero espírita es uno solo y no hay término medio. El verdadero espírita es aquel que está en la comunidad, siguiendo los preceptos de Kardec.

– La comunidad espírita, en verdad, es un ejemplo en cuanto al esfuerzo sacrificial para superar la rutina impuesta por las ilusiones mundanas. Es una cosecha bendita que debe interpretarse como una excelente enfermería para nuestra propia recuperación. ¿En qué nos diferenciamos de otras personas religiosas? ¿Hemos vivido ya la ética de la inmortalidad? ¿Quién de nosotros ha conquistado por completo la rueda de los intereses personales? ¿Cuántos de nosotros hemos desarrollado el pensamiento reencarnacionista hasta el punto de iniciar el proyecto de un futuro retorno? Es necesario evaluar que las victorias y adquisiciones, a la luz del espíritu inmortal, no son más que matrices valiosas sino embrionarias para germinaciones en el largo peregrinaje evolutivo. ¡No te equivoques! La comunidad espírita brasileña es un centro de recuperación de almas gravemente enfermas tanto como nosotros tres...

– ¡Perdóname por mi sinceridad, que es de tu gusto, pero no sé si llamarte loca o inteligente! – Dijo el líder con humor.

– Hay poca diferencia entre locura e inteligencia. Digamos que las personas inteligentes son locas educadas... Por mi parte, no creo que sea ni eso. Estoy loca... ¡Loca por Cristo!

La vida de cualquier discípulo ya no es la misma después de pasar por el nivel de la humildad. La tarea creada por Doña María Modesto Cravo, bajo la aprobación de nuestro director, alcanza niveles gloriosos en la liberación de almas prisioneras de sus propias mentiras.

¿Quién de nosotros no tendrá que subir esta plataforma por el espinoso camino de la desilusión?

24

Generación solidaria

"No se debe entender que por esta emigración de los espíritus, todos los espíritus recién llegados son expulsados de la Tierra y relegados a mundos inferiores. Muchos, por el contrario, volverán allí, como hay muchos que están allí porque cedieron al arrastre de las circunstancias y del ejemplo."

La Génesis, capítulo XVIII. La Nueva Generación, punto 29.

Luego de un intenso trabajo en días consecutivos de ayuda y socorro, doña Modesta invitó a Cícero Pereira, Marcondes y Selena a un momento de entretenimiento en su residencia, cerca del Hospital Esperanza.

El momento fue íntimo. La anfitriona conservó los viejos rasgos de la hospitalaria nativa de Minas Gerais. Se sirvió una buena taza de té refrescante mientras la conversación los sumergía en un ambiente distendido.

– ¡Cuánto dolor en estos lugares! – Dijo Selena.

– La vida espiritual también tiene sus alegrías, ¿no es así, doña María? – Dijo el profesor Cícero.

– ¡Es verdad! ¡Muchas alegrías!

– Doña Modesta, ¡me informaron, en conversaciones rutinarias con el personal del hospital, que tienes vínculos profundos con algunas criaturas en el plano físico! ¿Serías su mentor?

– ¡Ay, Selena! La historia es larga... ¿De verdad quieres saberla?

– ¡Me encantaría!

– Estábamos a mediados de los años cuarenta. El Sanatorio Espírita Uberabense celebró logros esenciales junto al trabajo no obsesivo de los pacientes. Inácio, como médico e investigador humanitario, bajo la tutela de Eurípides que hizo uso de mis sensibles facultades, desarrolló métodos de recuperación nunca imaginados. Nuestras reuniones de intercambio siguieron el criterio de la espontaneidad. ¡Cómo extraño ese momento inolvidable!

En ese momento comenzaron a aparecer algunas peticiones de ayuda por parte del Doctor Bezerra para almas atendidas con manifiesto cariño por su benefactor. Fue tanto su amor que sentí pena por la situación de aquellos espíritus. Algunos de ellos eran justicieros, empleados de organizaciones vinculadas a dragones malvados. El Doctor Bezerra dijo: "La ayuda mediúmnica a estas almas caídas significa el trabajo paciente de invertir en el brillante futuro de la humanidad. Un día, utilizarán la fuerza y la inteligencia que poseen para implementar el reino del bien. Les falta dirección. Nuestra tarea, por tanto, es de gran importancia dada la cantidad de medidas llevadas a cabo por los organizadores planetarios a favor de los destinos regenerativos de nuestra querida Tierra. Estrechos vínculos nos conectan con estos corazones en el tejido del tiempo..."

En aquella época, que nunca olvidaré, un sábado, a principios de los años cincuenta, después de agotadoras actividades en el Sanatorio, fui a refrescarme un poco a mi habitación. Estaba sentada en el borde de la cama cuando entró Eurípides y me dijo:

– Doña Modesta, tenemos que ser muy cariñosos con estas almas a las que asistimos en reuniones de intercambio.

Le pregunté espontáneamente:

– Benefactor, ¿hay alguna razón especial?

– Nuestros hermanos tienen mucho miedo a la reencarnación. Quieren protección y temen nuevos fracasos. Mientras han recorrido el oscuro camino de la justicia despiadada, saben que ellos también pueden ser acusados y castigados.

– ¿Cómo puedo ayudar, querido benefactor?

– Se están preparando para un futuro glorioso. Saben que tienes trazada la duración de tu vida física. También saben que se espera que aquí asuman serias responsabilidades en el Hospital Esperanza. Por eso, muchos de ellos, especialmente aquellos que tienen vínculos con nuestro pasado, nos han pedido protección y apoyo. Regresarán en esta década y la próxima con tareas definidas.

– ¿Podré hacer algo?

– Esperan que los consueles con la promesa de ayudarlos durante la tarea de recuperación de la conciencia en la carne. Piden tu aprobación, doña Modesta.

– Pero ¿no sería mejor que Inácio, que los "adoctrina", diera esta garantía? ¿O incluso tú, mi benefactor, que ya estás liberado del cuerpo y dándoles todo el cariño?

– Sienten tu amor de madre. Te quieren y tienen nuestro consentimiento.

– ¿Y qué tengo que hacer para que crean que los apoyaré?

– Volveremos con muchos de ellos a los encuentros para el diálogo promoviendo estas promesas de luz.

– Pero, ¿puedo saber el porqué de tan afectuosa expresión de cariño del Doctor Bezerra hacia estos corazones?

– Regresan como lirios de esperanza, arrancados y preparados por el campeón del amor, con misiones paralelas a la obra redentora de Cristo.

— ¡Querido benefactor! Con tantas luchas y sentimientos, ¿cómo pueden ser mensajeros de Cristo?

— Sus corazones están empapados de culpa y dolor, sin embargo son almas valiosas por las disposiciones comunitarias que presentan en sus innumerables trayectorias carnales... Doña Modesta, para que pueda comprender cómo Dios asiste a las almas de este carácter moral, estudie el hermoso texto. "Una Nueva Generación" contenida en *La Génesis* de Allan Kardec.

Fue así como me vi obligada a hacer infinitas promesas de tutela durante los últimos quince o veinte años de mi peregrinación en la carne [46], junto con innumerables almas desoladas. Ya sea en reuniones de meditación, o incluso fuera del cuerpo, durante el descanso, los involucraba en acuerdos emocionales de sensibilidad y ternura. Creyeron solemnemente en mí. Me convertí en su madre en espíritu.

Yo vendría aquí y ellos irían al cuerpo. Honestamente, mientras estaba en el cuerpo, no podía imaginar satisfactoriamente, dentro de mi espíritu inquisitivo, cómo sucedería tal destino.

Desencarné, y una de las primeras iniciativas del Doctor Bezerra fue decirme que necesitaba encontrarse con mis hijos adoptivos en la Tierra, quienes fueron ayudados por mis facultades mediúmnicas. Tenían entre dos y quince años de vida física. Recuerdo que la primera niña que visité era una niña muy rubia. Cuando la vi lloré profusamente sin saber exactamente por qué. Visité uno por uno. Eran casi treinta. Todos, médiums. Difundidos por este país del Evangelio, se convirtieron en parte intensiva de mis realizaciones en esta casa de amor. Están, poco a poco, con tenaces luchas internas, buscando su redención. Con el tiempo asumirán sus tareas doctrinarias.

---

[46] María Modesto Cravo desencarnó el 8 de agosto de 1964.

He buscado, con la ayuda y guía del Altísimo, unirlos a través de los vínculos sacrosantos de la fraternidad y la afinidad de propósito. Cumplir el compromiso asumido significa para muchos de ellos redención espiritual.

Seguir los pasos de mis pupilos se ha convertido en la tarea más gratificante. Siento mucha alegría cuando los veo ajustados, creciendo. Pero no todo ha sido tranquilidad y pura alegría. Muchos han sufrido las crueles espadas de la justicia que alguna vez aplicaron sin amor. Ante inmensas responsabilidades, sucumben bajo la expiación del orgullo y los impulsos de mando. Están atrapados en la red del personalismo, este estado mental de egocentrismo. Otros, a pesar de las pruebas tenaces, siguen teniendo miedo, aunque carecen de apoyo incondicional.

– ¿Y sigues vigilándolos? – Preguntó Selena.

– Con el tiempo, me volví más consciente de mis vínculos con esas criaturas. Además de vínculos del pasado, formaron parte del grupo elegido por el Doctor Bezerra para componer la generación solidaria. El compromiso es más amplio de lo que podía imaginar...

La historia conmovió a Selena y Marcondes. Como es habitual, el momento de entretenimiento entre almas deseosas de aprender se convirtió en una comida educativa. Curioso por la nueva expresión, Marcondes preguntó:

– ¿Puedes explicarnos qué es la generación solidaria?

– Creo que el profesor Cícero es la persona indicada para hablar del tema – dijo doña Modesta. Incluso, tras su desencarnación[47], incluso cooperó en el renacimiento de algunos de ellos.

---

[47] Cícero dos Santos Pereira desencarnó el 4 de noviembre de 1948.

Sin pestañear, el profesor participó por primera vez en la conversación.

– Debido a la naturaleza mental de quienes organizaban el movimiento espírita brasileño, el Doctor Bezerra, estableciendo medidas preventivas contra los excesos institucionales, en la década de 1940, inició preparativos para reencarnar ochenta líderes con tareas definidas dentro del colectivo doctrinario. La generación solidaria recibe este nombre porque la solidaridad indistinta, por encima de prejuicios o banderas, sería el rasgo moral sobresaliente de este grupo. Solo aquellos que brindan apoyo construyen una benevolencia efectiva. Si somos simplemente tolerantes y buenos trabajadores sin la parte de solidaridad, corremos el riesgo de construir obras limitadas a la gama de nuestras necesidades e intereses. La solidaridad se compone del ejercicio de la inteligencia, de la acción sacrificial y del desapego. Es trascender el límite de la primera a la segunda milla, como enseñó Jesús. Serían, por tanto, los aireadores, los que alientan el "oxígeno" frente a los rigores de los convencionalismos, capaces de sofocar los mejores programas de elevación y progreso.

– ¿Serían entonces preparados directamente por el Doctor Bezerra? – Afirmó el líder.

– Un grupo de educadores, vinculados al corazón de Eurípides Barsanulfo, se convirtieron en los preceptores del proyecto, encabezados por Commenius[48] – almas de alto pedigrí moral, que prepararon a los ochenta líderes con las más legítimas nociones de educación a través del corazón, encendiendo la llama de aspiración a un futuro redentor para todos ellos. Hasta el día de hoy siguen velando los pasos de nuestros hermanos. Debidamente guiados, los ochenta trabajadores tuvieron la tarea de romper los límites, ampliando los horizontes de las áreas a cargo de cada uno.

---

[48] Johann Amos Commenius, educador alemán.

Ampliarían conceptos y trabajarían con intenciones renovadoras en la comunidad doctrinaria.

– ¿En qué áreas trabajarían?

– Treinta de ellos, con programas de mediumnidad, cuya misión sería ampliar la noción de interacción entre las sociedades físicas y espirituales, culminando en una visión más realista y multifacética de la vida extra física. Otros treinta serían exponentes de la cultura, pensadores con la misión de fertilizar la tierra con una visión pluralista, rica en diversidad, cuyos conceptos ampliaron la fe racional, disolviendo dogmatismos y prejuicios. Y veinte trabajadores para fundar institutos con rasgos organizativos de ciudadanía espírita, interacción de saberes y campo de intercambio para potenciar el progreso social. La generación solidaria tiene como misión corroborar la implementación del período social del Espiritismo previsto por Allan Kardec en la *Revista Espírita*, en noviembre de 1869. Estos ochenta corazones tuvieron la oportunidad santificada de construir los pilares para el tiempo de la madurez en el colectivo doctrinaria.

– ¿Podrán ellos solos cambiar la forma del movimiento? ¿Solo ochenta personas?

– Hay ochenta mentes con gran poder de influencia y formación de opinión. Sin embargo, a su alrededor se extiende una cadena de miles de corazones unidos por lazos de cooperación y afinidad. Serán solo los detonadores de referencias de transición entre una época de rápidas y necesarias mutaciones en el saber espírita. Estos ochenta heraldos estimularán, en teoría, la renovación de modelos institucionales, prácticas doctrinarias y el perfil moral del verdadero hombre de bien. Ampliarán horizontes y referentes éticos para la comunidad de inicio de milenio, enfocados en el trabajo en equipo y el compromiso con la causa, y no con la Casa.

—A pesar de las luchas que enfrentan, ¿podríamos considerarlos misioneros?

—Son almas con experiencias sucesivas en los ámbitos en los que se han comprometido. Los médiums son corazones que ya han pasado un tiempo en las profundidades del mal, guardando en su psiquis una idea clara de los movimientos de la perversidad. Dotados de una gran resistencia mental, serán semilla de complejos servicios de rescate en la creación de nuevos modelos de relaciones espirituales. Los pensadores son los corazones que desarrollaron el arte de comunicar nuevas ideas conectadas a las bases universalistas del Espiritismo, haciendo converger la acción espírita hacia una relación sana y una ética de ciudadanía con la sociedad. El grupo de líderes está formado por almas que han dominado amplias habilidades en la creación de nuevos modelos de trabajo y acción cooperativa en red.

—¿Quieres decir que reencarnaron en los años cuarenta? —Selena participó nuevamente.

—Algunos a finales de los cuarenta y la mayoría en los cincuenta.

—¿Pueden fracasar estos ochenta dirigentes?

—Son letras vivas de esperanza al servicio de la obra redentora de Cristo. Son las semillas fértiles de nuevos tiempos. Luego vendrán los cultivadores, heraldos de una nueva civilización en el campo social. Hay enormes posibilidades de extraviarse; sin embargo, la cantidad de dolor y amargura experimentada en los sucesivos fracasos de otros intentos será un apoyo seguro y prometedor para ellos. Además, debido a la magnitud de la tarea que emprenden, recibirán mucho apoyo, dada la ardua naturaleza de sus misiones.

—¿Y cómo están hoy?

—Poco más del veinte por ciento cumplen satisfactoriamente sus tareas. El sesenta por ciento no está seguro del rumbo que deben tomar sus actividades frente a las amenazas del tradicionalismo. Y casi el veinte por ciento se ha rendido por completo. Muchos directores se rindieron a la complacencia. Algunos médiums se entregaron al interés personal y casi todos los pensadores se convirtieron en jueces rigurosos del campo con su capacidad de ver. En teoría, salvo los que permanecieron fieles, los demás quedaron fascinados por las sugerencias del cansancio y la excesiva capacidad de filosofar y cuestionar sin darse cuenta.

– ¡Dios mío! ¡¿Entonces el veinte por ciento se rindió?! Pero, ¿cómo puede ser eso? ¿No estaban tan preparados por Bezerra?

– Tus ideas, querido amigo, reflejan el espíritu del mínimo esfuerzo, ilusión común a la mayoría de los seguidores de Cristo. Solo estudiando atentamente el capítulo evangélico de María Magdalena encontraremos una comprensión precisa de quiénes son los trabajadores de la última hora. Este veinte por ciento no se rindió simplemente por elección propia. De hecho, ni siquiera eran conscientes de la misión que se les había asignado. Ni siquiera imaginaban cuánto había puesto el cielo sobre sus hombros.

– ¿No fueron avisados entonces? – Dice *El Evangelio según el Espiritismo*, en el capítulo XXI, ítem 9: "Otra consideración: los verdaderos misioneros de Dios se ignoran a sí mismos, en su mayor parte; cumplen la misión a la que fueron llamados por la fuerza del genio que poseen, sostenidos por el poder oculto que los inspira y dirige a voluntad, pero sin designio premeditado. En una palabra: los verdaderos profetas se revelan a través de sus actos, son adivinados, mientras que los falsos profetas se dan a sí mismos, ellos mismos, como enviados de Dios. Es humilde y modesto; el segundo, orgulloso y lleno de sí mismo, habla con altivez y, como todos los hombres mentirosos, siempre parece temer que no se le dé crédito."

– Por eso nunca se revela una verdadera misión. Se descubre. Está construido. Solo ahora, después del esfuerzo sacrificado de quienes se mantienen firmes en el empeño, nos corresponde informar al mundo físico sobre este asunto, considerando el alcance de las responsabilidades asumidas por estos heraldos de la diversidad. Estos ochenta hombres y mujeres se encuentran en plena madurez de fuerza física. Esta Buena Nueva llegará a ustedes como estímulo renovador y confirmación oportuna de los itinerarios luminosos que han elegido para su existencia.

– ¿No irritará eso su vanidad?

– Para aquellos que estén decididos a servir, se considerará una responsabilidad adicional. Para aquellos que estén indecisos, será una molestia educativa. Para los abandonados, una alerta de recuperación.

– Y... – el aprendiz se sintió avergonzado.

– Puedes preguntar libremente, Marcondes. No tengas miedo de la curiosidad inútil.

– ¿Todos están encarnados?

– Sí.

– ¿Y si fracasan?

– Se llaman los ochenta. Si no, vámonos a los "rincones", como dice el mensaje evangélico de las Bodas. Sin embargo, se podrán suspender algunos recursos de protección y estímulo.

– ¿Y cuál es el objetivo de retirar estos recursos?

– Que los hermanos en la carne cosechen el fruto amargo de la inconsciencia con el que aprenderán a cuidar mejor los tesoros celestiales.

– ¿No sería un acto de cobardía y abandono? – Intervino Marcondes, algo alterado.

– Querido amigo, la misericordia no puede favorecer la proliferación de la cizaña en el surco divino cuando llega el momento inevitable de la cosecha. Si actúa sin cesar, aunque apoye los fracasos y las insuficiencias humanas, es porque, junto a la paja dañina, emergen lentamente las exuberantes semillas del trigo. Sin embargo, si las semillas prometedoras, por alguna razón, no son arrojadas al frío foso del sacrificio, para ofrecer el fruto deseable, entonces el Señor de la viña debe tomar medidas para no perder su cosecha de esperanza y paz.

Conmovida por la respuesta, Selena preguntó:

– ¿Las misiones de nuestros compañeros siempre quedarán restringidas a áreas específicas?

– Ni siempre. Algunos de ellos, por el ímpetu de servir y aprender, podrán realizar prácticas en los tres diferentes campos, y estarán más capacitados, en particular, en aquel en el que estaban mejor preparados. Encontraremos, por ejemplo, médiums que serán divulgadores de la nueva cultura y podrán ampliar su ámbito de acción con la fundación de institutos de ciudadanía.

– ¿Cuándo se prepararán nuevas misiones para el movimiento espírita?

– Hija mía, cada día las mentes y los corazones son preparados por el Espíritu de la Verdad para servir en Su obra. No imaginemos la generación solidaria como un hecho aislado o de incomparable importancia histórica.

– ¿Entonces el Doctor Bezerra ya preparó a otros misioneros?

– No solo él, sino todos los servidores del amor incondicional no dejan de tomar medidas para implementar el bien en la Tierra. La generación solidaria fue apenas la primera oleada colectiva de espíritus, que llevaron a cabo su proyecto de reencarnación a partir de una misión trazada, íntegramente, dentro del Hospital Esperanza. Tras casi una década de funcionamiento, desde que fue creada a principios de los años 1930, la obra se especializó hasta el punto de constituir un núcleo avanzado de reencarnaciones, aunque no es su especialidad. El Doctor Bezerra pidió ayuda a Eurípides para la comunidad espírita allá por 1940.

Eurípides personalmente rescató y preparó a los ochenta. Después de ellos, hemos tenido miles de almas con renacimiento corporal programadas en esta casa, bajo la tutela de nuestro director.

– ¿Todos en el mundo espírita?

– La mayoría. Algunos sirven en comunidades extranjeras, donde el corazón de Eurípides tiene inmensos compromisos.

– ¿Puedes darme una idea?

– En Grecia y Abisinia.

– A pesar de no ser misioneros, creo que este grupo tiene alguna cualidad en común para haber sido elegidos. ¿Está de acuerdo, profesor? – intervino nuevamente el ex dirigente de Goiás.

– Estoy de acuerdo. Son almas que tienen una excelente cualidad en común: están cansadas de cometer errores. Fracasaron innumerables veces en tareas colectivas. Mantienen un amplio bagaje político, intelectual y religioso. Conocen bien los atajos hacia la perdición.

– ¿Y esa cualidad les bastará?

– Cansados del mal, repudian, ante todo, en sí mismos, el mal que combatirán en el campo cristiano. De esta manera, se convierten en portadores de una política de seguridad contra los viejos impulsos de ver los problemas desde fuera y no desde dentro. Con esta cualidad, pondrán la misión por encima de cualquier otro logro en sus vidas. Solo entonces descansarán de sí mismos, sirviendo y amando, aprendiendo y sacrificándose.

– Perdóname por insistir, pero aun no me has respondido. ¿Solo con esta cualidad tendrán éxito?

– Nunca podremos garantizar el éxito de nadie en la reencarnación. Siempre tomamos medidas de precaución. El Hospital Esperanza será un refugio y un nido para que reconstruyan. Sin embargo, para ser más claro, te puedo asegurar que este aspecto por sí solo puede no ser suficiente para combatir los halagos y el personalismo. Confiamos mucho más en otra medida de vigilancia adoptada en vuestros proyectos de reencarnación.

– ¿Y cuál es?

– La condición de las parejas afectivas. Corazones que serán un apoyo emocional indispensable para ellos en su intento.

– ¡¿Estás hablando de protección espiritual especial?!

– No. La protección será especial respecto de los recursos de nuestro plan. Ningún proyecto de amor sobrevive sin este círculo de apoyo, las trincheras del amor a Cristo. Los sutiles ataques de quienes desagradan el bien se renuevan cada día en inteligencia y perseverancia. Sin embargo, por mucha misericordia que tengamos de nuestra parte – aquellos que nos encontramos fuera de la materia densa – no excederemos el valor de los socios emocionales con los que el hombre puede contar en su propio plan de acción.

– ¿Qué socios son estos, profesor?

– Me refiero al hogar, el atrio sagrado de las operaciones de crecimiento del alma. Me refiero a la familia, especialmente a la familia espiritual con la que estos abanderados, inexorablemente, tendrán que contar ante tales desafíos. Cualquier grupo o equipo que os dé amor sin exigencias será alimento y fuente de aliento para el camino.

– ¿Familia espiritual...? ¡Mmm! ¡Mmm! ¡Vieja pregunta subjetiva para mí, profesor! Ya estaba muy decepcionado al creer que fulano de tal era parte de mi familia espiritual. Siempre he escuchado la expresión, pero recién ahora, estando "muerto", empiezo a interesarme por ella. ¿Cómo reconocer a la familia espiritual?

Doña Modesta, atenta al diálogo, después de terminar su té, con mucha flema, se dirigió a la maestra:

– ¿Permítame, profesor?

– ¡Nadie mejor que tú para hablar del tema!

– La familia espiritual está formada por corazones que, a lo largo del tiempo, han creado profundos vínculos afectivos y, en muchas ocasiones, estos vínculos han sido desatendidos por deshonra moral. Aun así, frente al montón de desilusiones y tristezas, el amor es el pilar de la familia espiritual. En este capítulo de obras espirituales, muchos de nosotros somos colocados, a través de la reencarnación, en el camino de nuestras afinidades. Como la Tierra es todavía una escuela de reeducación, tales afinidades, rescatadas del olvido del pasado, aparecen en las filas de los servicios doctrinarios, atrayéndonos a una proximidad espontánea, un encantamiento para caminar juntos en el ideal del ennoblecimiento moral. Sin embargo, si descuidamos vivir las invitaciones de la Buena Nueva evangélica, podemos reactivar las sombras del pasado. En esta coyuntura, también aquellos como nosotros seremos llamados a hacer un intenso esfuerzo de recuperación para amarnos unos a otros, exigiendo homenajes de sacrificio y renuncia, desinterés y ternura para poder mantener las obras cristianas que construyeron bajo la égida de espiritualización.

– ¿Entonces ni siquiera las afinidades son garantía de éxito?

– La afinidad, así como todo lo que la vida nos ofrece para celebrar el bien, son responsabilidades que debemos cuidar con la máxima prudencia, para que nunca se conviertan en pasto de la arbitrariedad, ni en espejo donde proyectar nuestras carencias. La afinidad espiritual debe significar apoyo a la confianza y estímulo para crecer sin los errores de la ilusión. Sea como sea, tengan por cierto que, incluso entre personas de ideas afines, construir el reino de Cristo, en la intimidad, requerirá tiempo y devoción para construir relaciones sanas y duraderas, que liberen y construyan valores inmortales.

– Por lo que veo, tenía conceptos muy superficiales sobre la afinidad espiritual.

– ¡Para muchos afinidad es estar con alguien que piensa igual, o que tiene los mismos gustos...!

– ¿Y no lo es?

– Las personas afines, a la luz del espíritu inmortal, son aquellas que construyen juntas con el tiempo una devoción espontánea y un respeto incondicional, convirtiéndose en amigos honestos y compañeros leales al régimen de confianza espontánea, incluso si no están de acuerdo en los puntos de vista más variados. En la obra de Cristo, las personas afines son aquellas que deciden amarse, a pesar de sus diferencias...

La conversación tomó rumbos instructivos sin perder el encanto del momento festivo, verdadero patio de recreo educativo. El profesor Cícero y doña Modesta, que ya habían repetido innumerables veces la misma historia, la contaron como si fuera nueva, con mimo.

25

Planes para el futuro

"¿A quién acudiremos, Señor, si tienes la palabra de Vida Eterna?"

Mateo, 6:28-30

Había llegado el día del encuentro con doña Modesta. Se discutiría el destino y se fijarían metas para Selena y Marcondes. En total, habíamos pasado seis meses alojados con nuestros amigos en la "Casa de Eurípides" – como muchos llaman al Hospital Esperanza.

Marcondes y Selena concluyeron una síntesis de su anterior reencarnación. A pesar de los contratiempos naturales, con asombrosa rapidez se adaptaron a la rutina de los servicios ennoblecedores. A ellos solo les correspondía, como era justo, moldear su carácter, revisar sus puntos de vista, educar en valores, cooperar. Nadie se deshace de sí mismo. Ésta es la gran lección de la muerte física.

Los dramas de conciencia, los impulsos, las enfermedades morales persisten más allá de la tumba. La buena voluntad y la alegría de servir, alma de las tareas doctrinarias, atraen protección y misericordia. Sin embargo, la libertad mental la alcanzan quienes se dedican al arduo trabajo del crecimiento interior. Contener los impulsos no siempre conduce a la transformación. No siempre actividad doctrinaria significa liberación. Así como la experiencia del conocimiento no siempre añade paz y serenidad.

Viejas ilusiones de grandeza han prohibido, a los corazones puros y bien intencionados, la oportunidad de reeducarse. Innumerables compañeros, desbordados por el prestigio y las facilidades, abandonan la esencia y quedan encantados con la forma, las exterioridades. El resultado inevitable de este camino de descuido irreflexivo es el abandono de deberes esenciales para el equilibrio del alma después de la muerte. La sabia pregunta del codificador y la inspirada respuesta de los sabios guías merecen mucha meditación:

"Para agradar a Dios y asegurar su posición futura, ¿es suficiente que el hombre no haga el mal?"

– No; a él le corresponde hacer el bien hasta el límite de sus fuerzas, porque responderá de cualquier mal que resulte de no haber hecho el bien."[49]

Es imperativo luchar por el bien, abolir los días libres, renunciar a los gustos.

– "¡Oh verdaderos seguidores del Espiritismo...! ¡Ustedes son los elegidos de Dios! Id y predicad la palabra divina. Ha llegado el tiempo en que debéis sacrificar vuestras costumbres, vuestro trabajo, vuestras ocupaciones útiles a su propagación. Id y predicad."[50]

Marcondes siguió buscando a su mentor. Selena tuvo sus intermitentes ataques de angustia respecto al futuro de la Casa espírita.

En la planta baja, a la hora señalada, se reunieron doña Modesta, el Doctor Inácio y el trío que comenzaba a diseñar un futuro de bendiciones para la extensa familia espiritual: Marcondes, Selena y Eulália. El benefactor, luego de los afectuosos saludos, especialmente entre Selena y Eulália, coordinó el discurso:

---

[49] *El Evangelio según el Espiritismo*, capítulo XX, ítem 4.
[50] El libro fue publicado por la Editora Didier.

– Hijos míos, siempre llega el momento divino de hablar del futuro, de hacer planes a favor de nuestra paz. Tenemos innumerables casos similares en esta casa de amor, en los que almas amadas diseñaron un regreso a la carne sobre la base del compromiso y el reajuste, el crecimiento y la cooperación. El regreso de Selena y Marcondes llenó de esperanza el corazón de Eulália, quien le rogó a Bezerra su intercesión benéfica a favor de sus luchas.

Nos hemos reunido aquí, no solo para ayudarles a pensar en este futuro, sino también para enviarles un llamamiento de nuestro director, Eurípedes Barsanulfo.

– ¿Un llamamiento de Eurípides a nosotros? ¿Es algo tan grave? – Expresó Marcondes.

– Estamos recopilando información sobre varios casos en el Hospital Esperanza para enviarla a los hombres. Eurípides invitó a este respecto a los administradores de la Casa. Completando el archivo del Pabellón Judas Iscariote, bajo nuestra tutela, queremos hacer llegar su historia, de manera urgente, al plano físico, en formato de libro mediúmnico. ¿Nos permitirás?

– ¡Doña Modesta! ¿Qué hay de tan serio en nuestra historia que debería ser tema de un libro? – Preguntó Selena.

– Tu pregunta es muy feliz, Selena. Precisamente porque no hay nada tan extraordinario, creemos que es un informe oportuno para los hermanos de ideal. Luchas y frustraciones que nos pertenecen a la gran mayoría de nosotros, ¡eso es todo! Nada tan serio; solo el descuido en el camino, suficiente, como todos sabemos, para causarnos dolor y desilusión, angustia y aflicción. Se imagina entre los hermanos de ideal que se hacen necesarias actitudes trágicas para arrancar las espinas de la infelicidad en estos lugares. Hemos catalogado, en los libros de Inácio, el "escriba" del pabellón – se burló doña Modesta – más de setecientas historias, entre las cuales, al menos cuatrocientas constituyen una casuística única; es decir, aun no revelada al mundo físico por la literatura mediúmnica. Que Dios conceda que los médiums tengan la fuerza y el coraje para resistir las luchas y nos dé la bendición de transmitirlas a los hombres. Inácio prepara el médium en Uberaba para su primera prueba en este sentido.

– ¡Ya sé incluso el título que le voy a poner a la obra! – Intervino el médico.

– ¿Y cuál será Doctor? – Preguntó con curiosidad el ex dirigente de Goiás.

– *Bajo las cenizas del tiempo.*[51]

–¿De qué se trata?

– El rescate de Torquemada, cuando Modesta y yo aun estábamos encarnados en el Sanatorio Espírita Uberabense.

– En este sentido – prosiguió doña Modesta – cuento con su colaboración. Además, tenemos notas en los archivos de Marcondes y Selena que hablan de nuevas aspiraciones. El profesor relata – y tomó una pequeña hoja de notas – que Marcondes mostraba sensibilidad por los dramas del segundo piso e interés por visitar a los médiums en el plano físico que pasaban por su dirección. Selena, después del ciclo de estudios con Odilón Fernandes, está muy comprometida en ayudar al "Centro Espírita Paulo y Esteban" a renovar sus actividades espirituales. No faltará trabajo. Tomaremos medidas por el bien de todos. En cuanto a Eulália, prepara su regreso al cuerpo. Lógicamente, por este motivo, necesitaremos que alguien se haga cargo del trabajo en la cámara ovoide.

Sin pestañear, Marcondes respondió:

– Doña Modesta, si está en mis condiciones...

---

[51] El libro fue traducido al español y publicado por el *World Spiritist Institute*

— ¡Muy bien! – interrumpió la matrona –, ¡eres elegido!

— ¿Así de rápido? – Y todos se rieron de la forma en que se resolvió el problema.

— Solo hay que resolver un punto entre nosotros. Antes de emprender tareas en el plano físico, les recomiendo airear sus concepciones sobre las nuevas brújulas que guiarán la mediumnidad con Jesús en este siglo de transición planetaria. ¡Eulália! – llamó doña Modesta.

— Sí.

— ¿Qué te parece pasar unas semanas en el sótano 02 bajo la dirección del coordinador del ala?

— ¡Excelente! Aprenderé mucho sobre la gama de fuerzas psíquicas.

— ¡Doña Modesta! – Intercedió Marcondes.

— ¡Dime!

— Aprovechando nuestra conversación, ¿qué opinión tienes sobre los libros mediúmnicos que están surgiendo en la actualidad? ¿No parecerán nuestras historias, digamos, fantasiosas a los espíritas...?

— Por mí, Marcondes, contaría estos cuatrocientos casos del archivo de Inácio, pero obedezco las órdenes de Eurípides. Y es más, si lo hiciera, sería tachada de loca, mientras que el médium que llevaba los textos pasaría por una terrible inquisición psicológica. El movimiento espírita se queja de la calidad de las obras mediúmnicas y, cuando aparece algo nuevo y consistente, se escandaliza y recrimina.

— Ha habido mucha fantasía, doña Modesta. ¡Es por eso! La pureza doctrinaria ha sido fuertemente atacada. ¡No sé dónde acabará el Espiritismo...!

— El Espiritismo camina hacia el camino común de la humanidad, el progreso. ¿Recuerdas nuestra conversación en la plataforma de la humildad? No es la pureza filosófica lo que se ha atacado, sino más bien el orgullo de los pseudo sabios que crean resistencia al aceptar lo que escapa a sus concepciones personales. Creen saberlo todo sobre el Espiritismo. La pureza doctrinaria se ha convertido en una cuestión ético–cultural. Lo que el hombre no puede comprender es, por ello, sospechoso, controvertido, infundado y anti científico, por lo que merece una postura anti fraternidad.

– ¡El tema es complejo!

– Tan complejo, Marcondes, que innumerables compañeros espíritas, después de su desencarnación, incluso viendo la realidad a simple vista, todavía sospechan que están siendo víctimas de una mistificación en el mundo espiritual. Quieren pureza doctrinaria incluso con la obra del Creador. Aquí mismo, en el Pabellón de Directores, este tipo de incidentes aparecen todos los días. Quieren alcanzar la pureza doctrinaria con sus vidas. No aceptan técnicas, ideas y prácticas, alegando que no son doctrinarias. Y cuando nos miran se sienten inseguros y nos ven con "cara" de desconcertados.

– Sigo sintiéndome así, doña Modesta. Y cuando escucho declaraciones enfáticas tuyas, me vuelvo más inseguro.

– ¿Así de enfático...?

– ¡Aun no has visto nada! – dijo el Doctor Inácio, burlonamente.

– ¿Puedo ser sincero?

– La franqueza es una virtud, hijo mío. Habla lo que piensas – respondió doña Modesta.

– ¿No habría problema de filtrado con los médiums? ¿Una obsesión colectiva por caracterizar erróneamente el Espiritismo?

– Ahora soy yo quien dice: ¡este es un tema complejo! Los médiums son portadores de una inmensa responsabilidad. Son canales de esperanza desde los cielos hacia la Tierra. Llevan sobre sus hombros la condición expresada por Pablo: *"tesoros en vasos de barro..."*[52]

— ¡Ya que la mediumnidad es el tesoro y los médiums son los vasos! — Interrumpió irónicamente Marcondes, quien siempre interpretó a los médiums como enfermos y deudores.

— Su afirmación, a pesar de reflejar su indiferencia hacia la lucha de los médiums, es sabia — respondió doña Modesta.

— ¡Dijiste que la franqueza es una virtud...! — Añadió Marcondes.

— Los médiums deben ser vistos como personas corrientes y falibles. Sin embargo, son blanco de expectativas onerosas por parte de quienes comparten su viaje. Los hombres les dan una sobrevaloración injustificable. En este clima psíquico, la persona promedio, incapaz de construir defensas morales dignas y asegurar una conducta rica en autonomía, puede hundirse en la red de reflexiones de la comunidad en la que respira.

— ¿Estás confirmando que hay un problema de filtrado?

— Confirmo que es necesario revisar conceptos sobre médiums, mediumnidad y Espiritismo. Dejar ir esa manía emocional de fidelidad al texto de Kardec y buscar la fidelidad a la postura de Kardec, la postura del investigador. Me refiero a la apertura mental a lo nuevo. La "cara" del Espiritismo brasileño, aunque representa el deseo de millones de mentes, nunca servirá de modelo para ideas que, en verdad, son universales. Los principios establecidos por el Espiritismo no pertenecen a él ni a sus seguidores, mucho menos a ninguna entidad doctrinaria. Son universales, por tanto cada pueblo los adaptará a su cultura, a sus necesidades, creando un campo de diversidad que convergerá en un solo punto, la ética del amor.

---

[52] II Corinto, 4:7

– Me viene a la mente tu forma de hablar, los miedos que tenías cuando estabas en la carne.

– ¿Qué miedos, hijo mío?

– Lo que predicas significa una miscelánea. Para mí, esta concepción llevará a las personas a hacer con el Espiritismo lo que quieran.

– Por eso surgió el Espiritismo en el mundo. Para que el hombre la absorba dentro de sus posibilidades y de acuerdo con sus creencias y cultura.

– ¿Entonces predicas el sincretismo con ideas espíritas? ¿Es eso? ¿Dónde está la unidad doctrinaria?

– Es necesario buscar la unidad en el campo ético del Espiritismo. En cuanto a la interpretación de sus principios y prácticas, querido, no tengas dudas, nunca habrá unidad.

– Entonces, ¿qué sentido tiene el trabajo de unificación? ¿Por qué el trabajo de tantos médiums y líderes que trabajaron por una "identidad espírita"?

– En esta diversidad, hijo mío, debemos incluir, como punto de esta misma diversidad, la característica del Espiritismo brasileño. El problema es querer tomarlo como modelo universal de sus fundamentos... En el mundo de los espíritus, tenemos una opinión común y compartida sobre la historia del Espiritismo brasileño. Su gran mérito fue haber conectado los principios universales con la noble ética; es decir, haber creado un puente entre los fundamentos religiosos y la conducta.

– Pero si tenemos un modelo avalado por el Espíritu de la Verdad, ¿para qué crear cosas nuevas?

– ¿De qué respaldo estás hablando? Por nuestra parte, el único respaldo que conocemos de las más altas esferas en el contexto de la comunidad espírita se refiere a su connotación humana, al valor que se aplica a su contenido moral.

— Entonces explíqueme ¿por qué la gran mayoría apoya la dirección del Espiritismo brasileño?

— Por la naturaleza de quienes en él reencarnaron. Este panorama; sin embargo, cambiará rápidamente. Los espíritas de la "segunda y tercera época" regresan con concepciones más amplias de las bases doctrinarias.

— Perdóneme, doña Modesta, pero no puedo abrirme a estas ideas. Si la visión espiritualista que me sirvió se considera en este contexto de diversidad, entonces prefiero quedarme con ella, solo para estar seguro.

— Amigo, abre los ojos y mira más allá. Por cierto, si estuvieras en persona, todavía tendrías esa opción. Sin embargo, estás en la vida de la verdad.

— Es difícil creer lo que veo. Incluso después de seis meses de estar muerto, tengo la impresión que estoy en la Tierra y nada ha cambiado. Aunque sé que ha cambiado, no lo siento así... lo veo, pero no creo que exista, ¿entiendes?

— ¡Entiendo! ¿Y si te doy un regalo?

— ¿Un regalo...?

— Cuidado, Marcondes — intercedió con humor el Doctor Inácio —. ¡Un regalo de Modesta suele ser un "dolor de cabeza"!

— ¿No tienes un intenso deseo de conocer a tu mentor?

— ¡Por fin alguien sacó el tema! ¿Podré conocerlo?

— ¡Claro! Eulália, explícale a Marcondes.

— Querido — dijo afectuosamente su compañera —, ¿recuerdas el centro de Umbanda al que iba en busca de alivio para mis problemas físicos?

— ¿Ese pequeño centro de macumba de ese abuelo Zequiña? — bromeó el líder.

— ¡Ese!

– ¿Qué tiene esto que ver con...?

– Tanto perseguiste a Januário, el médium del abuelo Zequiña, ¿recuerdas?

– Para mí, este Januário es un fraude.

– ¡Marcondes! ¡Marcondes! ¡Mi querido compañero, estos son los errores de la ilusión! Januário es misionero de Cristo y el abuelo Zequiña es el coordinador de las "alas restringidas" del Pabellón Judas Iscariote.

– ¡Es una broma! – Expresó irónicamente el ex líder.

– Con la seriedad con la que todos estamos tratando las cosas, ¿crees que es una broma? – Respondió Eulália con firmeza.

– ¿Eso significa que el abuelo Zequiña realmente existe? ¿Y además es un mentor?

– Sí, Marcondes – volvió a hablar doña Modesta con determinación. ¡Y tengo buenas noticias para ti...!

– Doña Modesta, usted está insinuando que...

– Él es tu mentor. Tu mentor tan despreciado por ti.

– Es demasiado para mí. Yo...

– Solo volviste a tu cuerpo por el abuelo Zequiña, hijo mío – intercedió doña Modesta.

– Pero...

– Cuando Eulália empezó a frecuentar la Tienda Umbandista en busca de alivio a sus problemas físicos, el abuelo Zequiña, a través de Januário, llevó su paz interior a los dramas de conciencia del adulterio. Se convirtió en su preceptor y amigo. Januário, igualmente, médium de rara sensibilidad emocional, acogió a Eulália con gran atención. El abuelo Zequiña intentó enviar, innumerables veces, mensajes a través de los médiums de la actividad que dirigías, pero casi siempre preferías tu punto de análisis. ¿Recuerdas a Egberto?

– Lo recuerdo. Era un médium perturbado de nuestra actividad. Amaba las entidades africanistas con sus sospechosos tés y hierbas.

– Porque Egberto fue el médium más fiel de los mensajes del benefactor.

– Doña Modesta, ¿cómo puedo creer estas preguntas? Todo me parece un cuento. Permítanme ser claro, ¡una historia para dormir...!

– ¡Y el buey realmente durmió, querido amigo!

– ¿Estás hablando de mí?

– ¿Quién fue tan descuidado como tú, hijo mío, ante los llamamientos de los buenos espíritus?

– ¿Cómo podría verificar la información de Egberto y...?

– No te molestaste en respetarlos – interrumpió doña Modesta –, y mucho menos en controlarlos. De hecho, tu postura era de desprecio y desdén.

– ¡Lo siento! Reconozco que es verdad.

– Esta es tu historia, hijo mío. No te avergüences, simplemente hazlo tuyo.

– ¿Cosas como estas serán narradas en nuestra historia por la mediumnidad?

– ¡Claro! Pero ahora quiero saber: ¿tendré tu aprobación o no? – Preguntó resueltamente el benefactor.

– Por mi parte, es genial, cuenta conmigo – dijo Selena puntualmente.

– Por mí no veo ningún problema – dijo orgulloso Marcondes –. Solo un dato con fines benéficos: ¿el médium que narrará nuestra historia es un misionero? Será...

– ¡No! No es lo que piensas. Los médiums consagrados del campo cumplen otro tipo de tareas para la causa, por lo que, para salvaguardar su seguridad íntima, se mantienen alejados de los cataclismos de la diversidad. El médium que utilizo se enmarca en la enseñanza del Espíritu de la Verdad quien afirma:

"No todo lo que hace el hombre es el resultado de una misión para la cual fue destinado previamente. A menudo es el instrumento que utiliza un espíritu para hacer que se lleve a cabo algo que considera útil. Por ejemplo, un espíritu entiende que es útil aquello que si escribe un libro, que él mismo escribiría si estuviera encarnado, entonces busca al escritor más capaz de comprender y ejecutar su pensamiento, le transmite la idea del libro y le dirige en su ejecución, este escritor no vuelve a la Tierra con la misión de publicar esta obra. Lo mismo ocurre con varias obras artísticas y muchos descubrimientos. Hay que agregar que, durante el sueño corporal, el espíritu encarnado se comunica directamente con el espíritu errante, entendiendo ambos sobre la ejecución."[53]

— ¡Me compadezco del mediador que se atreva a publicar semejantes notas!

— Me alegra saber que estos conceptos llegarán al mundo a través de manos mediúmnicas.

— La mayoría albergará incredulidad. ¡Todavía no creo lo que veo!

— Aun así, el médium, con su "valentía loca", será un desafío de amor para el movimiento espírita. Es posible que muchos hombres no lo crean. Es parte de la ley de diversidad. Sin embargo, continúan con el deber de amarlo. ¿Lo lograrán?

— Si estuviera en la carne, además de no entender, ciertamente haría lo que hice: denigrar.

— ¡Excelente!

— ¡¿Excelente?! ¿Por qué doña Modesta?

---

[53] *El Libro de los Espíritus*, pregunta 577.

– Esta actitud es mejor que la indiferencia.

– ¿Mejor?

– ¡Diríamos que menos mal! Quienes denigran es porque sus intereses o puntos de vista fueron afectados. La persona indiferente es astuta, calculadora y, en muchas ocasiones, reconoce en su intimidad el valor de las ideas de las que se defiende mediante la indiferencia.

– ¿Y el abuelo Zequiña? – Preguntó avergonzado -, ¿cuándo podré encontrarme con él en las salas del sótano?

– Caminando entre bastidores, lo reconocerás. Zequiña fue uno de los médicos europeos más reconocidos de la historia del siglo XIX. Su tienda religiosa en Goiás es uno de los puestos de avanzada del amor fraterno más avanzados del Hospital Esperanza en la Terra.

– ¿Quiere esto decir que los representantes del hospital en el plano físico no son solo espíritas?

– No son representantes, Marcondes. Son socios en el amor. Son colaboradores activos del bien. Cada entidad que se levanta en nombre de Cristo, independientemente de su denominación religiosa, tiene vínculos profundos con nuestras actividades. El Centro Espírita Paulo y Esteban, dirigido por Selena, en Minas Gerais, y la asociación que dirigías en Goiás serían frentes avanzados de nuestras tareas. Cerca de ti, en las ciudades donde trabajaste, hubo excelentes empleados que salieron de aquí con tareas definidas. Contamos con tu ayuda, Marcondes, ya que Egberto es el pupilo de Eurípides.

Contábamos contigo, Selena, porque Angélica es la esperanza del Doctor Bezerra. Nuestros hermanos Egberto y Angélica son parte de la generación solidaria. Egberto, médium con excelentes recursos. Angélica sería una renovadora de los conceptos prácticos de la Doctrina. Las oportunidades perdidas se acabaron y, si no fuera por la abundancia de la misericordia celestial, ¿qué sería de nosotros en este momento? Sin embargo, el tesoro de esta casa es la esperanza. Nuestra tarea es reavivar, en los restos de las almas caídas, el deseo de empezar de nuevo con determinación y fe. Sin esto, ¿qué será de nosotros? Después de nuestros sucesivos fracasos, cuando nos invitan a retomar nuestros compromisos, resuena en nuestra memoria el discurso sabio y afligido de Pedro: *"¿A quién iremos, Señor, si tienes la palabra de Vida Eterna?"*[54]

Notamos la expresión triste de los compañeros. Sintieron una mezcla de vergüenza y frustración. No dijeron nada. Doña Modesta; sin embargo, había castigado sus fibras morales con nobles intenciones. Ignoraron la oportunidad de cooperar con almas que llevan sobre sus hombros un gran desafío espiritual. Era necesario que vieran cuánto les esperaba en la obra de reconstruirse. Los trabajos dejados en el plano físico no podían ser interrumpidos al azar. Angélica, Egberto y la propia Eulália, que pronto renacería en el cuerpo, fueron algunos de los muchos lazos de continuidad para los destinos de los dos trabajadores. Era fundamental empezar de nuevo con éxito. Promocionarse a la condición de servidores espontáneos y amantes de la causa del bien. Solo les quedaba un camino: conocer de cerca el alcance de las luchas y del dolor de quienes se hunden entre la culpa y el odio en el erratismo. Los portales de acceso al hospital serían el paso inicial, hasta poder extender los pasos de manera más sólida y segura, hasta los páramos de los abismos y la subcorteza. Consciente de ello, doña Modesta recomendó:

– Los planes futuros apuntan a objetivos liberadores. Mientras Eulália prepara a Marcondes en las cámaras ovoides, Selena ampliará sus nociones de mediumnidad. Marcondes despertará la fibra del sentimiento altruista, cooperando luego con las filas doctrinarias donde se ubica Egberto. Selena, a su vez, logrará una mayor uniformidad interior, a través de la alegría y la

---

[54] Juan, 6:68.

flexibilidad en las luchas, junto a Angélica. Ambos pueden servir y aprender, siempre y cuando se entreguen al espíritu de la verdadera fraternidad sin mezclas. Si superan los prejuicios terrenales, emprenderán vuelos de alteridad. Se los dejamos a Inácio Ferreira porque están íntimamente ligados a su corazón.

En ese momento, todos miraron al Doctor Inácio quien, inmediatamente, calmó su ánimo en voz baja:

– Si yo fuera tú, no aceptaría este karma...

– Ya basta, Inácio. Creo que nuestros amigos ya no se asustan con tus comentarios.

– Doctor – dijo Eulália conmovida –. Estaré eternamente agradecida por su esfuerzo con Marcondes.

– No por eso, hija mía. Hice todo lo que pude. Nada más.

– Seguramente se trasladará a las actividades – prosiguió doña Modesta –, del pabellón de Judas Iscariote. Marcondes quedará bajo la tutela del abuelo Zequiña. Selena cooperará con Inácio en las salas de los médiums. Más tarde hoy, por la tarde, tendremos una presentación de doña Ivonne do Amaral Pereira, quien nos brindará reflexiones oportunas. Mañana quisiera tenerlos en la madrugada, en los portales de acceso para que puedan iniciar nuevas lecciones.

Los días transcurrieron llenos de trabajo y desafíos. El hospital solo tenía una rutina: servir y aprender. Eurípides; sin embargo, esperaba desde hacía tiempo el crepúsculo de aquel día.

En el balcón de la sala busqué aire fresco después de las reconfortantes conversaciones con nuestros pacientes. Vi a nuestro director en los jardines recogiendo lirios, acompañado por doña Modesta, el Doctor Inácio, Antuza Ferreira, Odilón Fernandes y algunos otros colaboradores vinculados a la ciudad de Uberaba y a la región. Observó la escena con atención. Eurípides fue parte de esa obra y viceversa. Recogió las flores con cuidado, pero su mente...

¡Ah! ¡Su mente estaba muy lejos!... No podía registrar sus pensamientos, sin embargo su expresión absorta era señal que estaba reflexionando profundamente. Percibiendo mi pensamiento con su ilimitada capacidad mental, levantó la vista y, sonriendo sencillamente, me dijo:

– ¡Mira, hija mía! – Y extendió las manos sobre el ramo. ¿Sabes para quién son estos lirios?

Asentí y él completó en francés vernáculo:

– *Mademoiselle*, hoy volverá...

Luego colocó un lirio en su mano derecha y se fue rápidamente, seguido por el grupo de amigos. Ya tenía a quién entregárselo...

Acababa de desencarnar el Lirio Redentor del Evangelio Revividor... Chico Xavier, aquella tarde–noche, partió en brazos de María de Nazaret en persecución del Maestro Jesús...

Levanté la vista y, recordando viejas escenas de tiempos sagrados, recité en voz alta, pensando en las luchas de quienes anhelan seguir a Jesús:

- *"Mirad los lirios del campo, cómo crecen: no se afanan ni hilan; Y os digo que ni aun Salomón con toda su gloria se vistió como uno de ellos.*

Porque si así viste Dios a la hierba del campo, que hoy existe y mañana se echa en el horno, ¿no mucho más os vestirá a vosotros, hombres de poca fe?"[55]

---

[55] Mateo, 6:28-30.

ANEXO I

La propuesta de las Actitudes de Amor de Bezerra de Menezes

La mejor campaña para la instauración de una nueva era en la cosecha pasa por la necesidad de mejorar las condiciones del Centro Espírita, que es la célula que opera el objetivo del Espiritismo. Allí no solo tiene lugar el conocimiento y el trabajo, sino la absorción de verdades en el campo individual, consentidas en conversaciones íntimas y permanentes que reproducen los momentos de Jesús con su colegio apostólico.

Por eso, tenemos que promover las Casas, desde Puestos de ayuda y socorro hasta centros de renovación social y humana, fomentando el desarrollo de valores éticos y nobles capaces de generar transformación.

Solo hay una manera de lograrlo: *la educación*.

El núcleo espírita debe salir del nivel de templo de creencias y asumir su papel de escuela que forma las virtudes y la formación de hombres de bien, independientemente que provoque o no que sus frecuentadores se conviertan en espíritas y asuman una denominación religiosa formal.

Desarrollamos un programa educativo centrado en los valores humanos para dirigentes, trabajadores, médiums, padres, madres, jóvenes, ancianos, y apliquémoslo conforme a las bases de la Doctrina.

Saber vivir y convivir serán los objetivos primordiales de este programa en el desarrollo de habilidades y competencias del espíritu.

¿Qué haremos para aprender el arte de amar? ¿Cómo aprendemos a aprender? ¿Cómo desarrollar el afecto en un grupo? ¿Cómo "devolver la vista a los ciegos, curar a los cojos y mancos, limpiar a los leprosos, expulsar demonios"?

Muchos seguidores conocen la profundidad de los mecanismos de desencarnación a la luz de los principios espíritas; sin embargo, hemos visto cuántos llegan aquí en condiciones deplorables por no estar inmunizados contra normas morales lamentables y degenerantes.

La mejora de las posibilidades del Centro Espírita facilitará, sin duda, nuevos tiempos para el pensamiento espírita, ya que allí estaremos preparando el nuevo contingente de servidores de la causa dentro de una visión armonizada con las implicaciones del tiempo actual. De esta manera, estaremos sacando a la Casa de la apariencia de una "isla paradisíaca de espiritualidad", proyectándola en el entorno social y capacitando a sus participantes para superar su condición sin establecer una realidad ficticia y onerosa, que fomente conflictos e imposiciones. medidas, alejadas de las posibilidades reales de transformación que la criatura puede y necesita efectuar en sí misma.

Interactuando con el medio ambiente, en un incesante intercambio de valores y experiencias, la Casa espírita sale de la condición de plaza fuerte aislada en el cumplimiento de su misión y comienza a vislumbrar la formación de una red de intercambio, fenómeno que ha abarcado a toda la humanidad bajo el nombre de globalización.

Sin embargo, la interacción de la Casa doctrinaria con el entorno debe ser activa hasta el punto de convertirse en un polo que irradie beneficios a las demás cohermanas y, igualmente, al grupo social en el que se inserta.

Por eso, una vez más se hace imprescindible renovar conceptos y reciclar métodos, para alcanzar niveles de instituciones que multipliquen la mentalidad inmortalista y fraterna.

Este proceso de interacción social exige nuevas actitudes, entre ellas la de abrir canales de relaciones interinstitucionales permanentes, en las que el Centro Espírita cataliza fulcros de cultura y modelos experimentales, transformándose en un ambiente de diálogo y convivencia para directivos y trabajadores de otros grupos afines, transmitiendo sus experiencias y perfeccionando sus realizaciones, al mismo tiempo que se convierte en un polo espontáneo de unión entre co-idealistas, en el régimen del más libre pluralismo de concepciones sobre los postulados espíritas.

Una vez más la visión futurista del Codificador, presagiando aquel tiempo, le llevó a declarar: "estos grupos, comunicándose, visitándose, intercambiando observaciones, pueden formar, en adelante, el núcleo de la gran familia espírita, que un día reunirá todas las opiniones y unirá a los hombres en un solo sentimiento: el de la fraternidad, que llevará el sello de la caridad cristiana."

La creación de estos centros son medidas saludables contra el aislacionismo y, por su característica esencial de fortalecimiento de ideas, dan lugar a una relación más participativa y descentralizadora, operando entre grupos a través de la práctica de la solidaridad.

Fomentaremos no solo la renovación cultural en los Centros Espíritas, sino también la estructuración de entidades específicas que, por su neutralidad institucional, obtendrán un tránsito más íntimo con la cosecha en el dinamismo de la aireación cultural, en la satisfacción de necesidades humanas llenas de peticiones y exigencias.

Queda intenso trabajo por hacer y debemos saludar la multiplicidad de funciones y la diversificación de medidas a favor de las demandas de la sociedad.

Los líderes, ricos en buena voluntad y espíritu cooperativo, anhelan nuevos horizontes; sin embargo, falta quien esté dispuesto a compartir experiencias o a construir un ambiente que constituya un verdadero taller de ideas y diálogo para la creación de caminos en el futuro.

Estos polos serán las cooperativas de afecto cristiano que permitirán a los servidores y conductores de las responsabilidades doctrinarias renovar la esperanza, rompiendo los circuitos rutinarios dentro del laberinto de obligaciones a las que se entregaron en el bullicio del Centro Espírita. Serán polos de aireación y solidaridad mutua regidos por un intenso y espontáneo deseo de sumar que, en definitiva, es la unificación en lo que expresa más sublimemente el significado de esta palabra.

Somos, por tanto, mis hermanos y amigos de corazón, estableciendo el período de unificación ética, de madurez de las ideas espíritas a través del mejor uso individual de recolectores dispuestos a mayores vuelos de renuncia, sacrificio y amor por la causa.

Por eso, todos los aquí reunidos hoy estamos llamados a realizar continuos esfuerzos hacia el programa renovador de nuestro bendito movimiento espírita, con miras a ampliar el mensaje de esperanza y liberación en la humanidad, traído por Jesús y explicado con lucidez por la obra de Allan Kardec.

Estamos en campaña.

Campaña por la unificación con amor.

Campaña para la renovación de actitudes.

Tenemos un problema en la cosecha: malas actitudes.

Tenemos una solución para la cosecha: nuevas actitudes. Que ésta sea nuestra buena campaña para los nuevos tiempos a los que todos estamos llamados.

Todos los presentes, especialmente aquellos que se han acostumbrado a la docilidad y ternura de mi corazón, no se sorprendan de la franqueza de mis palabras.

Tengan la seguridad que la sensación es la misma y siempre lo será.

La claridad y definición de mi discurso están en la obediencia incondicional y servil a las órdenes mayores que cumplo en nombre del Espíritu de la Verdad.

Sin perder vuestra fraternidad, ustedes los demás que tienen libre acceso a través de la palabra mediúmnica, lleven este mensaje al conocimiento de todos. Quienes se encuentran hoy aquí temerosos de las nuevas oportunidades que pronto enfrentarán en la carne, lleven consigo la esperanza que en medio de la infancia serán bendecidos por la claridad de este momento de renovación, dentro y fuera de los movimientos espirituales al que se inscribirán. Quienes cumplen otros niveles de obligaciones con la humanidad, cooperan con nuestro ideal fomentando la superación de prejuicios y abriendo caminos para la penetración de las ideas espíritas en la sociedad. Alabando la celebración, que aun ahora casi todos los aquí presentes tuvieron la bendición de acompañar a nuestros hermanos en el Congreso Espírita Brasileño, pidamos al Señor de la Vida que fortalezca siempre los ideales en nuestros corazones, para que las medidas salvadoras representen manos extendidas y guiadas por el corazón siempre palpitando para bien, a favor de las luchas y aprendizajes de quienes recibieron de Dios la gloriosa oportunidad de volver a la carne en el terrón brasileño, disfrutando de las bendiciones del Consolador Prometido. Apoyemos a nuestra bendita Cosecha en sus nuevos días, recordando siempre a nuestros pupilos la importancia del amor.

Recordemos como fuente inspiradora de nuestra campaña el sublime e inolvidable discurso de nuestro Maestro: "En esto conocerán todos que sois mis discípulos, si os amáis unos a otros."

Cicerón Pereira[56]

---

[56] Extracto del mensaje "Actitud de Amor", insertado en la obra *"Cosecha Bendita"* psicografiada por Maria José da Costa Soares de Oliveira y Wanderley Soares de Oliveira – Diversos espíritus.

Grandes Éxitos de Zibia Gasparetto

Con más de 20 millones de títulos vendidos, la autora ha contribuido para el fortalecimiento de la literatura espiritualista en el mercado editorial y para la popularización de la espiritualidad. Conozca más éxitos de la escritora.

Romances Dictados por el Espíritu Lucius

La Fuerza de la Vida

La Verdad de cada uno

La vida sabe lo que hace

Ella confió en la vida

Entre el Amor y la Guerra

Esmeralda

Espinas del Tiempo

Lazos Eternos

Nada es por Casualidad

Nadie es de Nadie

El Abogado de Dios

El Mañana a Dios pertenece

El Amor Venció

Encuentro Inesperado

Al borde del destino

El Astuto

El Morro de las Ilusiones

¿Dónde está Teresa?

Por las puertas del Corazón

Cuando la Vida escoge

Cuando llega la Hora

Cuando es necesario volver
Abriéndose para la Vida
Sin miedo de vivir
Solo el amor lo consigue
Todos Somos Inocentes
Todo tiene su precio
Todo valió la pena
Un amor de verdad
Venciendo el pasado

Otros éxitos de Andrés Luiz Ruiz y Lucius

Trilogía El Amor Jamás te Olvida
La Fuerza de la Bondad
Bajo las Manos de la Misericordia
Despidiéndose de la Tierra
Al Final de la Última Hora
Esculpiendo su Destino
Hay Flores sobre las Piedras
Los Peñascos son de Arena

Otros éxitos de Gilvanize Balbino Pereira

Linternas del Tiempo

Los Ángeles de Jade

El Horizonte de las Alondras

Cetros Partidos

Lágrimas del Sol

Salmos de Redención

El Hombre que había vivido demasiado

Libros de Eliana Machado Coelho y Schellida

Corazones sin Destino

El Brillo de la Verdad

El Derecho de Ser Feliz

El Retorno

En el Silencio de las Pasiones

Fuerza para Recomenzar

La Certeza de la Victoria

La Conquista de la Paz

Lecciones que la Vida Ofrece

Más Fuerte que Nunca

Sin Reglas para Amar

Un Diario en el Tiempo

Un Motivo para Vivir

¡Eliana Machado Coelho y Schellida, Romances que cautivan, enseñan, conmueven y pueden cambiar tu vida!

Romances de Arandi Gomes Texeira y el Conde J.W. Rochester

El Condado de Lancaster

El Poder del Amor

El Proceso

La Pulsera de Cleopatra

La Reencarnación de una Reina

Ustedes son dioses

Libros de Marcelo Cezar y Marco Aurelio

El Amor es para los Fuertes

La Última Oportunidad

Nada es como Parece

Para Siempre Conmigo

Solo Dios lo Sabe

Tú haces el Mañana

Un Soplo de Ternura

Libros de Vera Kryzhanovskaia y JW Rochester

La Venganza del Judío

La Monja de los Casamientos

La Hija del Hechicero

La Flor del Pantano

La Ira Divina

La Leyenda del Castillo de Montignoso

La Muerte del Planeta

La Noche de San Bartolomé

La Venganza del Judío

Bienaventurados los pobres de espíritu

Cobra Capela

Dolores

Trilogía del Reino de las Sombras

De los Cielos a la Tierra

Episodios de la Vida de Tiberius

Hechizo Infernal

Herculanum

En la Frontera

Naema, la Bruja

En el Castillo de Escocia (Trilogía 2)

Nueva Era

El Elixir de la larga vida

El Faraón Mernephtah

Los Legisladores

Los Magos
El Terrible Fantasma
El Paraíso sin Adán
Romance de una Reina
Luminarias Checas
Narraciones Ocultas
La Monja de los Casamientos

Libros de Elisa Masselli
Siempre existe una razón
Nada queda sin respuesta
La vida está hecha de decisiones
La Misión de cada uno
Es necesario algo más
El Pasado no importa
El Destino en sus manos
Dios estaba con él
Cuando el pasado no pasa
Apenas comenzando

Libros de Vera Lúcia Marinzeck de Carvalho

y Patricia

Violetas en la Ventana

Viviendo en el Mundo de los Espíritus

La Casa del Escritor

El Vuelo de la Gaviota

Vera Lúcia Marinzeck de Carvalho

y Antonio Carlos

Amad a los Enemigos

Esclavo Bernardino

la Roca de los Amantes

Rosa, la tercera víctima fatal

Cautivos y Libertos

Deficiente Mental

Aquellos que Aman

Cabocla

El Ateo

El Difícil camino de las drogas

En Misión de Socorro

La Casa del Acantilado

La Gruta de las Orquídeas

La Última Cena

Morí, ¿y ahora?

Las Flores de María

Nuevamente Juntos

Libros de Mônica de Castro y Leonel

A Pesar de Todo

Con el Amor no se Juega

De Frente con la Verdad

De Todo mi Ser

Deseo

El Precio de Ser Diferente

Gemelas

Giselle, La Amante del Inquisidor

Greta

Hasta que la Vida los Separe

Impulsos del Corazón

Jurema de la Selva

La Actriz

La Fuerza del Destino

Recuerdos que el Viento Trae

Secretos del Alma

Sintiendo en la Propia Piel

World Spiritist Institute

www.ingramcontent.com/pod-product-compliance
Lightning Source LLC
LaVergne TN
LVHW091714070526
838199LV00050B/2392